Talent Acquisition

A evolução do Recrutamento & Seleção tradicional

CAIO IANICELLI CRUZEIRO

ISBN: 9798873631308

1. Recursos Humanos 2. Recrutamento & Seleção 3. Administração

Editor: Nataly Ianicelli Cruzeiro

Revisão: Nataly Ianicelli Cruzeiro

Ilustrações e diagramação: Caio Ianicelli Cruzeiro

2ª Edição: Janeiro de 2024

Essa segunda edição é dedicada a todos os meus alunos dos cursos de Talent Acquisition que ministro e aos clientes de mentoria, palestras e treinamentos da Talent A.M.

AGRADECIMENTOS

Não poderia deixar de agradecer: Meus pais, Débora e Nelson, pelo cuidado e por terem feito eu chegar até aqui. Minha irmã, Nataly, que fez toda a revisão desta publicação. Ao Rui Tavares, meu gestor na época, por ter "puxado meu elástico", me proporcionando grande desenvolvimento e por ter lido e criticado as primeiras versões deste material, me dando dicas valiosas, além de ter escrito o prefácio. À sua esposa, Carla Tavares, que fez toda a diagramação, pela paciência e sugestões essenciais.

Também agradeço à minha equipe de TA da época, colegas de trabalho e a todos que, direta ou indiretamente, me influenciaram e estiveram juntos nessa jornada.

PREFÁCIO

Estamos numa época de grandes transformações e isso se reflete no modo em como lidamos com talentos e com a gestão de carreiras.

As organizações se encontram em plena guerra pela atração dos melhores talentos, sem perder o foco na retenção dos melhores colaboradores que já estão em seus quadros. Esta guerra está sendo travada, em grande parte, no campo da comunicação e inspiração pelo propósito, indo ao encontro das exigências de uma nova geração sedenta por transformar o mundo e impactar a sociedade de forma direta.

O tempo em que os candidatos faziam fila para entregar seus currículos nas grandes empresas acabou. Hoje as empresas têm de ir ao encontro desses talentos que estão confortavelmente à espera da melhor proposta que os inspire, tal qual uma princesa à espera de seu príncipe encantado. A melhor forma de chegar até essas pessoas é por meios digitais e as companhias ainda estão aprendendo a usar novas tecnologias para recursos humanos.

Este livro apresenta vários exemplos práticos ao estilo de biografia, permitindo tanto uma leitura lúdica bem agradável, como uma leitura mais técnica sobre diferentes temas de RH. Os conceitos apresentados são bem atuais e com uma perspectiva de liderança inovadora e inspiradora que nos ajudam a refletir sobre as transformações necessárias nos departamentos de RH para que as empresas possam, mais efetivamente, vencer a guerra por talentos.

Rui Tavares

Diretor de People Solutions

GLOSSÁRIO DE SIGLAS, PALAVRAS E EXPRESSÕES ENCONTRADAS NO LIVRO

ATS: Applicant Tracking System, sistema, geralmente em formato de site, que os Recrutadores divulgam vagas e fazem as primeiras etapas de recrutamento como filtragem de currículos

Benchmarking: é um processo de comparação de produtos, serviços e práticas entre empresas ou até mesmo entre áreas dentro da mesma organização

BP: Business Partner, figura de RH que atua como ponte para os negócios e vice-versa e é generalista, com conhecimento diversificado para apoiar as lideranças nas tomadas de decisão envolvendo talentos

Budget: orçamento

CEO: Chief Executive Officer, cargo no topo da hierarquia de uma grande companhia, responsável pelo relacionamento com o board de conselheiros, acionistas e principais diretores da empresa, além de tomar as principais decisões da organização

CM: Change Management, ou gestão de mudança, é uma área de estudo em administração que possui o enfoque na necessidade de constante adaptação das organizações ao mundo atual, pois está relacionada a como as pessoas passam pelo processo de mudança, apoiando com planos robustos a mudança efetiva da cultura

CoE: Center of Expertise, termo utilizado para denominar as áreas de estratégia de um RH Estratégico, como Talent Acquisition e Talent Management

Competência: conjunto de Conhecimentos, Habilidades, Atitudes, Valores e Entorno (ambiente) necessários a um profissional que definem o acrônimo CHAVE, criado por Eugênio Mussak

CV: Currículo Vitae, termo super antigo que designa o documento com informações sobre um candidato como sua trajetória profissional e acadêmica

Digital Mindset: mentalidade digital que possibilita ao profissional de TA entender o mundo de hoje e tirar o melhor proveito, beneficiando a estratégia de aquisição de talentos da organização

EB: Employer Branding, a marca empregadora, é a estratégia de promoção do Employee Value Proposition

Educorp: Educação Corporativa, a estratégia catalisadora de resultados dos negócios por meio da capacitação dos colaboradores com ações presenciais, online, blended, informais e tecnológicas e subsídios de graduação, pós, idiomas etc.

EVP: Employee Value Proposition, a proposta de valor ao colaborador é um conjunto de valores, aspectos da cultura organizacional e do ambiente de trabalho que compõem a essência do Employer Branding.

Experiência do Candidato: todas as etapas e pontos de contato do candidato com a organização no que se refere a estratégia de TA e começa antes mesmo do processo seletivo, indo até o onboarding

Experiência do Colaborador: todas as etapas e pontos de contato do colaborador com o EVP da organização. Começa na entrega da carta oferta, abrangendo admissão e onboarding (sobrepondo-se a Experiência de Candidato), passar por treinamento, performance e vai até a demissão

Funil de Candidatos: é um guia que dá visibilidade do recrutamento e das etapas de seleção como um todo

FO: Front Office, uma área de atendimento a colaboradores para assuntos de RH

GC: Gestão de Contratação, consiste nas ações após o candidato finalista aceitar a proposta, como a entrega da documentação, exame médico admissional e cadastro do novo colaborador nos sistemas da organização

Gestão da Experiência do Candidato: é o registro sistemático da experiência do candidato ao longo de todo o processo. É por meio desta gestão que a área de Talent Acquisition e gestores acompanham a evolução dos candidatos ao longo do processo. As planilhas de Excel e processos feitos à mão agora dão lugar a softwares modernos que informatizam TA de ponta a ponta

Head: diretor responsável por uma ou mais áreas dentro de uma empresa

Headcount: é a contagem de quantos funcionários trabalham em uma empresa. O termo geralmente é usado para se referir a uma posição, cadeira

Headhunter: profissional que geralmente trabalha em consultoria de TA e é responsável por realizar o hunting (literalmente caçar talentos no mercado), entrevistar e apresentar uma short-list para o gestor contratante

Intake meeting: a reunião de alinhamento de perfil da posição entre o profissional de TA e o gestor contratante, muito importante para garantir assertividade do processo de recrutamento & seleção

IT: Information Technology, tecnologia da informação

Job Description: a descrição de cargo de uma posição, ou seja, a lista de requisitos e atividades que ajudam a entender a complexidade e principais resultados esperados da vaga

KPI: Key Performance Indicador, um indicador de desempenho

Long-list: a lista de candidatos filtrados nas primeiras etapas do recrutamento

Mobility: área de RH responsável pela gestão de impatriados e expatriados (carreira internacional) mais comum em empresas multinacionais

Networking: rede de relacionamentos de um profissional

NPS: Net Promoter Score, indica a fidelidade do cliente com um produto, marca ou serviço e pode ser usado em TA para indicar a fidelidade dos candidatos e a qualidade da Experiência do Candidato

Onboarding: estratégia para integrar e aculturar novos colaboradores que começa antes mesmo do primeiro dia e vai até, ao menos, os três primeiros meses da pessoa na organização

PCD: Pessoa Com Deficiência

PDI: Plano de Desenvolvimento Individual, que corresponde ao plano baseado no 70-20-10 (ações de desenvolvimento no dia a dia, interações e feedbacks e ações formais de educação) que todo colaborador deve ou deveria ter

People Analytics: cultura analítica em RH que tem como objetivo a tomada de decisão baseada em dados

Pipeline de Liderança: termo popularizado por Ram Charan, diz respeito aos níveis de liderança da organização e o conjunto de competências, atribuição de tempo e valores necessários para serem desenvolvidos em cada nível, do coordenador ao presidente da empresa

Programa de Trainee: Programa dedicado para contratar e desenvolver talentos, focando em oxigenar o pipeline de posições de liderança da organização

QVT: Qualidade de Vida no Trabalho, ou seja, ações que melhoram o balanço entre vida pessoal e trabalho, além de melhorar a felicidade dos colaboradores

RA: Realidade aumentada, tecnologia que adiciona elementos virtuais ao mundo real, diretamente pela câmera do celular

Recruiter: ou recrutador, ou profissional de TA, quem geralmente trabalha em empresas de pequeno, médio e grande porte na área de Talent Acquisition

Recrutamento & Seleção: o Recrutamento consiste nas etapas para filtrar a grande quantidade de candidatos inscritos na posição e pode conter testes e tecnologias a fim de ser chegar na long-list. A Seleção consiste nas etapas para afunilar a long-list e pode conter desde entrevistas a dinâmicas grupo e painéis de negócio, com o objetivo de se chegar a short-list, ou seja, os candidatos finalistas para entrevista com o gestor contratante

RH: Recursos Humanos, área responsável pela estratégia de pessoas e pela área de TA, além de outros subsistemas

RPO: Recruitment Process Outsourcing é a terceirização de processo de recrutamento

Segmentação de Talentos: estratégia conectada ao WorkForce Planning para segmentar a as posições da organização de acordo com o nível de complexidade, levando em consideração a disponibilidade de candidatos no mercado x impacto da posição no pipeline da organização

Short-list: a lista dos 3 ou 4 candidatos finalistas para entrevista em um processo seletivo

Software de TA: sistema que integra, de ponta a ponta, o Talent Acquisition, desde o recrutamento até a admissão do candidato

Sourcing: atividade conectada ao guarda-chuva de Talent Marketing que tem como objetivo criar pipeline de talentos para as posições críticas definidas na Segmentação de Talentos, diminuindo o tempo de recrutamento da posição. Sourcer é o profissional que trabalha realizando sourcing.

TA: Talent Acquisition, a estratégia de aquisição de talentos

TAOPs: Talent Acquisition Operations, a área ou profissionais que focam nas atividades de operação de TA como admissão

TM: Talent Management, a estratégia de gestão de pessoas

Time to Fill: O indicador de Time to Fill, ou seja, tempo para preenchimento da vaga é um dos principais KPIs de TA. Com ele, é possível saber quanto tempo o seu processo seletivo dura, qual é o tempo médio por produto de TA, a média história de tempo de R&S de uma vaga específica etc.

Time to hire: KPI essencial de TA, também chamado de tempo para contratar, é mais focado no candidato e olha desde a candidatura até o início efetivo dessa pessoa na organização

Tmkt: Talent Marketing, a estratégia de ações que dão sustentação ao Employee Value Proposition, como relacionamento com universidades

Total Rewards: área de RH responsável pela estratégia e gestão da remuneração (salários, benefícios), estrutura de cargos, ferramentas de reconhecimento dos talentos, mérito (aumento salarial por bom desempenho), promoções e, dependendo da empresa, temas relacionados a qualidade de vida e saúde mental

Touchpoint: momentos da verdade, que são situações de contato do candidato com a empresa, mapeados na jornada da experiência de candidato

Turnover de primeiro ano: indicador de TA que mede a quantidade de pessoas que entraram e saíram no primeiro ano

Turnover geral: indicador de TA que mede as entradas e saídas em um período específico ou com uma análise histórica na organização.

TRM: Talent Relationship Management, a gestão de relacionamento com talentos, é um conjunto de atividades conectadas a área de TA que dão sustentação ao WorkForce Planning, como identificar e estruturar programas estratégicos de desenvolvimento de talentos (Trainee, por exemplo)

WFP: WorkForce Planning, o planejamento da força de trabalho que conecta diversos temas de Recursos Humanos, desde TA a criar planos de sucessão para cadeiras críticas da organização

SUMÁRIO

INTRO

"O conhecimento deve ser melhorado, desafiado e aumentado constantemente, ou desaparece."

Peter Drucker

O conceito **Talent Acquisition (TA)** é uma reação das empresas às novas gerações e à mudança na sociedade, que valoriza menos hierarquia, tem informação e acesso às redes sociais e prevê a construção de relacionamento mesmo com o candidato não selecionado. É uma abordagem diferenciada frente ao modelo tradicional de recrutar e selecionar e envolve uma perspectiva estratégica, desde a pesquisa de mercado, alinhamento da vaga com os objetivos de negócios e definição dos talentos, até o fortalecimento da marca empregadora. Talent Acquisition não é só um termo da moda. TA representa um novo paradigma e difere muito do modelo tradicional de Recrutamento & Seleção (R&S).

Curiosamente, ainda há confusão com o termo e a academia pouco tem falado e pesquisado a seu respeito. Isso tem sido feito por consultorias e por profissionais da área que perceberam as mudanças frente ao modelo tradicional de recrutar e selecionar. Talent Acquisition é uma das minhas paixões, assim como Talent Management (TM) e, ao escrever este livro, procuro contribuir para a literatura deste tema, ainda escassa em terras brasileiras. Além disso, a disciplina e a execução (o "vamos fazer") é tão importante quanto a estratégia.

Essa publicação é fruto de mais de 10 anos de estudo e experiência de campo na área de **Talent Acquisition**. A ideia brotou ainda no período de faculdade, quando escrevi meu Trabalho de Conclusão de Curso sob o título de "Gestão Estratégica de Recrutamento e Seleção". Na época, em 2012, já trabalhava na área, mas o termo "Talent Acquisition" sequer existia. Mais tarde, em 2018, escrevi meu TCC da pós-graduação sobre a transformação no processo de Onboarding, um dos pilares essenciais de TA. Juntando as pesquisas e a experiência que tive no lançamento do modelo de TA na empresa em que trabalhava, decidi que era o momento de escrever sobre o tema, visto o pouco material disponível, para ajudar líderes de negócio e profissionais de RH no caminho de excelência em torno de atrair e selecionar os talentos certos para suas respectivas organizações.

Daqui para frente, muitos termos que podem ou não ser novos, que podem estar em inglês ou que confundam o caro leitor vão aparecer. Por isso, eu criei o Talent Acquisition Honeycomb® e posteriormente o Talent Acquisition Honeycomb 2.0®, que adicionei Inclusão, Diversidade, Equidade & Pertencimento, além de Gestão da Experiência do Candidato. O Honeycomb é um framework de trabalho para implementar a Estratégia de Talent Acquisition presente neste livro que é a base do meu trabalho. Levei anos para perceber, entender dessa forma e para desenhar isto, visto o pouco material acadêmico que havia na época.

É, também, inevitável entrar em outros temas que antecedem a implementação de TA, como o RH Estratégico e o Talent Management (TM), ou seja, a estratégia de gestão de pessoas alinhada à estratégia de negócio. Ambos os temas são densos, por isso procurei não me delongar, mas vez ou outra você encontrará recomendações de leitura caso queira aprofundar-se posteriormente.

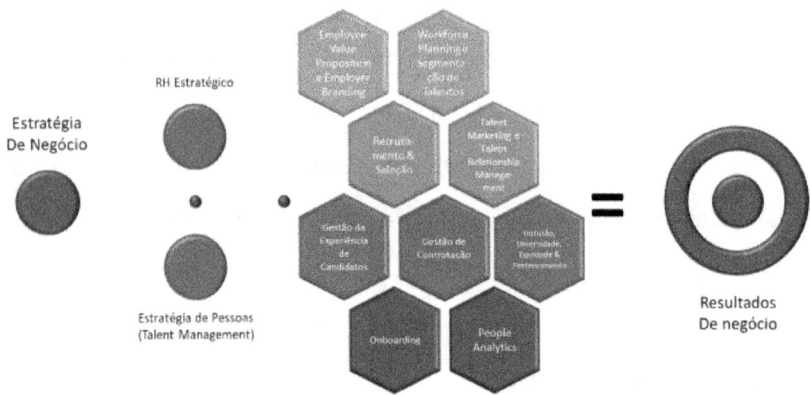

Nesses anos de experiência, percebo que TA não é um 1+1, não é um fluxo com passo a passo binário – ou é isso ou não é. São diversos pilares, ou "favos de mel", que podem acontecer ao mesmo tempo. Os capítulos do livro são dedicados a cada um dos favos de mel acima e, em suma, você encontrará:

Estratégia de Negócio: sair de um modelo de recrutamento & seleção tradicional para um de TA não é tarefa fácil. A empresa em que eu pude implementar o modelo de TA planejou e estruturou um projeto de 2 anos que culminou numa nova estratégia de aquisição de talentos conectada com as necessidades dos negócios e com olhar para o futuro da organização – local e globalmente. Estar conectado com a estratégia da empresa é fundamental para aumentar a assertividade das contratações e fazer um processo seletivo requer um excelente planejamento pensando nas etapas de ponta a ponta até o desenvolvimento e expectativas do novo colaborador. Como é possível um

RH ser estratégico e, mais ainda, uma área de TA ser estratégia, se o próprio negócio não tem clareza sobre missão, visão, valores e objetivos de curto a longo prazo? Mais do que isso, tudo inicia com uma estratégia de negócio bem estruturada e comunicada em todos os níveis da organização;

RH Estratégico: é a tão esperada gestão integrada e alinhada aos objetivos estratégicos da organização. É o diretor de RH sentado na mesa do board e participando do planejamento e das decisões da empresa. é deixar de ser RH tirador de pedido e fritador de pastel (aquele que faz tudo ao mesmo tempo, pois tudo é urgente);

Estratégia de Pessoas (Talent Management): global, móvel, multicultural, de diferentes gerações, mais diverso e empoderado. O mercado de talentos deste século é muito diferente do que foi no passado. Conhecer, entender e valorizar a complexidade desse contexto é fundamental para se criar uma estratégia efetiva de pessoas, também chamada em organizações globais, de Talent Management;

Employee Value Proposition (EVP) e Employer Branding (EB): o EVP é um conjunto de valores, aspectos da cultura organizacional e do ambiente de trabalho que compõem a essência do Employer Branding. Já o segundo, é a estratégia de promoção do EVP, ou seja, as ações realizadas pela empresa para atrair os melhores candidatos como promover o programa de estágio, criar seu próprio site de carreiras, trabalhar sua imagem como empregadora no mercado etc.;

WorkForce Planning (WFP) e Segmentação de Talentos: o WFP pode fornecer insights para as organizações irem além de simplesmente reagir a eventos circunstanciais de mercado e internos, como um downsizing ou uma aquisição de uma empresa. Pode oferecer inteligência de mercado e ajuda organizações a terem a pessoa certa, na cadeira certa. A segmentação de talentos é uma das ferramentas de WFP e consiste em estratégia para segmentar as posições críticas e não-críticas da organização de acordo com o nível de complexidade da cadeira, levando em consideração a disponibilidade de candidatos no mercado x impacto da posição no pipeline da organização;

Recrutamento & Seleção: o Recrutamento consiste nas etapas para filtrar a grande quantidade de candidatos inscritos na posição e pode conter testes e tecnologias a fim de ser chegar na long-list. A Seleção consiste nas etapas para afunilar a long-list e pode conter desde entrevistas a dinâmicas grupo e painéis de negócio, com o objetivo de se chegar a short-list, ou seja, os candidatos finalistas para entrevista com o gestor contratante;

Talent Marketing (Tmkt) e Talent Relationship Management (TRM): o Tmkt é a estratégia de ações que dão sustentação ao Employee Value Proposition, como relacionamento com universidades. O TRM, ou gestão de relacionamento com talentos, é um conjunto de atividades conectadas a área de TA, mas de responsabilidade da área de TM, que dão sustentação ao WorkForce Planning, como identificar e estruturar programas estratégicos de desenvolvimento de talentos (Trainee, por exemplo);

Gestão da Experiência do Candidato: é o registro sistemático da experiência do candidato ao longo de todo o processo. É por meio desta gestão que a área de Talent Acquisition e gestores acompanham a evolução dos candidatos ao longo do processo. As planilhas de Excel e processos feitos à mão agora dão lugar a softwares modernos que informatizam TA de ponta a ponta;

Gestão de Contratação: a GC consiste nas ações após o candidato finalista aceitar a proposta, como a entrega da documentação, exame médico admissional e cadastro do novo colaborador nos sistemas da organização;

Onboarding: estratégia para integrar e aculturar novos colaboradores que começa antes mesmo do primeiro dia e vai até, ao menos, os três primeiros meses da pessoa na organização;

People Analytics: cultura analítica em RH que tem como objetivo melhorar a tomada de decisão baseada em dados;

Inclusão, Diversidade, Equidade & Pertencimento: ou seja, a Gestão da Diversidade, que significa o planejamento sistêmico da política de inclusão de pessoas diversas em uma empresa, considerando toda a trajetória do colaborador: chegada, permanência e legado.

Dependendo do tamanho e do volume de trabalho de RH da sua empresa, pode haver pessoas específicas na equipe de TA para cada pilar. Em algumas companhias, um mesmo profissional pode absorver dois ou mais pilares, lembrando que cada um possui suas especificidades e competências próprias, o que pode levar a uma diminuição de qualidade quanto mais generalista for o profissional.

Você perceberá que escrevi este livro de forma a reproduzir a minha experiência empírica com Talent Acquisition de ponta a ponta e como cada pilar foi surgindo assim como o meu aprendizado, dando pinceladas conceituais ao longo da minha história. As pinceladas conceituais se fundem às partes intercaladas da minha trajetória. Procurei ordenar cronologicamente desde 2008, quando iniciei minha carreira, até os dias de hoje.

Fiz dessa forma para que você pudesse ver TA sob a minha ótica, com todo os desafios que tive ao longo dessa última década. Em todo o livro, procurei dar um banho de loja de cada pilar, elencando os desafios e como implementar, além de minhas experiências. Boa leitura e se quiser conversar sobre o assunto, não hesite em me procurar no LinkedIn!

Caio Ianicelli Cruzeiro

1| RECRUTAMENTO & SELEÇÃO RAIZ

"As únicas coisas que evoluem por vontade própria em uma organização são a desordem, o atrito e o mau desempenho".

Peter Drucker

O que você encontrará neste bloco:

- Minha história
- Um pouco da história do RH e da área tradicional de Recrutamento & Seleção
- Como caí de paraquedas em RH

Senta que lá vem história

Minha vida profissional começou cedo. Venho de uma família simples – meu pai foi operário e minha mãe, dona de casa. Aos 14 anos, durante um curso de informática, uma professora notou minha facilidade em aprender e ajudar colegas e me convidou para um trabalho voluntário nessa escola, onde ministraria aulas de informática para alunos da terceira idade todos os dias, das 19h às 23h, conciliando com a escola na parte da manhã.

Essa foi uma das experiências mais valiosas que tive. Lembro-me de uma aluna chamada Cleide, que estava fazendo o curso para aprender a consultar receitas de bolo na internet para fazer para os netos. Ela não sabia ligar o computador e tinha medo de apertar alguma tecla e "explodir o computador"

21

(nas palavras dela). Precisei desenvolver paciência e didática e, após quase um ano, Cleide já conseguia criar pequenos bancos de dados no Access, além de domínio intermediário dos outros aplicativos do Office.

Aos 15 anos, me inscrevi no programa jovem aprendiz do governo, pois queria começar a fazer meu próprio dinheiro. Dei sorte e fui chamado para entrevista em uma consultoria que ficava na rua onde eu morava. Fiz meu primeiro processo seletivo com dinâmica (não mirabolante) e entrevista em grupo. Me chamaram alguns dias depois para uma entrevista individual que culminou na minha contratação.

Comecei em treinamento & desenvolvimento

A consultoria foi uma escola para mim. Lá havia três gestores que eram sócios e facilitadores de treinamento e consultores de projetos de desenvolvimento. Tive a felicidade de ver que o que diziam em sala de aula era o que praticavam na pequena consultoria de cinco funcionários.

Conciliava a escola, na parte da manhã, com o trabalho à tarde. Vivia dentro de RHs de hospitais e clínicas, vendo o dia a dia desses profissionais. Além disso, eu participava de treinamentos de excelência no atendimento, liderança, comunicação e outros para médicos, enfermeiros e nutricionistas. Auxiliava os meus gestores com relatórios de clima organizacional, downsizing, diagnóstico organizacional, entre outras atividades administrativas da consultoria.

Um dos meus gestores era uma pessoa acidentalmente muito engraçada. Lembro-me de várias situações engraçadas que vivemos juntos: certa vez, estávamos em um hospital de renome almoçando durante um treinamento e ele estava distraído conversando com um consultor e pegando comida ao mesmo tempo. Foi pegar feijão e, ao invés de derramar a concha cheia em seu prato, derramou em sua camisa branca. Trocamos de camisa para que ele pudesse continuar a ministrar o treinamento. Ainda hoje, ele é uma das minhas referências, uma pessoa de inteligência e disciplina incríveis.

Ao completar 16 anos, fui efetivado! Foi inesperado, pois estava na época de ser chamado para o alistamento militar, o que representava um risco que foi assumido pela consultora, motivo pelo qual fui muito grato aos meus gestores pela confiança.

Acertei e errei muito lá. Certa vez, uma das minhas gestoras pediu que eu comprasse bombons para uma turma de médicos. Não me atentei e acabei comprando bombons de chocolate com pimenta (foi na época de estreia daquela novela que tinha "chocolate" e "pimenta" no título). Os médicos comeram e começaram a reclamar da ardência na boca e, após o treinamento, minha gestora estava com uma folha de flip enrolada na mão e gentilmente me deu uma cacetada na cabeça. Foi engraçado, mas aprendi a prestar um pouco mais de atenção ao que parece meros detalhes, mas que podem fazer toda a diferença para não levar mais cacetadas.

Em outra oportunidade, um motoboy trouxe um boleto que inocentemente assinei sem ver o que era. Depois de muito investigar descobrimos que era uma empresa de fachada que realizava cobrança indevida de outras empresas. Essa foi uma situação crítica na qual recebi um feedback bastante duro. Ter abertura ao erro (e aprender com eles) é fundamental para ganhar maturidade. Acredito que boa parte dos nossos problemas cotidianos seriam resolvidos ou até evitados se nós, seres humanos, nos comunicássemos adequadamente.

Finalmente, ao completar 18 anos, já estava ansioso para iniciar a faculdade. Não acreditava que conseguiria passar em um vestibular para faculdade pública devido a minha formação em escola pública e pouco tempo disponível para me dedicar aos estudos.

Na época da escolha da faculdade, fiquei na dúvida entre Psicologia e Administração e escolhi pela segunda, acredito, por influência dos meus gestores que também tinham feito o mesmo curso e por achar que gostaria mais da veia prática de administração. Ledo engano, visto que administração também possui teoria maçante.

Hoje vejo que ambas as formações teriam me encaminhado para a mesma direção na primeira década da minha carreira: RH. Após muita batalha e não conseguir auxílio do governo, consegui uma bolsa de 85% por ter passado em primeiro lugar no vestibular da universidade privada que prestei e comecei a faculdade de administração. Tive aulas com professores excelentes e acesso a um conteúdo que antes julgava "maçante", mas que passei a amar: Teoria da Administração.

Passar por Taylor, Ford, Fayol, Weber e, principalmente, Drucker foi a descoberta de um talento, de uma aspiração e do gosto pelo estudo.

Vi como essas mentes geniais moldaram o pensamento organizacional. Também percebi a facilidade com que aprendia contabilidade e custos e que matemática não era tão chata assim quando combinada à administração. Tive um professor de filosofia e sociologia que, de início, não suportava, mas que passei a admirar ao longo do tempo e, hoje, vejo que foi um dos professores que mais me estimularam a abrir os horizontes.

Com ele, tive acesso a materiais como A Corrosão do Caráter, de Richard Sennett, um livro transformador que mudou a minha visão de mundo e a forma como via as empresas. Ele substituiu aquele "encanto" que eu tinha acerca das empresas de sucesso por pensamento racional.

Paralelamente à faculdade, iniciei um curso de inglês, pois além de adorar a língua, uma das minhas metas era entrar em uma multinacional. Para isso, tracei um "plano". A consultoria me deu bases sólidas para um bom início de carreira e era hora de dar um passo adiante. Pedi demissão e passei a procurar oportunidades em empresas maiores, enquanto cumpria aviso prévio e não tinha nada certo. Apesar dos meus gestores terem ficado tristes, me deram total apoio na decisão e sempre ouvi deles: "na consultoria, você tem uma visão de fora do RH. Em algum momento, no entanto, você precisa ver como ela funciona por dentro".

Além disso, outro assunto que me chama atenção é história. Comecei a formar, nessa época, uma pequena biblioteca com livros que vão desde Stonehenge até a história da pré-Inglaterra, sobre quantas guerras foram travadas na idade das trevas, de onde vem Arthur, se realmente existiu, e os anglo-saxões.

Parece que a história inglesa se inicia com a guerra dos cem anos e com as constantes derrotas da França por conta de algo que é pouco falado nos livros de escola: o arco de guerra inglês. Muitas guerras foram vencidas pela Inglaterra (como a batalha de Crécy em 1346 e de Azincourt em 1415) por conta da estratégia de uso massivo do arco inglês, que podia perfurar armaduras leves e era mortal contra cavalaria.

Mas o quê arcos ingleses e TA têm em comum? Gosto de pensar que a Inglaterra acertou em cheio durante a guerra dos cem anos com uma estratégia que correu paralela a outras tantas: os camponeses eram estimulados (obrigados) a treinar com um arco de 1,80m, em média, que era usado em caça e na guerra. Eram necessários 10 anos para um homem desenvolver habilidade mortal com o arco. Simples, mas demandou disciplina, dedicação e esforços para um resultado que mudou a história para sempre.

Assim também é Talent Acquisition: um tiro de arco longo, calculado e baseado em muito treino e estratégia, para atingir o candidato certo para a vaga certa. TA não é uma "gourmetização" do processo de recrutamento & seleção, como pensam algumas empresas. Vejo, com frequência, Recrutadores usando o nome "Talent Acquisition" em seus títulos no LinkedIn, mas quando você envia uma mensagem, não respondem; quando um candidato participa de um processo seletivo, não recebe mais retorno. Isso é gourmetizar, ou seja, mudar o nome para um termo em inglês, chique, mas que, na essência, continua sendo uma área operacional de R&S que pouco percebe – ou não se importa – com a fundamental gestão da experiência do candidato.

TA é algo conectado com a estratégia de negócios e com a estratégia de pessoas da organização; é um framework – em sua essência simples – mas que toma tempo, assim como o arco, para chegar à maturidade e é necessário muita disciplina e dedicação das lideranças, em especial, do RH.

Esse assunto ainda tem muitas flechas, mas veremos isso mais à frente.

Daí fui para Recrutamento & Seleção

Enfim. Fiz a inscrição em um processo seletivo de uma transportadora de grande porte para uma vaga efetiva na área de Recrutamento & Seleção e fui aprovado. A transportadora foi outra escola para mim. Acho que vou repetir muito a frase "foi uma escola para mim". Toda situação é uma oportunidade para aprendermos, isso é a tal da aprendizagem empírica e do Lifelong Learning, que tanto se fala hoje em dia.

Antes de continuar, vamos entender o tema de R&S melhor com...

Um breve histórico de Recrutamento & Seleção

O modelo tradicional de R&S. Recrutar e selecionar pessoas é uma atividade de qualquer organização que necessita aumentar ou repor seu quadro de pessoal.

As atividades dessa área foram sendo modernizadas conforme a área de RH foi se desenvolvendo e se estruturando mais a partir dos anos 90.

Com as mudanças oriundas da terceira revolução industrial, em especial no que tange aos avanços tecnológicos e científicos na indústria, agricultura, comércio e prestação de serviços, o papel do indivíduo e a valorização de competências comportamentais provocaram mudanças profundas na forma de recrutar e selecionar.

Com isso, surgiram os primeiros sistemas de gestão de recrutamento & seleção e os sites de emprego.

Essa também foi a época em que o termo "RH que abraça árvore" foi cunhado (e que perdura até hoje para o nosso desgosto e para o deleite dos candidatos sarcásticos) devido à estruturação das áreas de treinamento & desenvolvimento que se empolgaram um pouco. Os famosos "Team Building" que prometiam (e ainda prometem) milagres do dia para a noite e as dinâmicas mirabolantes como pisar na brasa, rafting em Brotas, preparação de jantares às cegas, dinâmica de imitar uma galinha na frente de todos... época em que muitas consultorias, percebendo a moda, fizeram rios de dinheiro (e ainda o fazem) com grandes empresas.

A área de R&S também foi influenciada. Os famosos testes psicológicos e dinâmicas mirabolantes de seleção passaram a ser largamente utilizados, além de testes de atenção concentrada, produtividade e de personalidade, como os famosos DISC, MBTI e Insights Discovery.

O que antes era uma entrevista desestruturada, passou a dar lugar a um processo mais estruturado com um guia de perguntas que rapidamente se popularizou. Os candidatos, percebendo as mudanças, também passaram a se preparar melhor com currículos mais estruturados e pesquisando as "perguntas mais feitas em entrevistas" no Google, tais como:

Pergunta nível easy

Entrevistador: *Me conte 3 defeitos seus.*

Candidato: *Sou ansioso e perfeccionista. Não consigo lembrar de um terceiro defeito.*

Pergunta hard

Entrevistador: *"Você é um grampeador. Me dê 10 funcionalidades, além de grampear"*

Candidato: *Vish...*

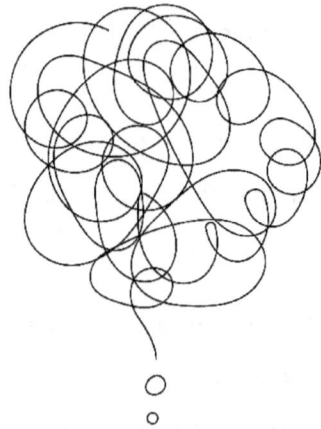

A partir dos anos 2000, o RH das grandes empresas passou a se preocupar mais em ser visto como estratégico e, por isso, mudanças importantes começaram a ser feitas, como ter uma cadeira no conselho e estar mais próximo ao negócio com o papel de Business Partners, os parceiros de negócio que possuem o objetivo de ser uma ponte entre o RH e as demais áreas. Também começaram a estruturar os Shared Services para centralizar operações de suporte aos negócios, podendo assim se dedicar a atividades mais estratégicas.

O LinkedIn foi fundado oficialmente em 2003, mas ainda pouco conhecido no meio corporativo. Nesse mesmo período, mais sites de emprego surgem e o recrutamento online ganha mais força, em detrimento aos anúncios de jornal, plaqueiros de emprego e agências.

Isso perdurou durante os anos 2010, no qual uma boa quantidade de grandes empresas já estava fazendo a transição do modelo de RH.

Em R&S, surgiram as entrevistas por competências, mais acuradas, e que deixavam de lado métodos mais esdrúxulos, como testes psicológicos não reconhecidos pelo conselho de psicologia, mas que eram comumente utilizados até então. A entrevista por competências permitiu à área de R&S entender melhor as necessidades de pessoal com processos seletivos mais assertivos.

As empresas também passaram a estruturar Assessment Centers, avaliações longas e profundas de cargos estratégicos. Geralmente, isso era feito com atividades de role play (simulação de situações do dia a dia da empresa), cases de negócio e entrevista por competências com a participação de líderes da organização.

Muitas grandes empresas também passam a terceirizar parcial ou totalmente o processo seletivo com consultorias especializadas e Headhunters, diminuindo seu quadro de pessoal em R&S, que passou a se dedicar à proximidade com os líderes, à projetos e a partes mais estratégicas de seleção.

Em 2008, o LinkedIn lança produtos voltados para hunting de candidato (Recrutadores) e mobile, passando dos 400 milhões de perfis profissionais cadastrados. Começa, então, uma nova era para a área de R&S, mais digital.

As áreas de R&S também começaram a perceber que a disputa por talentos havia se tornado global e não mais bairrista. Assim, ficar apagando incêndio com contrata-demite-contrata-de-novo era custoso e pouco eficiente. Era preciso mudar.

Senta que lá vem história | parte 2

Na transportadora, em 2010, eu tinha uma gestora por quem eu tinha muito apreço. Tínhamos conversas excelentes sobre carreira e aspirações e ela me ajudou a construir parte da minha visão de mundo corporativo. Comecei a perceber a complexidade de uma grande organização, as etapas de processos que, por vezes, passavam por vários setores para serem concluídos. Um processo seletivo de ponta a ponta, recrutamento, seleção, admissão, projetos de contratação de Pessoas com Deficiência (PCDs) e aprendizes, indicadores... passei a ter acesso a um mundo mais amplo, além de treinamento.

Trabalhei muito nessa empresa. Lembro que, no primeiro ano, trabalhei até no dia de Natal e de ano novo, pois estava envolvido em um projeto de expansão e contratação de mais de 200 pessoas. Logo comecei também a perceber diferenças entre as minhas crenças e a cultura latente da empresa.

A transportadora conseguia, como poucas empresas, ter um bom índice de retenção, apesar dos gestores nem saberem o que era isso. O turnover era muito baixo, o que era curioso já que os salários ruins e o pacote de benefícios pouco atrativo pareciam não ser o motivo pelo qual as pessoas ficavam na organização.

Era notável o senso de pertencimento e orgulho dos colaboradores com 15, 20 anos de casa em uma empresa sólida. Eu conseguia perceber um pensamento paternalista na cultura, que não era tão visível num primeiro momento. A empresa era frequentemente chamada pelos colaboradores de "mãe". Não concordava com isso, pois mãe não demite os filhos e certamente Richard Sennett acharia essa frase um absurdo.

Um dos meus descontentamentos era o fato de que a empresa somente contratava psicólogos para fazer seleção, pois eles aplicavam testes psicológicos em candidatos. Visto que eu, como administrador em formação não podia aplicar testes nem fazer seleção, ficava recluso a atividades administrativas da área e indicadores.

Apesar do slogan da empresa, na época, ser "À frente de seu tempo", achava a companhia terrivelmente parada no tempo em relação às práticas de gestão de pessoas adotadas e modelo de negócios.

Lembro-me de uma situação no Dia dos Pais em que a empresa poeticamente resolveu entregar uma pipa para todos os pais, fazendo uma conexão com "brinque com o seu filho". Dependendo da forma como poderia ter sido comunicado e do público em si, isso até poderia ter sido uma boa ação. Eu e outros colegas tentamos alertar a empresa, mas não fomos ouvidos.

Boa parte do quadro de funcionários certamente lembrou que, no Dia das Mães, as colaboradoras receberam chocolates e flores. Resultado: gente quebrando as pipas e xingando o RH. Um caso clássico de subestimar a simplicidade e baixo senso poético do público que havia na empresa.

Após algumas mudanças organizacionais, minha gestora, que era uma analista sênior, passou a responder para uma coordenadora. A minha percepção da empresa, que já não estava boa, piorou.

Devido ao meu interesse pela área de treinamento, por conta da experiência na consultoria, participei de um processo interno para a área. Lembro-me de ter me preparado muito e conversado com pessoas, pois era realmente minha aspiração ir para essa área. Não fui aprovado e recebi um feedback que foi pobremente baseado em evidências da entrevista e que não me deixou contente. Alguns dos pontos trazidos pela coordenadora eram de uma visão sobre o meu trabalho e não sobre o processo seletivo. Após uma conversa difícil de quatro horas (sim), eu anunciei que ela já poderia abrir a vaga em substituição a mim, pois iria sair da empresa.

Aprendi muito sobre RH na transportadora, entretanto, eu chegava a ter crise de enxaqueca uma vez por semana e comecei a ter queda de cabelo. Vi que não era saudável continuar lá. Aprendizado é bom, mas não precisamos romantizar o sofrimento. É possível aprender igualmente num bom ambiente.

Após alguns processos seletivos, fui finalista em alguns: para uma vaga de estágio em uma empresa japonesa, uma vaga efetiva em um banco e uma indústria multinacional alemã, como estagiário.

Eu logo descartei a empresa japonesa, pois tinha ficado com uma má impressão na entrevista acerca da cultura organizacional e, pesquisando na internet sua reputação, vi que não era aquilo que queria. Na época, ainda não existia nenhum site como o GlassDoor, mas consegui ter uma ideia de como seria trabalhar lá por meio de feedback de outras pessoas.

Muito por influência familiar, já que era o sonho dos meus pais, aceitei a proposta do banco e estava entregando a documentação para o RH quando a multinacional alemã me ligou avisando que eu tinha sido aprovado. Apesar de ser um estágio, não pensei duas vezes. Era minha meta entrar em uma multinacional e iria fazer estágio pela primeira vez, pois, até então, eu tinha carteira assinada desde os 16 anos. Como dizia minha avó, às vezes é preciso dar um passo para trás para dar dois para frente. Acho que foram até mais passos.

Sair de uma empresa em que o meu nível de stress estava acima do limite e entrar na multinacional gigante com 4500 funcionários no Brasil e mais de 100.000 no mundo e perceber que era possível conciliar alto desempenho com qualidade de vida foi um divisor de águas. Eu havia acabado de fazer uma imersão em inglês, mas percebi que precisaria melhorar o meu nível. Comecei a ler 1 pocket book por semana, ver mais filmes e conversar mais. **Dito e feito.**

"

A partir dos anos 2000, o RH das grandes empresas passou a se preocupar mais em ser visto como estratégico e, por isso, mudanças importantes começaram a ser feitas, como ter uma cadeira no conselho e estar mais próximo ao negócio com o papel de Business Partners. Também começaram a estruturar os Shared Services para centralizar operações de suporte aos negócios, podendo assim se dedicar a atividades mais estratégicas

2| THE RISE OF TALENT ACQUISITION

"Execução é uma disciplina. Nenhum atleta jamais teve sucesso sem disciplina e treino."

Ram Charan

O que você encontrará neste bloco:

- O prelúdio de Talent Acquisition
- Como me envolvi no projeto de implementação de TA

É inegável o impacto e a importância dos avanços tecnológicos que fizeram com que R&S evoluísse para TA nos últimos 10 anos. Elas nos permitiram identificar e nos conectar com talentos direcionados muito rapidamente. Aumentaram consideravelmente a capacidade de qualquer Recrutador para achar os talentos certos.

Avanços em cultura analítica, soluções digitais, e ferramentas de automação estão trazendo disrupção para a profissão de TA. Além disso, o mercado de tecnologia de Talent Acquisition já possui mais de 400 soluções de IT no mercado global. Os fornecedores do setor estão correndo para desenvolver, comercializar e vender plataformas de tecnologia para otimizar todo o ciclo de TA, aprimorando a experiência do candidato e melhorando a qualidade da contratação.

A tecnologia impulsionou a velocidade e a eficiência com as quais podemos identificar e nos conectar com os talentos. Ela permite que o Recrutador moderno se concentre nas atividades de valor agregado aos negócios, na construção de relacionamentos, na atração de talentos e no gerenciamento de experiência do candidato.

Simultaneamente, TA tornou-se uma estratégia incrivelmente complexa e fragmentada em muitas organizações e os líderes de TA frequentemente acham difícil reconhecer e estar à frente das tendências do mercado. Isso se deve, em parte, ao ritmo acelerado da tecnologia, que criou uma barreira contínua de novas soluções inovadoras; questões ainda mais complicadas são os muitos stakeholders que as funções de TA devem gerenciar ao mesmo tempo, incluindo candidatos, gestores, Recrutadores, funções de suporte e vários provedores de soluções do mercado.

Abertura e aprendizado com os erros

Entrei na área de Recrutamento & Seleção (ainda não era chamada de TA) dessa multinacional gigante em 2011 e o primeiro processo seletivo que fiquei responsável era uma vaga de estágio cujo gestor não falava "A" em português. Comecei a perceber a importância da preparação precoce para desafios vindouros, o tal do Lifelong Learning. Se eu não tivesse focado no inglês, certamente não teria conseguido dar conta desse desafio. Ao longo do estágio, fui descobrindo um novo mundo e trabalhar com pessoas de alto desempenho era sensacional.

Como minha gestora dava autonomia, com a qual eu estava acostumado na consultoria, logo vi uma oportunidade com um projeto para implementar uma plataforma de vagas. Pedi a ajuda de uma consultora de Talent Management, a qual admirava muito pela competência. Ela me ensinou os fundamentos da gestão de projetos e uso ainda hoje algumas das ferramentas que aprendi. Com esses insights, eu estudei o projeto da plataforma que estava parado há alguns anos e pedi para minha gestora me deixar responsável pela implementação. Foi um ano muito intenso de tentativa, acerto e erro (muitos deles). Nessa época, eu estava para completar 20 anos e posso dizer que uma parte da minha efetivação foi devida à visibilidade que esse projeto me deu e à quantidade de pessoas que precisei influenciar.

Erros acontecem e aprendi muito com eles. Na época, quando tínhamos recrutamento interno, precisávamos postar a vaga em um sistema interno para candidaturas. O sistema era tão rústico e nada friendly que eu tinha acesso ao código-fonte e, tentando postar uma vaga, acabei por deletar o código-fonte por acidente, impossibilitando postar novas vagas. Fui contar para a minha gestora temendo o pior e ela simplesmente gargalhou. Disse que não havia problema, já que eu iria participar de um projeto global de uma nova solução para postagem de vagas internas. Essa foi minha "punição" pelo erro.

Passei a procurar mais responsabilidades, me envolver em outras atividades da área. Quando uma colega foi cobrir as férias de uma Business Partner de RH, vi uma oportunidade de ficar responsável por todas as vagas de um dos negócios da empresa. Comecei a trabalhar posições mais complexas e de coordenação e foi um período de intenso aprendizado também.

Lembro de uma vez em que um candidato finalista de uma vaga de estágio iria viajar antes da admissão para a África, na época do surto do vírus Ebola, e o gestor mandou cancelar a admissão do estagiário com medo de que pudesse voltar infectado. Fui veementemente contra e depois de muita discussão a pessoa foi contratada normalmente. Em outra ocasião, com esse mesmo gestor, demorei 3 meses para fechar uma vaga de estágio, pois já havia apresentado diversos candidatos para entrevista e nenhum era aprovado, de acordo com as exigências dele. Quando finalmente achei um candidato que ele gostou, a faculdade levou 2 meses para assinar o contrato de estágio e, mais uma vez, o gestor queria cancelar a admissão.

O estagiário já havia pedido demissão da outra empresa e tive que defendê-lo e até envolver a advogada do RH. Esse estagiário teve uma carreira rápida e se tornou gestor na empresa, após alguns anos. Imagine se não tivesse sido contratado... como RH, tive de "advogar" algumas vezes em favor dos candidatos. Esse também é um papel de TA, pois devemos ser justos e garantir a experiência do candidato, ao mesmo tempo que atendemos às necessidades de negócio.

Estou falando de 2012. Tive o privilégio e a sorte de estar no lugar certo, na hora certa. Vi o conceito de Talent Acquisition começar a se formar e ser utilizado por grandes empresas, inclusive a que eu estava. Pude participar e ser um dos responsáveis pela implementação do modelo de TA.

Devido a já ter certeza do tema que eu iria fazer meu Trabalho de Conclusão de Curso (TCC), comecei a escrevê-lo, pois já estava chegando ao final da faculdade. Coloquei o título de "Gestão Estratégica de Recrutamento & Seleção". Na época, o termo Talent Acquisition ainda não existia ou não era usado como é hoje. Naquele momento e por já estar em RH desde os 15 anos, percebi que essa área que me apaixonei seria o que eu iria seguir na carreira como próximo passo.

No dia da entrega do TCC, estava bastante nervoso e saí do trabalho correndo para verificar se estava tudo certo com a impressão e a capa dura. Como morava próximo da faculdade, fui a pé e, descendo a rua, tropecei. Fui de cara ao chão e inteligentemente coloquei o TCC na frente para me proteger... sai raspando o TCC no chão e quando fui olhar, a capa estava toda riscada e com uma pedrinha que a havia furado. Cheguei à faculdade desesperado, pois era o último dia. Meu orientador pediu para que me acalmasse e recebeu o TCC mesmo assim sem descontar nota, para meu alívio.

Os ventos da mudança

Em 2014, tive a primeira oportunidade de uma viagem internacional pela empresa. Com o meu inglês calibrado e calejado por conta de ter ficado responsável nos últimos anos por todas as vagas que exigiam a língua, fui para a Alemanha no lugar de um colega que não falava inglês para participar de um projeto de uma semana.

Fico imaginando, se não tivesse me esforçado para melhorar o inglês, quais oportunidades sequer seriam criadas para mim. Em uma multinacional, o fato de não falar o segundo idioma não é só uma questão de perder oportunidades que estão na nossa cara. É, também, possível que elas nem sejam criadas e você não ficará sabendo.

Fazer uma imersão em outra cultura, na qual nem catraca havia no metrô, foi uma experiência muito rica para mim. Precisei me virar desde o primeiro minuto em solo estrangeiro e perceber o quanto o nosso país ainda precisa se desenvolver em diversos sentidos foi uma triste constatação.

Ao retornar, fui destacado para ser um dos responsáveis pelo projeto de implementação do modelo de Talent Acquisition, o primeiro passo do ambicioso projeto de aprofundamento do modelo estratégico de RH.

O Brasil foi um dos pilotos da organização para a implementação do modelo de TA.

Devido à complexidade global do projeto, cada país piloto nomeou:

- PM (Project Manager);
- Responsável pelo sistema;
- Responsável pelo change management;
- Responsável pela comunicação;
- Responsável pelo treinamento;

Eu pude atuar em diversas frentes no projeto e ganhei uma boa experiência com uma colega de remuneração que foi nomeada para desenhar o Business Case (BC) do Brasil. Um BC é um documento de gestão do conhecimento que registra o raciocínio de um projeto e apoia a tomada de decisão para seguir ou não com esse projeto[1].

Essa colega ficou meses desenhando, apresentando e reapresentando esse material para a nossa gestora e para o board de líderes da empresa com base em alguns indicadores globais. O BC seria a base da estratégia do novo modelo.

Com o agravamento da crise econômica no Brasil, comecei a perceber um fenômeno de "re-internalização" de alguns processos nas grandes empresas. Recrutamento & Seleção foi um deles.

Como já falei, muitas empresas decidiram por terceirizar seus processos seletivos para se dedicar à gestão e à estratégia de R&S e, agora, decidiam por cortar os custos e internalizar novamente. Vi isso acontecendo em muitas empresas multinacionais no Brasil que tinha contato e, ao longo dos anos, um

---

[1] https://www.pmi.org/learning/library/need-business-case-6730

vai e vem de modelos. Em 2022, anos mais tarde, mais uma vez, vi o mercado num processo de terceirização. Um tal de bota casaco, tira casaco cansativo.

No caso do empregador que eu estava, o motivo principal na época não foi a crise, mas sim a internalização da expertise de R&S em si, algo fundamental num modelo de Talent Acquisition.

Queríamos trazer a expertise de Headhunters para dentro de casa, diminuir mais de 1 milhão de custos com consultorias e melhorar a eficácia do processo seletivo de ponta a ponta.

Além disso, a estratégia que estava sendo desenhada permitia concentrar a força de trabalho interna, ou seja, atuar no modelo de consultoria interna e oferecer diferentes produtos ao negócio em detrimento do processo "one size fits all" que utilizávamos até então.

A empresa possuía uma grande complexidade por atuar em diferentes negócios e, no caso de vagas com alto nível de especialização e com poucos profissionais qualificados no mercado, chegávamos a demorar até seis meses para conseguir fechar o processo seletivo de uma posição complexa.

O modelo de TA também visava outras ações que iam além do recrutar e selecionar. Ficar apagando incêndios toda vez que uma posição abre é custoso e pouco eficiente.

"

Sob a ótica de TA, se o Recrutador trouxer, digamos, uma pessoa disruptiva (moda do momento) do mercado de trabalho para a organização, o clima e ambiente de trabalho irá fazer o melhor proveito dessa pessoa? Há uma estratégia para desenvolver e reter esse talento? Educação Corporativa terá ofertas de aprendizagem coerentes com os objetivos da organização e desse talento? Haverá discussões de desempenho e de carreira alinhadas?

3| ENTENDENDO A ÁREA E O PROFISSIONAL DE TALENT ACQUISITION

"Recrutar é marketing. Se você é um Recrutador hoje em dia e não se vê como marqueteiro, você está na profissão errada."

Matthew Jeffrey

O que você encontrará neste bloco:

- Quem é o profissional de TA
- Competências tradicionais do Recrutador e novas competências
- A vida do Tech Recruiter

Quem é o profissional de TA?

Ainda hoje uma das portas de entrada mais utilizadas para a área de RH é a área de Talent Acquisition.

O fato de ser vista por alguns profissionais como uma atividade temporária, como uma etapa para outra função com a qual se identificam mais, pode levá-los a uma falta de interesse em se desenvolverem e se especializarem na área. Fato é que muitas pessoas não têm especialização alguma em TA, mas aprendem empiricamente.

Aí há um risco, pois TA não é simplesmente recrutar e selecionar. Sem os conceitos básicos, os profissionais da área podem fazer a temida gourmetização sem a devida sustentação. Atualmente, existem alguns cursos

48

para formar profissionais de R&S, mas ainda numa vertente tradicionalista. Um dos objetivos deste livro é também ajudar os profissionais a entenderem com uma visão holística os conceitos de Talent Acquisition. Pensando nisso, anos mais tarde (em 2021), criei uma certificação para profissionais de TA com o intuito de apoiar em sua profissionalização e da área, tudo baseado neste livro que o caro leitor está lendo.

Para os especialistas em R&S, Pontes e Serrano[2], num mundo economicamente globalizado, as organizações necessitam que seus profissionais entendam, pensem e criem conforme pressupostos da visão holística, ou seja, profissionais que tenham uma atuação mais abrangente. Necessitam, ainda, de profissionais que trabalhem e entendam do negócio e das estratégias da organização, independentemente da área de atuação. Precisam de profissionais que compreendam o todo organizacional e o ambiente em que se inserem.

O profissional de TA necessita de muito mais que conhecimentos específicos. Deve entender como o negócio funciona e ganha dinheiro, quais são os desaflos atuais e futuros, deve estar antenado em tendências e novas tecnologias disponíveis no mercado.

É preciso conhecer e dominar a mentalidade para negócios e saber combiná-la com a experiência em implementar ações na área de recrutamento & seleção de talentos, conquistando a credibilidade junto a seus clientes. Segundo a

---

[2] PONTES, Benedito; SERRANO, Claudia Aparecida. A arte de selecionar talentos: planejamento, recrutamento e seleção por competência. São Paulo: DVS Editora, 2005 Entendendo a Área e o Profissional de Talent Acquisition
[3] ALMEIDA, Walnice. Captação e Seleção de Talentos: Repensando a Teoria e Prática. São Paulo: Atlas, 2004.

consultora de RH Walnice Almeida[3], algumas das competências clássicas inerentes ao profissional de TA são:

As 10 competências clássicas do profissional de TA

1. Conhecer o negócio e as estratégias da organização;

2. Conhecer o mercado de trabalho;

3. Estar em constante contato com seus clientes internos e ter a capacidade de aconselhá-los quando necessário;

4. Habilidade para vender ideias;

5. Buscar constante aperfeiçoamento de seus processos de trabalho;

6. Fazer benchmarking para identificar as melhores práticas de R&S no mercado;

7. Saber utilizar as tecnologias;

8. Construir networking;

9. Desenvolver novos procedimentos de TA;

10. Estar atualizado com a leitura específica da área.

As 7 novas competências do profissional de TA

Neste século, outras competências emergentes estão demandando um upgrade no perfil dos profissionais de TA. À lista clássica, adiciono:

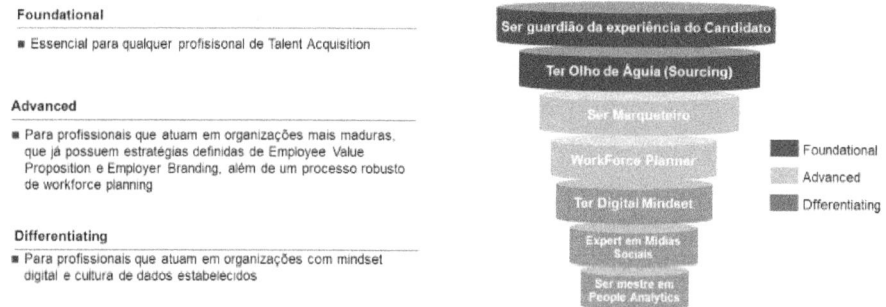

Funil das novas competências para profissionais de Talent Acquisition

1. **Guardião da experiência do candidato:** entender que o candidato também pode ser um cliente e que é um ser humano, por trás de uma página do LinkedIn ou CV. Prezar por todas as etapas do processo sempre de olho na boa experiência do candidato, desde o recrutamento até a ambientação do novo colaborador, após o Onboarding;

2. **Ter Olho de Águia (Sourcing):** para identificar os melhores talentos por meio de competências e ferramentas/ métodos de avaliação inteligentes;

3. **Ser Marqueteiro:** ser TA é ser Marqueteiro. Propaganda (vulgo Employer Branding) é a alma do negócio;

4. **WorkForce Planner:** saber segmentar talentos e conectar à estratégia de pessoas da organização (mais informações no capítulo homônimo);

5. **Digital Mindset:** entender, valorizar e tirar o melhor proveito para TA do mundo digital que vivemos hoje com uma menta aberta a experimentar, a errar e a inovar;

6. **Expert em Mídias sociais:** saber caçar talentos e se comunicar efetivamente em redes sociais como o LinkedIn;

7. **Maestria com People Analytics:** transformar e cruzar dados para obter inteligência de TA para o negócio.

É possível um profissional ter todas essas competências bem desenvolvidas? Provavelmente não.

Por isso, a área de TA cada vez mais deve contar um quadro diversificado de funcionários. Na minha equipe, por exemplo, já cheguei a contratar uma pessoa de Supply Chain que nunca havia trabalhado em RH, mas que trouxe grande expertise em indicadores. Outro caso foi o de uma farmacêutica que trabalhava no laboratório da empresa e que trouxe competências preciosas de gestão do conhecimento realizando desenho e mapeamento de processos e identificando erros críticos na jornada de excelência operacional, a qual explicarei no capítulo de "Gestão de Contratação".

Embora essa seja uma perspectiva apenas de um profissional de TA, suspeito que todos nós podemos concordar que as exigências e as expectativas do Recrutador moderno vão muito além de postar vagas e ficar esperando pelos candidatos.

A área de TA está aprendendo como alavancar totalmente a tecnologia disponível. TA passou a dedicar tempo a interação e compreensão das necessidades de talentos e dos negócios.

Dada a natureza fluida da tecnologia e da complexidade do tema, para aqueles que decidiram chamar TA de "minha profissão", atingir o sucesso nesse novo mundo exige um compromisso contínuo e apaixonado para dominar o tema, muito mais do que no passado foi exigido.

"

Neste século, outras competências emergentes estão demandando um upgrade no perfil dos profissionais de TA. À lista clássica, adiciono:

Digital Mindset: *entender e valorizar e tirar o melhor proveito para TA do mundo digital que vivemos hoje*

Ter Olho de Águia (Sourcing): *para identificar os melhores talentos por meio de competências e ferramentas/ métodos de avaliação inteligentes*

Marqueteiro: *ser TA é ser Marqueteiro. Propaganda (vulgo Employer Branding) é a alma do negócio*

WorkForce Planner: *saber segmentar talentos e conectar à estratégia de pessoas da organização*

Expert em Mídias Sociais: *saber caçar talentos e se comunicar efetivamente em redes sociais como o LinkedIn*

Guardião da experiência do candidato: *entender que o candidato também pode ser um cliente. Prezar por todas as etapas do processo sempre de olho na boa experiência do candidato, desde o recrutamento até a ambientação do novo colaborador, após o Onboarding*

Maestria com People Analytics: *transformar e cruzar dados para obter inteligência de TA para o negócio*

A vida do Tech Recruiter

Profissionais de tecnologia como desenvolvedores e engenheiros de dados não procuram emprego. São as empresas que os procuram.

Isso tem um motivo: segundo a Brasscom[4], nos próximos anos, somente no Brasil pode haver um déficit de quase meio milhão de profissionais de tecnologia, com cerca de 70 mil novos empregos sendo gerados nessa área por ano.

A competição é acirrada e nesse mercado e vale de tudo para atrair esses profissionais: desde dancinhas dos Recrutadores no Tik tok, até fazendo correlação das ações de Employer Branding com a cultura nerd, muito apreciada no meio da tecnologia.

E por falar em Recrutadores, o profissional de TA que trabalha focado em atrair e selecionar profissionais de tecnologia é o Tech Recruiter.

Para atrair os talentos necessários ao negócio, o Tech Recruiter deve transitar bem no universo da tecnologia. É essencial participar de fóruns e comunidades online, frequentar eventos que reúnam profissionais da área e formar uma rede de contatos que faça boas indicações[5].

---

[4] Disponível em: https://brasscom.org.br/ti-precisa-de-420-mil-novos-profissionais-ate-2024/
[5] Disponível em: https://vocesa.abril.com.br/carreira/tech-recruiters-conheca-o-profissional-de-rh-responsavel-por-atrair-talentos-da-area-de-tecnologia/

O Tech Recruiter deve conhecer conceitos básicos das vagas que trabalha para que não seja "engolido" pelo profissional que foi abordado. Um programador saberá instantaneamente se o Tech Recruiter tem uma ideia mínima do que está falando. É crucial que esse Recrutador também entenda minimamente sobre transformação digital e palavras da moda.

Consultorias de Headhunting, inclusive, como já faziam em outros setores, passaram a contratar como Tech Recruiters profissionais de tecnologia que queriam mudar de carreira: tudo para facilitar o hunting.

4| TALENT ACQUISITION HONEYCOMB 2.0®

Talent Acquisition Honeycomb 2.0®

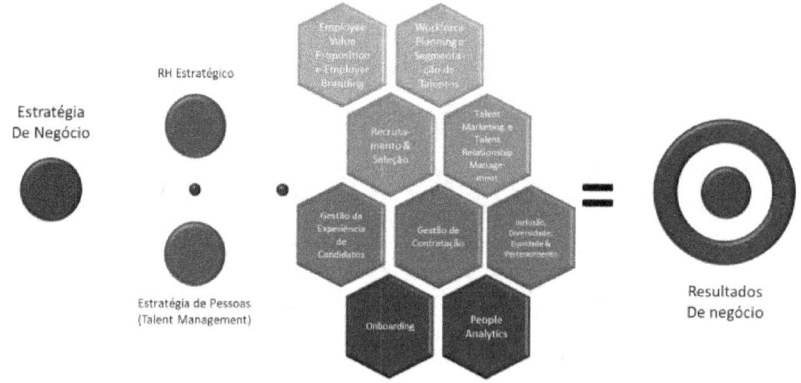

"O maior benefício do treinamento não vem de se aprender algo novo, mas de se fazer melhor aquilo que já fazemos bem."

Peter Drucker

O que você encontrará neste bloco:

- TA Honeycomb 2.0®
- Comentários sobre as adições da segunda edição

O TA Honeycomb 2.0® é um framework de trabalho criado para facilitar o entendimento de como implementar a estratégia de Talent Acquisition. Seja você líder de negócio, profissional de TA, Business Partner ou Líder de RH, esse livro tem dicas valiosas que poderão auxiliar em seus desafios de aquisição de talentos, independentemente do tamanho e tipo de organização.

O framework não é um passo a passo, pois os favos podem ser implementados ou estar ocorrendo ao mesmo tempo na organização. É muito importante ressaltar que os três temas que precedem os favos (Estratégia do Negócio, RH Estratégico e Estratégia de Pessoas – Talent Management) são fundamentais antes de se implementar uma estratégia de TA efetiva. Você verá, a seguir cada um dos temas e favos.

Nessa edição do livro, o Honeycomb ganhou o novo favo de Inclusão, Diversidade, Equidade & Pertencimento. Esse tema, apesar de já estar presente nos demais favos e já ter sido explorado na primeira edição e nas aulas/ mentorias que dou, por conta da necessidade de maior entendimento e visibilidade, resolvi transformá-lo em um favo.

Outro favo que ganhou uma nova palavra e mais destaque foi o de Gestão de Candidatos, que passou a ser Gestão da Experiência do Candidato. Na prática, esse favo já falava sobre a importância da experiência dos candidatos, mas resolvi incluir a palavra devido a visibilidade que esse tema ganhou nos últimos anos e recheei de novos conteúdos para deixar mais claro que estamos falando da mesma coisa.

O capítulo de Estratégia de Pessoas – Talent Management também ganhou muito mais profundidade e explico toda a Mandala da Estratégia de Pessoas com temas como potencialidade, gestão de mudanças e desempenho. Tópicos essenciais que todo Recrutador deve conhecer.

Também abordo como as áreas de TA reagiram à pandemia de COVID-19 com uma pesquisa exclusiva, demonstrando os impactos durante e pós pandemia.

Você também encontrará temas relacionados ao papel do Tech Recruiter e do Headhunter, tão solicitados pelos leitores da primeira edição e alunos da Certificação de Talent Acquisition.

Outro capítulo que ganhou mais musculatura foi o de People Analytics, que abordo com mais profundidade a cultura analítica, os principais indicadores de TA e como calculá-los. Além disso, criei um capítulo que sintetiza como implementar a estratégia de TA, com dicas essenciais para se construir um business case, seja você líder de RH ou TA, líder de negócio, BP ou profissional de TA. Todos podem influenciar no caminho de excelência de TA.

Tudo isso, regado a novos cases (reais e fictícios) que você encontrará ao longo de todo o livro e te ajudará a aterrissar os conceitos, te dando insights de como implementar em sua empresa. Todos os capítulos possuem dicas de implementação do respectivo favo.

A seguir, cada capítulo irá explorar um aspecto do TA Honeycomb 2.0®, passando por todos os favos.

"

O TA Honeycomb 2.0® é um framework de trabalho criado para facilitar o entendimento de como implementar a estratégia de Talent Acquisition.

O framework não é um passo a passo, pois os favos podem ser implementados ou estar ocorrendo ao mesmo tempo na organização

5| ESTRATÉGIA DE NEGÓCIO

Talent Acquisition Honeycomb 2.0 ®

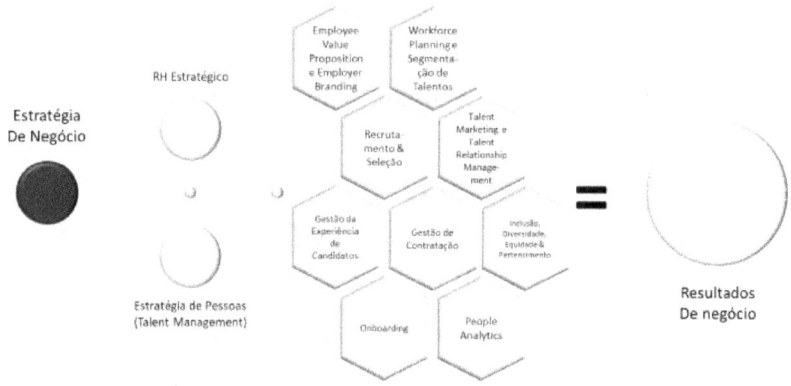

"Estratégia sem tática é o caminho mais lento à vitória. Tática sem estratégia é o barulho antes da derrota."

Sun Tzu

O que você encontrará neste bloco:

- Introdução à estratégia organizacional
- Recomendações e reflexões sobre a estratégia da sua organização
- Cascateamento de visão

Estratégia de Negócio é a estratégia da organização. É aquilo que a faz se manter íntegra e competitiva e gerar resultados, valor aos acionistas.

61

A estratégia de uma organização corresponde aos padrões de comportamento reconhecidos num longo período, como consequência das decisões dos seus gestores. As decisões estratégicas e as respectivas ações de concretização exercem uma fortíssima influência, no longo prazo, sobre a estrutura organizacional, bem como sobre a sua posição relativamente aos clientes, concorrentes e fornecedores. A implantação da estratégia, por sua vez, inclui a organização ou estruturação da organização, a motivação e liderança das pessoas[6].

Estratégia é o caminho que a organização trilha para chegar a algum lugar. Relatórios financeiros, pesquisa & desenvolvimento, corte de custos... isso não é suficiente hoje em dia para garantir a sustentabilidade da organização. No livro "Management Challenges for the 21st Century", Peter Drucker já falava, em 1999, que o conhecimento seria o diferencial competitivo das organizações.

Os estudos da administração de organizações baseadas em conhecimento estão voltados para o indivíduo, para a gestão e desenvolvimento de pessoas. Dessa forma, emerge a preocupação por um processo eficiente de desenvolvimento de competências do indivíduo e, consequentemente, da organização. O motivo dessa preocupação é que as empresas estão inseridas num ambiente em que a economia se baseia no conhecimento e, então, busca-se a fonte deste bem intangível, imensurável e tão precioso: o capital humano.

Neste contexto, o que vem a ser conhecimento como vantagem competitiva? "Conhecimento é entendimento e expertise. Conhecimento é a capacidade de

---

[6] BILHIM, J. A. F., Gestão Estratégica de Recursos Humanos. 3ªed., Lisboa: Instituto Superior de Ciências Sociais e Políticas, 2007

aplicar a informação a um trabalho ou a um resultado específico, considerando-se que a informação se torna inútil sem o conhecimento do ser humano para aplicá-la produtivamente"[7].

Fato é que a sociedade deixou suas bases originais na agricultura, posteriormente na manufatura e industrialização, para ingressar na economia do conhecimento, na qual a manipulação da informação é a atividade principal. Este é um dos principais motivos pelos quais as organizações mudaram tanto nas últimas décadas, passando a valorizar mais o ser humano.

Como implementar a Estratégia de Negócio?

O primeiro passo da estratégia de negócio é estabelecer uma visão:

- Aonde queremos chegar?
- Qual é o nosso propósito?
- O que precisaremos fazer para alcançar os objetivos da organização?
- Spoiler: Que tipo de gente precisaremos, com quais competências e comportamentos para fazer esses objetivos terem sucesso (vulgo Workforce Planning, que explicarei mais à frente)?

Uma excelente forma de desenhar a estratégia de negócio, de maneira simples e eficiente, em qualquer nível da organização é o Golden Circle.

---

[7] FERREIRA, Fabio; TEIXIERA, Elizete; ASHLEY, Patricia. Gestão estratégica de custos no processo de recrutamento e seleção de capital humano como fonte de vantagem competitiva dinâmica de organizações na era do conhecimento. IX Congresso Internacional de Custos, Florianópolis, SC, Brasil, 28 a 30 de novembro de 2005.

Criado por Simon Sinek, o Golden Circle foi apresentado em seu livro "Comece pelo Porquê: como grandes líderes inspiram pessoas e equipes a agir"[8] e consiste em três camadas de círculo, como um alvo. O objetivo do Golden Circle é criar um propósito vencedor, as estratégias para ter êxito e os produtos/ serviços que ajudarão no caminho para cumprir o propósito.

De maneira resumida:

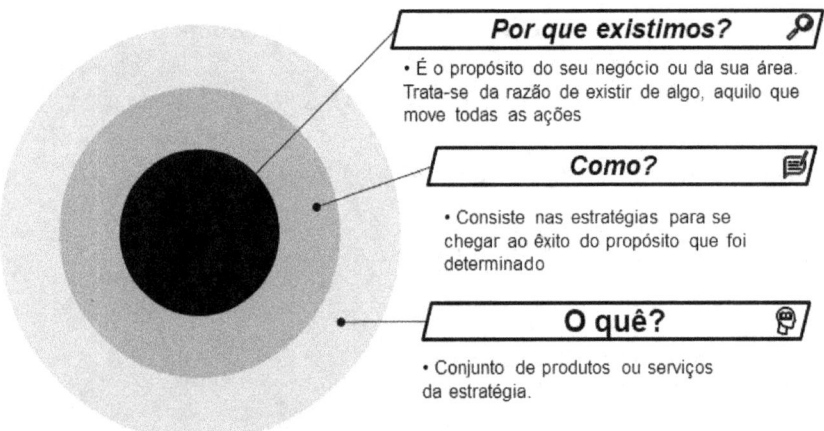

Já criei diversos Golden Circles, realizando workshops com a liderança e com o apoio de ferramentas de facilitação online como o MURAL.

Planejamento Estratégico a partir do Golden Circle

Em segundo lugar, deve-se definir os objetivos estratégicos de curto, médio e longo prazo:

---

[8] SINEK, Simon. Comece pelo Porquê: como grandes líderes inspiram pessoas e equipes a agir". São Paulo: Sextante, 2018.

- Precisaremos reposicionar o negócio se quisermos manter a competitividade?
- Quais os impactos de novas tecnologias em nossa estratégia?
- Podemos perder espaço ou sermos obliterados devido a novos modelos de negócio?
- Como inspirar nossas pessoas para entregar resultados?

Os objetivos estratégicos devem, obviamente, estar alinhados à visão da organização. É necessário um forte trabalho da liderança para comunicar essa visão e os objetivos para a organização e para os stakeholders. Não basta ter uma bela visão desenhada por uma consultoria ou em um workshop. Comunicar essa visão e objetivos e fazer com que sejam comuns a todos é fundamental para o sucesso.

Na era do conhecimento, o comportamento gerencial deve estar voltado para resultados e a informação, o conhecimento e a criatividade são recursos estratégicos que residem nas pessoas. A eficácia só é possível de ser atendida se a dimensão estratégica permear todas as unidades administrativas da organização, inclusive o sistema de recursos humanos.

Os objetivos de curto prazo, como crescimento de receita, aumentar a margem de lucro, diminuir os custos operacionais e melhorar o relacionamento com os clientes, devem fazer parte do ciclo de desempenho dos colaboradores e gestores, garantindo que haja resultados satisfatórios. Os objetivos de médio prazo, como lançamento de novos produtos e serviços, downsizing (diminuição da estrutura organizacional, o famoso "corte") e reengenharia (reestruturação), devem ser foco da liderança. Já os de longo prazo, como mudanças culturais e reposicionamento estratégico devem ser prioridade da alta liderança com cascateamento adequado e no tempo certo.

Cada organização deve buscar o tom mais adequado para seu modelo de negócios. Vivemos num mundo de rápida transformação, incerto, caótico... a visão e objetivos estratégicos devem acompanhar esse cenário. Lindos objetivos estáticos de 10 anos tendem a se tornar obsoletos com uma incrível rapidez. Os executivos e RH precisam ser mais rápidos, especialmente, se estivermos falando de grandes organizações caso queiram sobreviver neste novo mundo.

O perigo não é somente o de os concorrentes saírem na frente. Um grupo de garotos em uma garagem no Vale do Silício pode, neste exato momento, estar desenvolvendo uma solução que irá acabar com o seu negócio – sem você se dar conta a tempo.

Muitas organizações fazem as famosas reuniões de planejamento estratégico, que na minha visão, são reuniões de cascateamento de estratégias já pré-definidas.

No livro Jogar para Vencer[9], os autores Lafley e Martin defendem que uma estratégia é "um processo iterativo no qual todas as partes móveis influenciam umas às outras e têm de ser levadas em conta conjuntamente. A empresa deve entender suas competências essenciais existentes e considerá-las ao decidir onde jogar e como vencer". Ainda segundo eles, se uma empresa for capaz de responder essas perguntas e cascatear essa estratégia em toda a organização, há mais chances de se alcançar o sucesso.

---

[9] LAFLEY, A.G., MARTIN, Roger L. Jogar para Vencer. São Paulo: HSM, 2014.

Segundo os autores, uma estratégia de negócios resulta de escolhas vencedoras. É um conjunto coordenado e integrado das cinco escolhas acima, definindo o que o seu negócio faz e, tão importante quanto, o que não faz. E é por isso que muitas fusões e aquisições entre empresas fracassam em criar valor. São escolhas erradas de onde jogar e como ter sucesso nos mercados escolhidos. São estratégias mal desenhadas e difusas que ficam ainda pior após o M&A (Merger & Acquisition, ou seja, fusão & aquisição).

O Play to Win é uma excelente ferramenta para criar o cascateamento a estratégia a partir do Golden Circle, definindo os 5 elementos principais para ter sucesso: ambição, onde jogar, como vencer, definir as capabilities essenciais e os sistemas de gerenciamento.

Essas ferramentas podem ser facilmente aplicadas, com o devido conhecimento e domínio nas reuniões de planejamento estratégico. Sem métodos e estrutura, essas reuniões podem se tornar ineficientes e impactar todo o cascateamento do que for definido lá (ou não for definido) para o restante da organização.

Este livro tem muito a ver com fazer acontecer, vulgo Execução, a irmã gêmea da Estratégia. Por isso, recomendo a leitura posterior de alguns livros, especialmente se o caro leitor for um gestor:

- O Gestor Eficaz, de Peter Drucker. Um clássico do pai da administração moderna, é um verdadeiro guia sobre fazer acontecer;
- Execução – A disciplina para atingir resultados, de Larry Bossidy e do guru da liderança e gerenciamento, Ram Charan;

 Por que Existimos como empresa?

Onde competimos? Quais mercados? Quais produtos e categorias? Quais segmentações de clientes, canais e estágios de produção?

 Qual a nossa proposta única de valor? Quais as nossas vantagens competitivas?

 Quais capacidades precisamos desenvolver (Competências, processos, etc)?

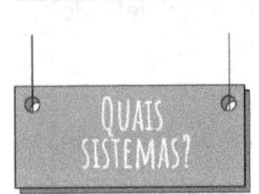 Quais sistemas necessitamos (fluxos, estruturas, indicadores, etc)?

Também os recomendo para o público de RH, pois ambos os livros reúnem lições imprescindíveis para a implementação bem-sucedida de projetos complexos citados neste livro como o RH estratégico, Talent Acquisition, Talent Management, Ciclo de Desenvolvimento e "por aí vai".

"

Os objetivos de curto prazo, como crescimento de receita, aumentar a margem de lucro, diminuir os custos operacionais e melhorar o relacionamento com os clientes, devem fazer parte do ciclo de desempenho dos colaboradores e gestores, garantindo que haja resultados satisfatórios. Os objetivos de médio prazo, como lançamento de novos produtos e serviços, downsizing e reengenharia, devem ser foco da liderança. Já os de longo prazo, como mudanças culturais e reposicionamento estratégico devem ser prioridade da alta liderança com cascateamento adequado e no tempo certo

6| RECURSOS HUMANOS ESTRATÉGICO

Talent Acquisition Honeycomb 2.0 ®

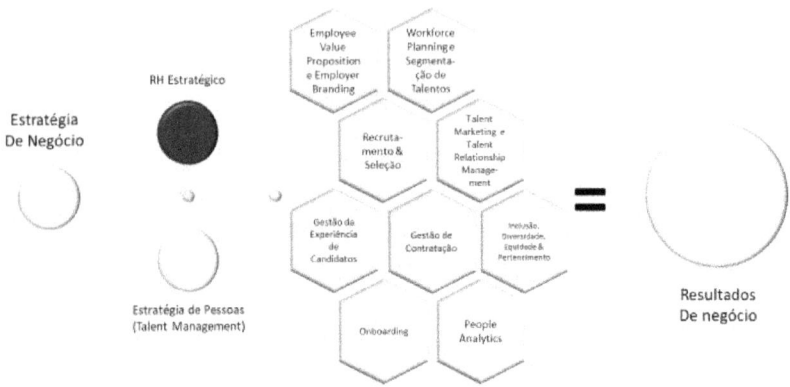

"O alinhamento, não somente do Recrutamento & Seleção, mas dos Recursos Humanos em geral à estratégia da empresa é de suma importância, visto que o planejamento estratégico é uma poderosa ferramenta para a construção e consolidação da imagem da empresa. É uma ferramenta para a gestão organizacional que foca o futuro das organizações e alinha o pensamento, os objetivos e as ações a serem trançadas por todos os membros de uma organização ao longo de um período de médio e longo prazo."

Marilda Guimarães e Jailson Arieira

O que você encontrará neste bloco:

- Conceitos e estrutura do RH Estratégico
- Obstáculos para tornar o RH estratégico

- Como implementar RH Estratégico
- RH Ágil e como implementar
- TA Ágil

Uma gestão estratégica apropriada de pessoas deve variar de acordo com a organização. Para atuar num papel estratégico na organização, as políticas e práticas de Recursos Humanos necessitam refletir, reforçar e dar suporte aos principais negócios da organização e seus objetivos.

RH estratégico é a tão esperada gestão integrada e alinhada aos objetivos estratégicos da organização. É o diretor de RH sentado na mesa do board e participando do planejamento e das decisões da empresa. É deixar de ser RH tirador de pedido e fritador de pastel (aquele que faz tudo ao mesmo tempo, pois tudo é urgente).

A área de Recursos Humanos passou por grandes transformações que datam desde o início dos anos 1900. Essa construção, que resumo na imagem abaixo, começou com a área de RH sendo somente um departamento pessoal e foi ganhando corpo com a influência de autores como Elton Mayo, Peter Drucker, David Ulrich e Josh Bersin.

71

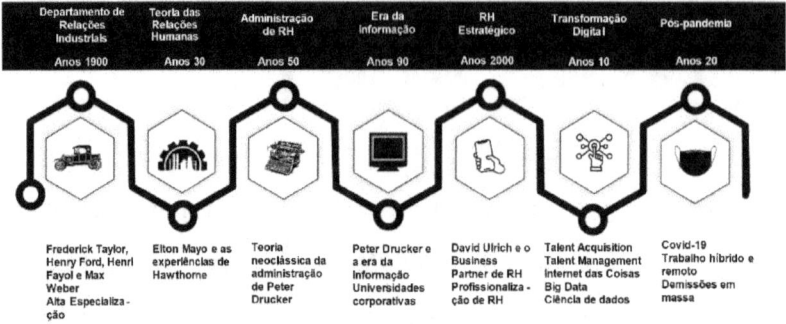

Foi, mais especificamente, a partir dos anos 2000 que o RH Estratégico começou a tomar forma, graças a publicações como o livro Os Campões de RH, de Dave Ulrich[10] que foi, talvez, o primeiro a estruturar a figura do Business Partner de RH.

A empresa em que trabalhava possuía um modelo terceirizado de recrutamento & seleção e já havia implementado o modelo de RH estratégico, fundamental para um lançamento bem-feito de TA. O RH, com 60 pessoas na época, era dividido em:

- Centros de Expertise (Centers of Expertise, CoE), áreas responsáveis pela estratégia e políticas de RH: Talent Acquisition, Talent Management, Total Rewards, Relações Trabalhistas, Mobility (que cuida de expatriados);

- Operações, áreas espelho das CoE responsáveis por operacionalizar as estratégias, além de folha de pagamento e benefícios;

---

[10] ULRICH, Dave. Os Campeões de Recursos Humanos. São Paulo: Futura, 2000.

- Business Partners, figuras de RH que atuam como ponte para os negócios.

Com essa estrutura, foi implementado também uma área de atendimento a colaboradores chamada Front Office (FO) na estrutura de Operações. Isso foi uma grande sacada, pois tirou boa parte do trabalho operacional das demais áreas, visto que deixaram de atender telefone e filas de colaboradores, para poderem se dedicar a questões mais estratégicas. O FO passou a contar com funcionários generalistas de RH, verdadeiros dicionários ambulantes de questões de recursos humanos. Anos mais tarde, essa área passou a desenvolver um chatbot, um programa que simula um ser humano conversando com colaboradores e tirando suas dúvidas em um chat, com atendimento mais automatizado.

Essa estrutura permite que o RH deixe de fazer somente as tarefas mais operacionais (mas importantes) como folha de pagamento e benefícios e passe a olhar de maneira mais ampla: entender os negócios é fundamental para tomar decisões de pessoas mais assertivas.

Segundo Benedito Pontes e Claudia Serrano[11], para que a área de recursos humanos possa, de fato, comportar-se como parceira estratégica das organizações, é essencial rever suas abordagens e ações. O início desse novo alinhamento das questões centrais de RH com as estratégias organizacionais é o planejamento, recrutamento e seleção de pessoal, tendo como parâmetro as competências mapeadas. É muito relevante a arte de "descobrir, atrair e

---

[11] PONTES, Benedito; SERRANO, Claudia Aparecida. A arte de selecionar talentos: planejamento, recrutamento e seleção por competência. São Paulo: DVS Editora, 2005.

reter talentos", assim como a de "ter as pessoas certas nos lugares certos". Não devemos esquecer, também, de que o processo de atração passa por questões, como remuneração, perspectiva de desenvolvimento, ambiente de trabalho, qualidade de vida e estilo de liderança, dentre outros, e o processo de seleção está inserido neste contexto.

A gestão estratégica de recursos humanos está centrada no pressuposto de que os empregados são ativos essenciais da organização e que o seu valor pode ser aumentado e até potencializado através de uma abordagem sistemática e coerente de investimento na sua formação e desenvolvimento.

No âmbito acadêmico e empresarial, a discussão sobre a gestão estratégica de recursos humanos vem suscitando reflexões entre estudiosos, profissionais de recursos humanos e outros interessados no tema. Especificamente no Brasil, levantam-se questionamentos sobre sua aplicabilidade à realidade nacional, bem como sobre os resultados que efetivamente podem ser alcançados por meio de sua implementação e utilização, tanto para as organizações quanto para os indivíduos que nelas trabalham[12]. Fato que para muitas empresas médias e pequenas, RH estratégico é algo inédito e que parece longe da realidade.

Peraí. Onde estão esses RH Estratégicos maravilhosos?

Na verdade, são poucos e estão em empresas com cultura organizacional madura que valoriza capital humano.

---

[12] OLIVEIRA, Rosilvaldo A. A Importância Da Gestão Estratégica De Recursos Humanos no Incremento do Lucro: Um Estudo de Caso. ISCTE Business School, depto. de gestão de empresas, Lisboa, 2009.

O RH estratégico deve sempre considerar o ambiente interno e externo da organização, entender os negócios, ficar atento às mudanças de rota e do planejamento estratégico, considerar todos os stakeholders possíveis e não somente os executivos da empresa... RH deixa de ser visto como uma área de custos e passa a ser encarada, também, como área de negócio.

Dentre os principais fatores considerados como obstáculos para a introdução da dimensão estratégica na gestão recursos humanos, destacam-se:

Obstáculos para o RH Estratégico

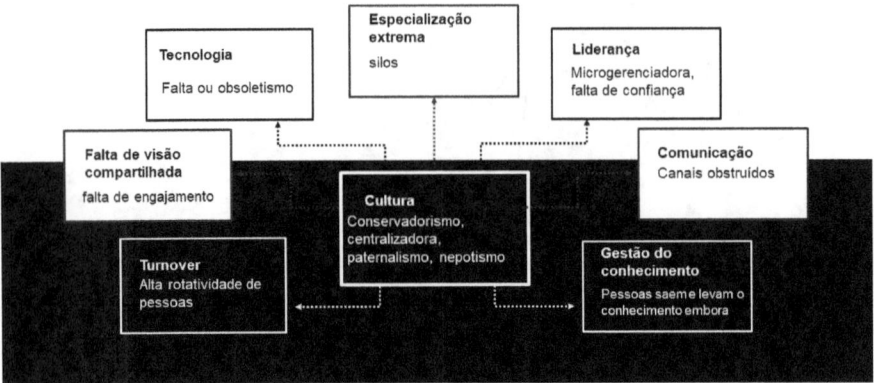

- Cultura conservadora e centralizadora da área;

- Perfil profissional extremamente especialista;

- Tecnologias e práticas obsoletas;

- Distanciamento dos centros de decisão da empresa;

- Falta de conhecimento do negócio;

- Canais de comunicação obstruídos;

- Liderança mais orientada ao tático em detrimento ao estratégico.

Conservadorismo, discurso desalinhado da prática, cultura extremamente hierárquica e centralizadora, micro gerenciamento, RH pastelaria. A área de RH pode estar muito longe de se autoproclamar estratégica, ainda hoje, em muitas empresas, inclusive nas grandes.

A participação da área de recursos humanos na elaboração das estratégias da organização é cada vez mais reconhecida como necessária e importante. A estratégia de recursos humanos visa aumentar o desempenho, analisando e entendendo a direção do negócio, elaborando soluções de TA, treinamento e desenvolvimento de pessoas apropriadas para a empresa. A gestão estratégica de pessoas, portanto, envolve a formulação, a implementação e a avaliação de resultados para o alcance de vantagens competitivas, baseadas na gestão de pessoas.[13]

---

[13] STEFANO, Silvio R.; GONÇALVES, Dayane M.; VALORI, Luiz C. Gestão Estratégica de Pessoas. In: STEFANO, Silvio R. (Org.). Gestão de pessoas: fundamentos e aplicações. Guarapuava: Unicentro, 2011.

"

Maiores obstáculos para o RH Estratégico:

Cultura conservadora e centra-lizadora da área;

Perfil profissional extremamente especialista;

Tecnologias e práticas obsoletas;

Distanciamento dos centros de decisão da empresa;

Falta de conhecimento do negócio;

Canais de comunicação obstruídos;

Liderança mais orientada ao tático em detrimento ao estratégico

Como implementar um RH Estratégico?

RH estratégico é, em primeiro lugar, conectado com a estratégia corporativa. Por isso, seus executivos devem se sentar à mesa de decisões. Enquanto isso não ocorrer, o RH continuará sendo tirador de pedido.

Além disso, um RH estratégico, assim como áreas de negócio, sempre está de olho no mercado. As áreas de expertise, como Talent Acquisition, Talent Management, Total Rewards, Mobility etc., em especial, devem atuar como áreas de inteligência, identificando tendências, boas práticas, novos métodos e práticas. É comum dessas áreas participarem de grupos de RH com outras empresas. O conhecimento deixou de ser algo enclausurado e os RHs estratégicos perceberam que compartilhar práticas traz muitas vantagens, além do networking. As empresas também compartilham talentos que porventura não puderam ser aproveitados em um processo seletivo ou que foram demitidos por questões como downsizing e reestruturação.

A área de Total Rewards de uma grande empresa, por exemplo, participa de grupos de remuneração com outras empresas que utilizam o mesmo método de cargos & salários, como a Hay. Isso garante que as companhias possam, de maneira confiável e segura, compartilhar informações de cargo e salário a fim de obterem benchmarking. É muito importante que o RH tome cuidado com as informações que compartilha, pois em 2021, algumas empresas foram acusadas pelo CADE (Conselho Administrativo de Defesa Econômica) de formação de cartel.[14]

Da mesma forma, uma área de TA de um RH estratégico não se limita a fazer somente recrutamento & seleção. Ela faz parte do planejamento da força de

---

[14] Pode ser consultado em: https://vocesa.abril.com.br/sociedade/cartel-dos-rhs-prejudica-economia-e-mercado-de-trabalho-entenda/

trabalho para mapear e segmentar cargos-chave, alimenta a área de Total Rewards com informações relevantes como, por exemplo, quando faz hunting e não consegue achar um talento para uma determinada vaga por constatar que os candidatos no mercado estão com remuneração superior e isso pode gerar uma ação rápida da área de Total Rewards a fim de oferecer um hiring bônus (pagamento único oferecido para candidatos finalistas de vagas estratégicas em casos específicos), revisar a faixa salarial da posição ou customizar o pacote de benefícios para conseguir atrair um talento e fechar a vaga.

TA também pode fazer networking com talentos mesmo antes de abrir uma vaga, mapeando posições e estruturas e, assim, diminuindo o tempo de recrutamento com a posição abrir, o chamado Sourcing que vemos mais para frente. Além disso, é preocupada com a experiência do candidato, pois o vê como um possível cliente da empresa e garante um Onboarding bem-feito. Não se limita a simplesmente fechar posições. Também é alimentado pela área de TM sobre o desempenho dos colaboradores contratados nos últimos anos, o que ajuda a área a entender se está, de fato, trazendo os melhores talentos para as cadeiras certas. Deve ser uma área atenta aos feedbacks da liderança sobre o processo de ponta a ponta, além do feedback dos candidatos e novos contratados.

Para isso, precisará mostrar muito mais valor com as áreas de expertise e, principalmente, com os Business Partners de RH que possuem a importante tarefa de atuar como ponte entre os negócios e o próprio RH. O BP, mais do nunca, deverá entender como o negócio funciona, como ganha (ou perde) dinheiro, entender a cadeia produtiva... só assim poderá identificar com precisão demandas, problemas de pessoal, prever situações e transformar isso em inteligência para o RH. O BP também ajuda a cascatear os objetivos estratégicos de RH nos negócios, como mudanças culturais, o lançamento de um novo sistema de treinamento e o follow up da avaliação de desempenho periódica.

O BP não deve ser confundido como um tirador de dúvidas de RH dos gestores, para isso deve existir a estrutura de Front Office que fará o atendimento geral dos líderes e colaboradores. Seu papel é mais estratégico e generalista.

Já as áreas de operações devem se preocupar em auxiliar as áreas de expertise com a operacionalização das estratégias. Triar candidatos, postar vagas, admitir, realizar Onboarding... nada disso deve ser feito pela área de Expertise, mas sim por Operações. Da mesma forma que folha de pagamento, demissões, pagamento de notas fiscais... as áreas de expertise devem se concentrar em adicionar valor aos negócios.

Isso não significa que a área de Operações seja somente operacional. É uma área que deve se portar como Melhoria Contínua. É a área de Operações que tem visão dos impactos positivos e negativos das estratégias. Deve sempre estar de olho em excelência operacional, ou seja, aumento de eficiência e redução de custos e em alimentar as áreas de Expertise sobre o que está dando certo e o que precisa ser melhorado. Essas áreas passaram inclusive a contratar ou formar colaboradores em Lean Six Sigma (método de empresas japonesas para diminuir desperdício e erros em processos produtivos) a fim de atuar com excelência operacional, como poder ser visto com mais detalhe no capítulo de "Gestão de Contratação".

O RH é uma área da empresa. Portanto, é fruto da cultura organizacional, assim como qualquer outra área. Há um estigma de mercado que trata o RH como uma entidade que parece desconectada da companhia. No caminho da profissionalização de RH até chegar em um modelo estratégico, os obstáculos não são poucos ou fáceis. O maior deles será a cultura.

Uma cultura conservadora, centralizadora e, por vezes, paternalista ou nepotista irá minar qualquer possibilidade de um RH se tornar estratégico. Por isso, o CEO ou a presidente da empresa, precisam entender e ver valor em ter um RH como parceiro estratégico.

Ter o apoio da alta liderança para mudar o modelo de recursos humanos tradicional é 50% do caminho andado. Não que os demais 50% sejam fáceis de se conseguir.

Caso já exista esse apoio, ter um líder de RH competente e com visão estratégica, que saiba se relacionar com líderes seniores e seja respeitado pelo negócio também será fundamental na criação de uma área de Recursos Humanos Estratégica que não só compartilhe da missão, visão e valores da organização, mas que seja uma catalizadora de mudanças, como o perfil das lideranças e melhorar o fluxo de comunicação e cascateamento de informações relevantes.

Parte da causa do afastamento do setor de Recursos Humanos das políticas estratégicas é devida à difícil mensuração da influência do RH sobre os resultados, pois os indicadores utilizados não costumam refletir informações estratégicas, além do que, muitos gestores não conseguem definir de que forma o RH cria valor para a sua organização[15]. No capítulo de "People

[15] Brock et al. 2002. O papel estratégico do RH. Disponível em: <https://www.aedb.br/seget/arquivos/artigos06/537_O%20papel%20estrategico%20

Analytics", você verá como calcular indicadores básicos de TA para tornar seu RH mais estratégico.

Mais cedo ou mais tarde, as formas tradicionais de competitividade como custo, tecnologia, distribuição, produção e características de produtos serão copiadas e o capital humano tem papel fundamental para que as empresas respondam às mudanças de maneira ágil e flexível[16].

3 Erros Comuns de RHs tradicionais no caminho para se tornarem estratégicos

1. **Subordinar o RH a área de Finanças:** existem raros casos de RH que estão na estrutura de Finanças e conseguem ser estratégicos. Esses casos são exceção - e não a regra. Isso ocorre, pois há uma enorme facilidade do RH ser visto somente como uma área de suporte que gera custo e, adiciona-se a isso, o fato de estar em Finanças, que pode muitas vezes dar foco demasiado em redução de custos. A probabilidade triplica. RH que só tem como foco redução de custos não consegue entregar valor estratégico na organização. O ideal é que o RH responda diretamente ao CEO ou presidente.

2. **RH sem roadmap:** o RH Estratégico participa das discussões e tomadas de decisão da companhia e faz seu planejamento (anual, bianual, quinquenal) com base nos desafios e planejamento de negócio. O roadmap será a essência das principais ações e projetos unificados de recursos humanos e precisa ser claramente comunicado dentro do próprio RH, mas também na organização.

---

do%20RH%20-%20SEGET.pdf>
[16] Ulrich, David. 1998. Os campeões de Recursos Humanos. São Paulo: Futura

3. **RH sem estratégia clara de pessoas:** spoiler: veja o capítulo de "Estratégia de Pessoas – Talent Management". É possível transformar a área de R&S em TA sem ter um RH estratégico implementado em sua organização? Sinceramente, é colocar a carroça na frente dos bois. É como ter uma área de TA estratégica e o RH com práticas datadas dos anos 80. Por isso, recomendo primeiro implementar o RH estratégico que deve ter uma cadeira no board e com uma estrutura de expertise, operações e BPs ou estrutura ágil para depois implementar Talent Acquisition.

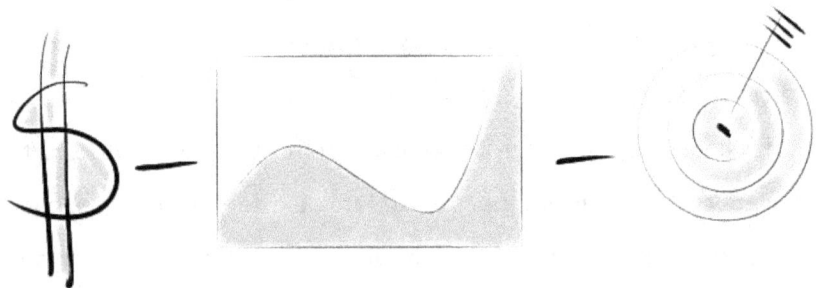

Sobre RH estratégico, além dos livros que utilizei as referências, recomendo as leituras:

- Gestão de Pessoas – Um novo papel de Recursos Humanos nas Organizações, de Idalberto Chiavenato;
- Gestão Estratégica de Recursos Humanos – Uma introdução, de Wayne Cascio e John Boudrea;
- Os Campeões de Recursos Humanos – fundamental para um RH estratégico, de David Ulrich.

"

Ter o apoio da alta liderança para mudar o modelo de recursos humanos tradicional é 50% do caminho andado. Não que os demais 50% sejam fáceis de se conseguir.

Caso já exista esse apoio, ter um líder de RH competente e com visão estratégica, que saiba se relacionar com líderes seniores e seja respeitado pelo negócio também será fundamental na criação de uma área de Recursos Humanos Estratégica que não só compartilhe da missão, visão e valores da organização, mas que seja uma catalizadora de mudanças, como o perfil das lideranças e melhorar o fluxo de comunicação e cascateamento de informações relevantes

O Ágil e o RH

O ano era 2001. 17 profissionais se reuniram por alguns dias em um resort de esqui em Snowbird, Utah. Todos eles já trabalhavam com estruturas "leves" de desenvolvimento de software e dessas conversas surgiu o famoso "Manifesto Ágil"[17].

O Manifesto Ágil se tornou uma espécie de bíblia para muitas empresas nativo digitais ou até empresas financeiras que foram pioneiras em estruturar equipes com esses frameworks como Spotify, Google e Microsoft.

É importante ressaltar que nos últimos anos outros modelos operacionais e práticas ganharam força no RH Estratégico. O Ágil foi a principal delas.

Segundo J.J. Sutherland[18], cocriador do Scrum, framework ágil mais famoso do mundo:

"Quando uma pessoa diz que trabalha de forma ágil, é muito importante perguntar o que ela quer exatamente dizer com isso. O Scrum é usado por cerca de 70% das equipes ágeis, mas não é a única estrutura. Simplesmente dizer que uma empresa é ágil não significa muita coisa".

Descritos como estruturas leves de trabalho, os frameworks ágeis trazem um set de práticas que tornam o trabalho das equipes ágeis mais fluído e mais alinhado as necessidades dos clientes internos do RH, depois de pegarem o "jeitão". Algumas equipes mesclam diferentes frameworks, como o Scrum, com métodos de eficiência e redução de erros (Lean Six Sigma e Kanban).

---

[17] Pode ser consultado em: http://agilemanifesto.org/iso/ptbr/manifesto.html
[18] SUTHERLAND, J.; SUTHERLAND, J. J. Scrum: o dobro do trabalho na metade do tempo. Rio de Janeiro: Sextante, 2014

Repensar o RH em um modelo mais ágil, exponencial e diverso é o caminho para criar valor ao negócio. Seja por inovação em métodos e frameworks de trabalho, seja pelo uso da tecnologia. Mas a sua linha central visa valorizar muito mais o que é feito do que o como fazer porque sua intenção é dar suporte para que os times enfrentem desafios, sejam mais resilientes, aprendam constantemente e respondam às mudanças mais rapidamente e pelas melhores vias possíveis. E, por fim, apoiar a autonomia de cada equipe, fomentando a auto-organização, relações de confiança, tolerância ao erro, o feedback e adaptação constante[19].

Roberto Brasileiro, no artigo "17 mitos sobre métodos ágeis"[20], explica que o Ágil não é nada novo. Além do Manifesto, que foi criado em 2001, ele cita que conceitos ágeis já existiam e eram praticados a mais de 50 anos.

Talvez, se você conhecer pouco de Ágil, fique confuso com a quantidade de coisas que pode encontrar. Também passei por isso e decidi focar em algo, no caso o Scrum, por ser o mais famoso e mais utilizado e desde 2019 tenho trabalhado e implementado equipes usando o Scrum.

O Scrum foi criado em 1993, formalizado por Jeff Sutherland e Ken Schwaber em 1995 e pode ser definido como "a arte de fazer o dobro do trabalho na metade do tempo", "a arte de mudar o possível", "reduzir o custo de mudar de ideia" ou mais detalhadamente, "um framework (estrutura) de gerenciamento de projetos, da organização ao desenvolvimento ágil de produtos complexos e adaptativos com o mais alto valor possível, com papéis, cerimônias e artefatos bem definidos"[21].

---

[19] COUTINHO, J.P. Repensando o RH: Ágil, Diverso e Exponencial. São Paulo: Editora Caroli, 2022.
[20] Pode ser consultado em: https://www.metodoagil.com/mitos-sobre-metodos-ageis/

Ah, vamos falar de metodologia ágil, então!?

Nessa frase, super comum, há 2 erros básicos: metodologia é o caminho que será seguido em toda a execução do projeto, o planejamento do que precisa ser executado e em que ordem; já o método é um modo de colocar em prática alguma ação específica[22]. Portanto, se você vai aplicar um método, essa é a palavra correta a se utilizar, e não metodologia.

Segundo ponto é que o Scrum e a maioria das estruturas ágeis não são métodos, porque não dizem o que deve ser feito e o caminho das pedras, "apenas" trazem uma estrutura de trabalho diferente da tradicional, impactando diretamente na microcultura da equipe.

O Framework Talent Acquisition Honeycomb 2.0® se encaixa exatamente nessa definição. Não estamos falando de receitas de bolo aqui. E mesmo quando há receita, replicá-la igual a empresa ao lado fez geralmente é extremamente difícil por conta do ingrediente CULTURA que pode diferir muito de empresa para empresa.

O que tenho visto também são iniciativas partindo de algumas áreas (como o RH) e não da alta liderança da organização. Quando o primeiro livro de Scrum foi lançado, Jeff Sutherland (pai) foi bastante enfático ao afirmar que somente empresas tradicionais que fizessem uma completa mudança cultural, incluindo a quebra do modelo hierárquico, conseguiram utilizar o framework Scrum em sua totalidade. Por isso, empresas nativas digitais tinham mais facilidade para

---

[21] SUTHERLAND, J.; SUTHERLAND, J. J. Scrum: o dobro do trabalho na metade do tempo. Rio de Janeiro: Sextante, 2014
[22] Pode ser consultado em: https://artia.com/blog/metodo-e-metodologia-de-projetos-entenda-a-diferenca/

se adaptar, pois eram mais fluidas e atuavam em modelos holocráticos, que pressupõem total autonomia da equipe e até mesmo a falta de cargos formas de liderança em diversos níveis.

"

Ah, vamos falar de metodologia ágil, então!?

Nessa frase, super comum, há 2 erros básicos: metodologia é o caminho que será seguido em toda a execução do projeto, o planejamento do que precisa ser executado e em que ordem; já o método é um modo de colocar em prática alguma ação específica. Portanto, se você vai aplicar um método, essa é a palavra correta a se utilizar, e não metodologia.

Segundo ponto é que o Scrum e a maioria das estruturas ágeis não são métodos, porque não dizem o que deve ser feito e o caminho das pedras, "apenas" trazem uma estrutura de trabalho diferente da tradicional, impactando diretamente na microcultura da equipe

Já no segundo livro, J.J. Sutherland (filho) trouxe uma série de cases de grandes empresas que conseguiram adaptar o framework ágil com efetividade, mesmo não utilizando 100% das cerimônias e artefatos[23]. Essas empresas também conduziram planos de Change Management (CM) para aprimorar suas culturas e implementaram o Scrum em algumas equipes - não todas - e para diversos fins, não somente desenvolvimento de software. Portanto, se você está lendo isso, é perfeitamente possível começar com um piloto na sua organização, mesmo que isso não parta da alta liderança. Testar e experimentar tem tudo a ver com Ágil.

E o RH Ágil, como implementar?

Uma pesquisa conduzida pela Standish Group em 2020[24], demonstra que projetos Ágeis, em especial utilizando o Scrum, tem 42% de chance de serem bem-sucedidos contra 13% de projetos tradicionais (Waterfall, em cascata). A pesquisa leva em consideração desde fusões e aquisições até grandes projetos estratégicos.

Com frequência o fim é ignorado em detrimento ao meio. No caso do Ágil, o hype do momento faz com que muitas pessoas tentem surfar nessa onda sem ao menos se questionarem o motivo pelo qual querem implementar o Ágil.

---

[23] Sutherland, J. J.. Scrum: guia prático. Rio de Janeiro: Sextante, 2020
[24] Pode ser consultado em: https://vitalitychicago.com/blog/agile-projects-are-more-successful-traditional-projects/

AGILE X WATERFALL

	Sucesso	Questionado	Falhou
Agile	42%	47%	11%
Waterfall	13%	59%	28%

Scrum pressupõe foco completo e especializado em satisfazer as necessidades dos clientes ou usuários. Para isso, traz uma nova forma de trabalho, com uma cultura diferente daquela que estamos acostumados e uma nova forma de organizar as tarefas e equipes.

Se você e sua organização estão pensando em usar o Ágil no RH somente porque todo mundo está utilizando, talvez seja uma ótima hora para repensar o fim - e não o mcio. Até porque, alguns projetos não se encaixam no Scrum e são mais bem executados de maneira tradicional.

Mais importante: tornar seu RH ágil não exclui a necessidade de ele ser, em primeiro lugar, estratégico. Cuidado com os modismos.

"

Tornar seu RH ágil não exclui a necessidade de ele ser, em primeiro lugar, estratégico. Cuidado com os modismos

Um artigo da Gama Academy[25], destaca 7 motivos para não usar o Ágil, entre eles a maior falácia desse "hype":

Ágil não é somente sobre ser rápido

O artigo destaca uma pesquisa realizada com agilistas em todo o mundo e a questão de entregas rápidas aparece como um dos 13 motivos mais importantes. Não o único.

Ágil é se adaptar às mudanças e curtir estar mais próximo do caos do que do controle. Aliás, isso é um dos pontos mais importantes do Scrum:

Se você desenhar uma linha horizontal e colocar na ponta esquerda, a organização e na ponta direita, o caos, adivinha de que ponta o Scrum estará mais próximo? Isso não significa que não existam controles, mas que "indivíduos e interações importam mais que processos e ferramentas.

ORGANIZAÇÃO   CAOS

[25] Pode ser consultado em: https://site-v1.gama.academy/blog/carreira/nao-adotar-metodologias-ageis/

Esse princípio do Manifesto Ágil é uma clara crítica ao gerenciamento de projetos tradicional, que prioriza documentos e mais documentos que tornam a entrega de um projeto extremamente demorada. O fato de o Scrum ser mais rápido é porque tem menos papelada, mas também por conta da equipe estar mais focada em entregas menores, em detrimento a entregar o projeto final depois de 1 ano ou 2.

Quer implementar o RH Ágil e não tem ideia? Algumas sugestões:

1. Contrate uma consultoria especializada em ágil: realize um diagnóstico da cultura da sua empresa e do seu RH, comece com um piloto (que tal a área de TA?). Hoje em dia já há, inclusive, consultoria especializada em RH Ágil;

2. Forme ou contrate um Agile Coach para seu RH: "Agile Coach é um profissional, que não só entende de um framework Scrum, mas como outros frameworks de trabalho também. Um profissional que tem a visão de um Agente de Mudanças, que observa a rotina de um time, sabe pontuar onde está o problema e como agir. O Agile Coach detém conhecimento de ferramentas de engenharia de software, assim como técnicas e práticas de coaching para propor soluções e melhorar o processo. Logo, ele pode ter o seu papel atuando de forma permanente num time, ficar em tempo integral auxiliando o time no que for preciso. Como pode também atuar temporariamente, ficando no time por um período, até que consiga encontrar o seu ritmo de trabalho e produtividade"[26];

---

[26] Pode ser consultado em: https://annelisegripp.com.br/agile-coach-e-scrum-master-qual-a-diferenca/

3. Desenvolva as capacidades do Ágil em seus colaboradores: será necessário treinamento e coaching dos colaboradores que irão atuar com o Ágil. No caso do Scrum, existem diversos papéis, cerimônias e artefatos que precisam ser implementados.

Como disse, o Ágil não é para todas as empresas e todas as culturas. Procure aprofundar seus conhecimentos no tema, antes de surfar no hype. Sair fazendo pode gerar grande frustração e inibir experimentações no seu RH.

Além dos livros de Scrum que citei, também recomendo:

- Repensando o RH: Ágil, Diverso e Exponencial – do autor J. P. Coutinho, é um verdadeiro "must-have" para profissionais de RH que queiram implementar o RH Ágil.

TA Ágil

Em 2018 tive a oportunidade de começar a desenhar, junto a meu líder, um novo modelo operacional para a área de TA, trazendo conceitos de Ágil.

Aproveitando uma grande aquisição que a empresa estava fazendo, decidimos reestruturar a equipe de TA em 3 squads, cada qual focada em um dos negócios da empresa.

Cada squad contaria com:

- Um Lead Recruiter, um coordenador de recrutadores responsável por liderar indiretamente a equipe, apoiar na destruição de vagas e tarefas e garantir o sucesso da squad;

- Um Recruiter para os Produtos 2 e 3 de TA (Vagas de média e alta complexidade);

- Um Recruiter para o Produto 1 (vagas de alto volume e baixa complexidade);

- Um Assistente de TA para fazer a parte administrativa e apoiar os recrutadores nas atividades gerais de processo seletivo.

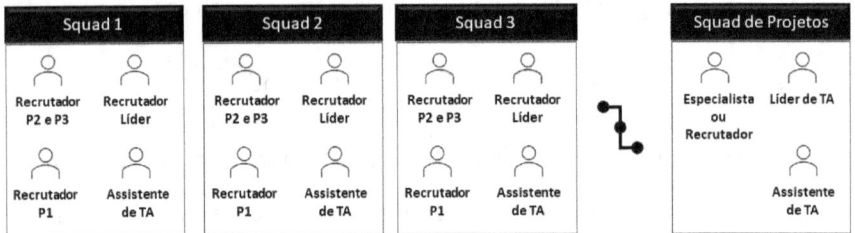

Sobre os Produtos de TA, verifique o capítulo de "WorkForce Planning & Segmentação de Talentos" e o capítulo "Implementando a Estratégia de TA".

Apesar do formato de squad, os recrutadores continuariam a fazer R&S como antes no modelo de TA, além dos projetos conduzidos.

Além dessas 3 squads, haveria também uma quarta, responsável por estratégia e projetos. Essa squad iria rodar os projetos usando o Scrum, de ponta a ponta.

Com a minha saída e de meu líder do RH, em meados de 2019, esse incrível projeto acabou perdendo força e somente os três squads de recrutadores foram mantidos.

O Ágil iria ganhar um grande espaço no meu dia a dia somente após a saída de RH. Quando assumi minha nova equipe na área de Supply Chain, eles já trabalhavam usando Scrum e fui eu que tive que me adaptar. Fui fazer minhas certificações de Ágil de Scrum e Lean Inception, além de cursos de Design Sprint. Ambos, frameworks ágeis também muito famosos.

Nos mais de 3 anos trabalhando como agilista, tive a oportunidade de entender a mudança de mentalidade, a quebra dos modelos hierárquicos e a entrega de valor por meio de sprints e não mais por meio de projetos rodando em modelo waterfall (tradicional), que entregavam valor somente após sua finalização. Estruturamos e lançamos do zero uma universidade corporativa usando Scrum, além de sistemas e programas de mentoria reversa. No capítulo de "People Analytics", abordo o case detalhado do Programa de Data & Analytics, um projeto de Talent Marketing, que foi construído 100% com Scrum também.

"

RH Estratégico é a tão esperada gestão integrada e alinhada aos objetivos estratégicos da organização. É o diretor de RH sentado na mesa do board e participando do planejamento e das decisões da empresa. É deixar de ser RH tirador de pedido e fritador de pastel (aquele que faz tudo ao mesmo tempo, pois tudo é urgente)

7| ESTRATÉGIA DE PESSOAS: TALENT MANAGEMENT

Talent Acquisition Honeycomb 2.0 ®

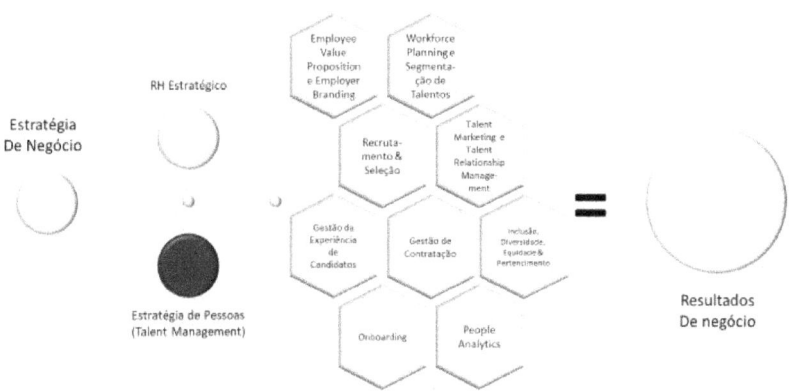

"Você é único. Você tem talentos e habilidades diferentes. Você não precisa seguir sempre os passos dos outros. E o mais importante, você deve sempre lembrar-se de que não precisa fazer o que todo mundo está fazendo e ter a responsabilidade de desenvolver os talentos que recebeu."

Roy Bennett

O que você encontrará neste bloco:

- Conceitos de Talent Management (TM) e a Mandala da Estratégia de Pessoas
- Case da Xpotencial
- Como implementar TM

101

- Desenhando a estratégia de TA conectada a TM e contratando uma equipe de TA
- Programas de entrada de talentos

Global, móvel, multicultural, de diferentes gerações, mais diverso e empoderado. O mercado de talentos deste século é muito diferente do que foi no passado.

Conhecer, entender e valorizar a complexidade desse contexto é fundamental para se criar uma estratégia efetiva de pessoas, também chamada em organizações globais, de Talent Management.

No bottom line disso, há algo muito mais profundo e inevitável: Mudança e transformação. Hoje é sabido que empresas que não se adaptarem, inovarem, preverem cenários, possíveis novos players, ficarem de olho em novas tecnologias e formas de fazer negócio estão fadadas a desaparecer. O arroz com feijão não é mais suficiente.

A estratégia de pessoas também precisa levar em consideração como atrair e desenvolver pessoas para esse novo ambiente. Deve ir mais além: como preparar a organização para grandes mudanças, sejam dos negócios, do mercado ou da própria estrutura da empresa? Que tipo de pessoas a organização irá precisar durante esse período de transição? E depois? Como garantir um pipeline robusto de pessoas chave?

Afinal, sem essas pessoas, a organização está sujeita ao baixo desempenho. Segundo pesquisa da Mckinsey[27] em 2017 com mais de 1500 respondentes

---

[27] A pesquisa pode ser consultada em:
https://www.mckinsey.com/businessfunctions/organization/ourinsights/winningwithy

representando grandes empresas do mundo todo, organizações com uma estratégia bem definida de Talent Management possuem uma chance maior de melhores desempenhos, comparadas aos concorrentes.

A pesquisa também cita que não há receita de bolo, cada organização deve desenhar a estratégia de pessoas que mais se adeque a sua realidade. Entretanto, alguns pontos em comum de estratégias de sucesso são:

1. Talent Acquisition efetivo;
2. O RH de olho na Experiência do Colaborador;
3. O RH com mindset estratégico.

O primeiro ponto dispensa apresentações, sendo tema deste livro, assim como o terceiro que já comentei anteriormente. Quanto à Experiência do Colaborador, de forma sucinta, é olhar o colaborador (além do candidato, como futuro colaborador) como um possível cliente da própria empresa. É garantir que ele não esteja pensando se o salário vai cair na conta, se os benefícios estão corretos. É dar informação de fácil acesso e, de preferência, self-service. Basicamente, é fazer com que RH não seja uma preocupação para o colaborador, para que ele possa trabalhar tranquilo e mais focado em entregar resultados. Isso está intimamente ligado ao RH estratégico, pois se sua empresa ainda possui um RH tirador de pedido estilo anos 80, dificilmente será possível tratar da Experiência do Colaborador como um fator competitivo no EVP.

Experiência do Colaborador é um tema que por si só rende um livro. Nessa publicação, focaremos na experiência do candidato, antes de se tornar

ourtalentmanagementstrategy

colaborador, que falo mais profundamente no capítulo de "Gestão da Experiência do Candidato".

A única certeza é a mudança

Estávamos em 2014 e, ao completar cinco anos de experiência em R&S, comecei a sentir a necessidade de procurar novos desafios.

Estava muito motivado com o projeto de TA, mas já não me sentia desafiado com as atividades do dia a dia de Recrutamento & Seleção. Por isso, ao conversar com a minha gestora, surgiu uma oportunidade de job rotation na área de Talent Management, também conhecida no mercado como Desenvolvimento Humano e Organizacional, ou Treinamento, Desenvolvimento & Performance, Capital Humano, Educação Corporativa, Talentos Humanos, Gente & Gestão... Os nomes são inúmeros e a criatividade, ilimitada, afinal essa é a famosa área responsável pela Mandala da Estratégia de Pessoas, modelo que apresentarei mais à frente, e é conhecida desde os anos 90 pelo termo "abraçar árvore". Entretanto, assim como TA, existe uma mudança substancial no treinar & desenvolver tradicional para a educação corporativa do século 21. Talvez, tema para um próximo livro.

O bom filho à casa retorna. Quase após 10 anos de experiência em RH, eu estava retornando para TM, uma área intimamente ligada a TA cujo escopo tive acesso quando trabalhava na consultoria, com uma visão mais externa.

Eu continuei à frente de algumas forças de trabalho do projeto de TA. Lembro que a primeira vez que vi o fluxo de ponta a ponta, achei que um processo seletivo iria demorar anos. O documento global era tão detalhado que tirava do empírico todo o passo-a-passo, da abertura da vaga ao Onboarding. Gestão do conhecimento. Não conhecia o termo na época, mas hoje vejo o quão importante é esse tema e o quanto o RH não era bom naquilo.

Fazer gestão do conhecimento deveria ser um processo estratégico, já que evita que o capital intelectual da organização se perca. Evita custos com erros que poderiam ser evitados se houvesse fluxos de trabalho desenhados e instruções de trabalho para quem vem do mercado. Evita o retrabalho excessivo de treinamento toda vez que alguém entra e sai da área.

A mandala da Estratégia de Pessoas – Talent Management

A mandala da Estratégia de Pessoas é um modelo que utilizo em minhas aulas sobre Talent Acquisition e Talent Management.

Estratégia de Pessoas é o núcleo do Employee Value Proposition (EVP), ou seja, a proposta de percepção de valor dos líderes e colaboradores.

O RH estratégico também terá, por definição, uma série de processos e temas como:

Talent Acquisition

Prevê foco na experiência do candidato e o vê como um poten

Mandala da Estratégia de Pessoas

cial cliente da empresa e, ainda, dispensa apresentações por ser o tema do livro.

Gestão de Performance (Desempenho) e Potencial

Para que os colaboradores entreguem e superem suas metas, um sistema e um processo bem estabelecido e comunicado de gestão de performance são fundamentais.

A performance está intimamente ligada a gestão de carreira, pois é um dos fatores que apoiam a liderança a tomar decisões de promoção, movimentação lateral, mérito (bonificação por bom desempenho), diferenciação no bônus anual etc.

Esse processo deve abarcar não somente metas de negócio (o que), mas também as competências necessárias para o bom desempenho da função (como), tendo em vista que não basta entregar com louvor uma meta, se o colaborador deixa a famosa "trilha de sangue" pelo caminho, ou seja, seu comportamento não está alinhado aos valores da empresa.

Gestão de Desempenho: e a curva forçada?

Estabelecida, também, pela GE para fomentar a cultura de alto desempenho e feedback, a curva forçada também é chamada de 70-20-10[28]:

Esse 70-20-10 não tem nenhuma relação com o da aprendizagem. Aqui, as empresas passaram a adotar uma curva forçada no 9box, assumindo a máxima de que 20% de seus colaboradores serão alto potenciais, 70% médios e 10%, baixo potenciais. Esse modelo controverso possui pontos positivos e negativos. Do lado positivo, pode ajudar empresas que ainda não tem cultura de alto desempenho e feedback a diferenciarem talentos, já que os líderes possuem uma tendência magnética de avaliar todos "na média". Por outro lado, como é forçada, pode cometer injustiças com colaboradores que são forçados para baixo ou até mesmo para cima no 9box, a fim de se manter os percentuais estabelecidos.

---

[28] Disponível em: https://cohros.com.br/conteudo/curva-forcada-afaste-essa-ideia/

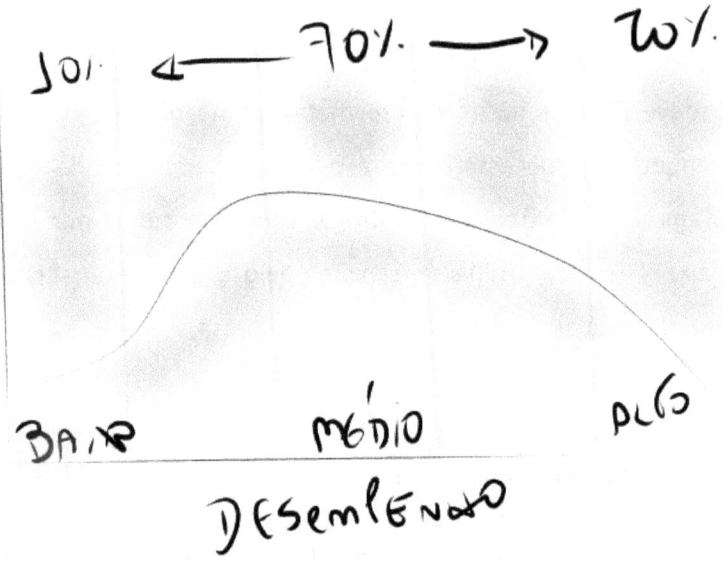

Se a sua empresa decidir adotar a curva forçada, lembre-se que ela deve ter começo, meio e fim e que o foco deve ser a criação da cultura de alto desempenho e feedback.

É muito importante, também, comunicar os líderes e colaboradores do motivo de sua existência.

A curva forçada não é um "must have" e é possível criar essa cultura mesmo sem utilizá-la.

Potencial, olha ele

Se a gestão de performance olha para o passado, ou seja, o que o colaborador fez, a gestão de potencial olha para o futuro, o que o colaborador poderia fazer. A gestão de potencial é outro fator que é utilizado para decidir promoções e movimentações.

DESEMPENHO   POTENCIAL

"Ela é um HiPo (High Potential, Alto Potencial), precisamos retê-la".

Você certamente já deve ter ouvido essa frase ou outras famosas máximas como "esse jovem tem potencial". Afinal, o que é potencial?

Potencial: como identificar?

Identificar potencial e, principalmente, o que fazer com essa informação parece ser um segredo guardado a sete chaves pelos RHs.

Para ajudar, alguns RHs exóticos possuem políticas "faladas" ou escritas de não divulgar como é feito o processo de avaliação de potencial, deixando os colaboradores sem informações e aumentando o mito do potencial, que contribui com conversas de corredores (e, agora, de WhatsApp), além de prejudicar a criação de uma cultura de confiança.

Segundo Amanda Potter e Jo Dunne[29], potencial pode ser definido como o nível de alinhamento do colaborador(a) com desafios futuros da organização, em termos de competências, aspirações, engajamento e inteligência (emocional, social e cognitiva).

Adiciono a definição das autoras, o histórico de desempenho e a agilidade de aprendizado, que contribuem substancialmente para a identificação de potenciais.

Fato é que a identificação de potencial é um processo subjetivo. Daí vem a inabilidade de alguns RHs em comunicar com eficácia como esse processo é feito, visando diminuir ruídos de corredores presenciais e virtuais da empresa. O potencial, em geral, deve ser identificado durante o processo seletivo pela área de Talent Acquisition e pelo(a) líder, mas também durante as sessões de calibração de talentos e os indicadores que ajudam a organização a identificá-lo são:

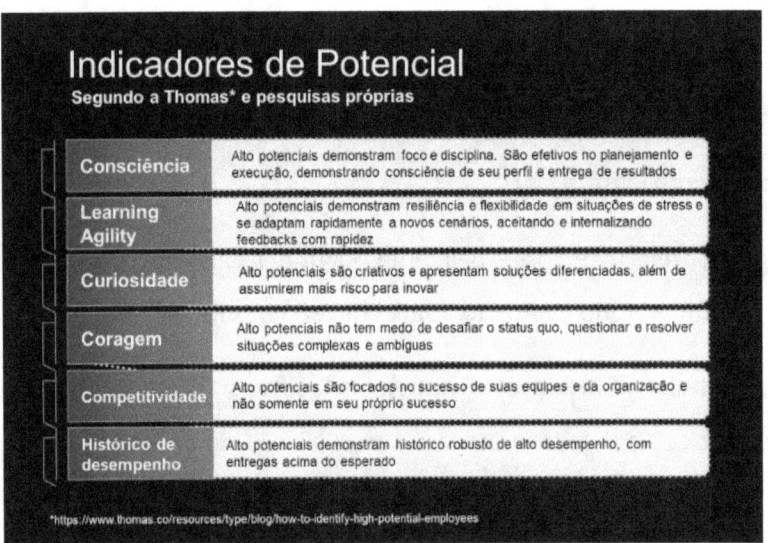

[29] Pode ser consultado em:
https://www.peoplemanagement.co.uk/experts/advice/traits-high-potential-employees

Os indicadores de potencial de Consciência, Learning Agility, Curiosidade, Coragem, Competitivdade e Histórico de Desempenho atuam no processo de mitigar a subjetividade e trazem um padrão para que o RH e a liderança possam avaliar o potencial de seus talentos. No final das contas, é isso que faz com que as pessoas sejam uma combinação única de talentos.

Potencial: Sessões de revisão/ calibração de talento

Tratadas como rituais secretos por alguns RHs, para desespero dos colaboradores, as sessões de revisão/ calibração de talento ou de identificação de potencial, como algumas empresas chamam, nada mais são que oportunidades para que RHs e liderança possam, de maneira colegiada, identificar, revisar e criar planos de desenvolvimento de carreira para os talentos potenciais da organização, além de criarem planos de sucessão efetivos.

Geralmente ocorrem uma vez ao ano e são uma prática mais comum em médias e grandes empresas. As sessões são conduzidas pelo RH, com a figura do Business Partner e são divididas por negócio, área e até mesmo nível hierárquico.

Case da Xpotencial

Para ilustrar, vamos usar a empresa fictícia **Xpotencial**, uma multinacional com 3000 colaboradores no Brasil. A Xpotencial, esse ano, decidiu rodar um piloto da sua primeira sessão de calibração de potencial.

Para isso, selecionou a área de Supply Chain, que conta com 1 vice-presidente, 4 diretores, 12 gerentes, 16 coordenadores e 200 colaboradores.

A BP chamada Anaya dividiu, para facilitar, em grupos de discussão:

1. 4 grupos para os coordenadores discutirem os colaboradores diretos com duração de 8h cada;

2. 1 grupo para os gerentes discutirem os 16 coordenadores, com 4h de duração;

3. 1 grupo para os diretores discutirem os gerentes, com 4h de duração;

4. Finalmente, uma sessão com o vice-presidente para, junto com a BP, discutirem os diretores, com 2h de duração.

Anaya, então, combina com o vice-presidente os detalhes. Eles decidem usar o **9box**, um método super conhecido no mercado e criado pela Mckinsey e aplicado inicialmente na GE nos anos 70[30], para facilitar as discussões em todos os níveis.

---

[30] Disponível em: https://www.mckinsey.com/business-functions/strategy-and-corporate-finance/our-insights/enduring-ideas-the-ge-and-mckinsey-nine-box-matrix

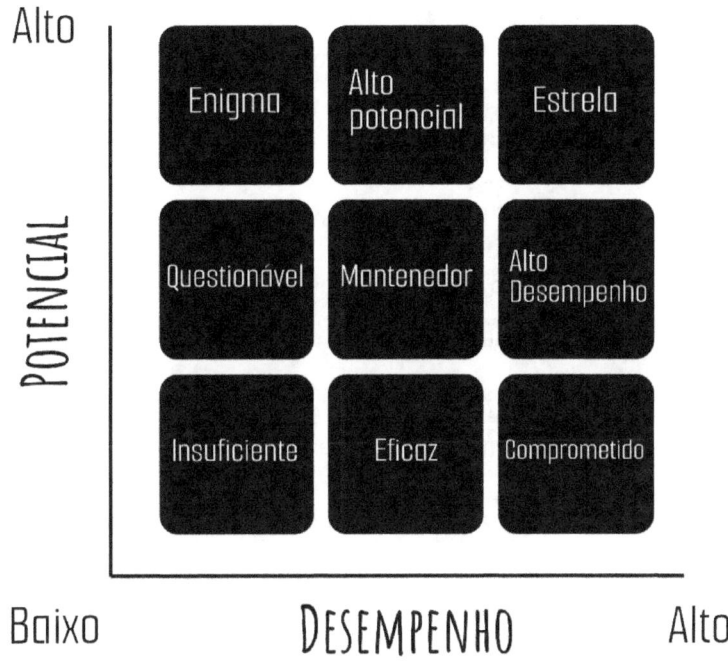

Alto

POTENCIAL

Enigma	Alto potencial	Estrela
Questionável	Mantenedor	Alto Desempenho
Insuficiente	Eficaz	Comprometido

Baixo   DESEMPENHO   Alto

Durante as sessões, os líderes diretos dos colaboradores, dos coordenadores, gerentes e assim por diante, em cada grupo dividido pela BP, serão convidados a "plotar" na matriz 9box seus colaboradores, de acordo com o **Histórico de Desempenho** do último ano e considerando os demais indicadores de potencial: **Consciência, Learning Agility, Coragem, Curiosidade e Competitividade.**

No grupo de gerentes discutindo coordenadores, por exemplo, os gerentes plotaram os coordenadores com desempenho baixo, médio ou alto x potencial baixo, médio ou alto. Em seguida, seus pares gerentes trouxeram suas próprias evidências para que, em colegiado, eles definissem a posição dos coordenadores na matriz 9box.

Anaya, querendo manter a qualidade da discussão, bate na tecla:

Evidência = Fato ocorrido + impacto

"Não adianta trazer 'eu acho', 'minha opinião'. Eu quero evidências e que sejam do último ano. A sua opinião do que a coordenadora x fez há 4 anos não tem relevância aqui na discussão" Enfatiza a BP que é muito respeitada pelo seu conhecimento profundo em gestão de pessoas.

Eles, então, passam a discutir a Ellen. Segundo seu gerente recém-contratado há 9 meses, Ellen demonstra alto potencial, trazendo evidências dos indicadores de potencial. Entretanto, no último ano ela foi avaliada com baixo desempenho e seu gerente já foi para sessão de calibração sedento para demiti-la. Ellen foi plotada no quadrante "Enigma" do 9box (alto potencial x baixo desempenho).

Como boa conhecedora dos conceitos de gestão de pessoas, a BP Anaya questiona o gerente sobre o que motivou o baixo desempenho de Ellen, sabendo que ela já estava há 5 anos na Xpotencial e apresentava alto desempenho nos anos anteriores.

Os demais gerentes também são contrários a demissão dela, trazendo evidências e situações que ressaltam o potencial e entregas de qualidade de Ellen. Após uma boa discussão, Anaya consegue reverter a decisão de demissão do gerente e combina com ele uma reunião separada da calibração, pois ficou com uma pulga atrás da orelha. Talvez o problema não seja Ellen, mas sim o novo gerente, que Anaya já ouviu conversas de corredor sobre seu estilo micro gerenciador e até boatos de assédio moral. Nem mesmo alto potenciais são imunes a lideranças tóxicas e Anaya sabe que irá precisar investigar a situação mais a fundo para entender como agir.

Com exceção desse caso, as calibrações foram um sucesso e os líderes conseguiram criar planos de sucessão para cadeiras críticas e planos de desenvolvimento acelerado/ retenção para os altos potenciais identificados na área de Supply Chain da Xpotencial.

Como a Xpotencial valoriza os relacionamentos de confiança, A BP prepara os líderes para terem conversas com seus colaboradores sobre como foram as discussões nas sessões de calibração.

Anaya ressalta com os líderes o conceito de potencial e que algumas pessoas estão com alto potencial e não que são altos potenciais. Potencial é mutável.

Os líderes, então, abrem o **statement de potencial** para os colaboradores, ou seja, como eles foram plotados no 9box, seguido de um feedback das evidências que foram trazidas no colegiado. Casos de alto potencial, potencial médio e baixo foram todos compartilhados e discutidos entre líder e colaborador, além do plano de desenvolvimento individual.

Potencial: Tomando cuidado com as mensagens aos colaboradores

Ao dar esse tipo de feedback, a liderança pode contribuir significativamente com uma cultura de feedback, confiança e alto desempenho.

Simplesmente esconder as informações de potencial, pois "não sabemos como o colaborador irá interpretar" ou "tenho medo das ações que o colaborador pode tomar" não contribui em nada com essa cultura e ainda enfraquece a imagem de um RH como estratégico.

Por isso, o caminho é preparar a organização para esse nível de maturidade e relações de confiança. Vale ressaltar:

Quadrantes de alto potencial: indícios de potencial significativamente superior de que o colaborador pode desenvolver-se com sucesso em papéis mais complexos, com responsabilidades em até dois níveis acima da posição atual do colaborador. É necessário ter oportunidades de desenvolvimento aceleradas para alavancar seu pleno potencial e mantê-lo engajado. No 9box, o quadrante superior à direita, Estrela, pertence aos HiPos, ou seja, os colaboradores que estão com alto desempenho e alto potencial. Em média, constituem junto aos demais quadrantes superiores, cerca de 20% da população de talentos da sua organização. É necessário especial atenção aos colaboradores plotados como "enigma", como o case da Xpotencial mostrou.

Quadrantes de médio potencial: são os colaboradores que possuem desempenho valioso, ou que demonstram potencial para promoção para um nível superior na mesma diretoria (quadrante médio da direita). Cuidado com os colaboradores plotados como "questionável", pois deve-se entender se estão na cadeira mais alinhada as suas competências.

Quadrantes inferiores de potencial: ao contrário do imaginário popular, aqui também temos colaboradores entregando bons resultados e que podem ser elegíveis a aumento salarial por mérito, por exemplo, como o caso dos plotados no quadrante "comprometido". Deve-se tomar especial atenção os casos plotados como "insuficiente", com planos de recuperação (no máximo 6 meses) ou demissão caso o comportamento e/ ou entrega de resultados estejam comprometendo a organização.

O 9box, como visto, é uma oportunidade de estabelecer uma cultura de alto desempenho, confiança e feedback. Ajuda a empresa a se profissionalizar e, especialmente, ver pessoas como elas são: pessoas. Isso torna o ambiente e a cultura da empresa mais humanizados. Imagine quantas Ellens não são demitidas por amadorismo de empresas sem um RH estratégico ou colaboradores que possuem potencial, mas que são tratados como ativo imobilizado da empresa, sem oportunidades de desenvolvimento, simplesmente por não haver essa cultura organizacional.

Estar alto potencial não necessariamente se traduzirá em uma promoção para duas cadeiras superiores logo após a sessão de calibração de talentos.

Por isso, a liderança precisa ser preparada para ter conversas honestas e difíceis para calibrar expectativas e aí está, para mim, o X da questão, o motivo pelo qual alguns RHs contribuem para o mito do potencial: **medo de conflitos, algo forte na cultura brasileira[31].**

"A ausência de diálogo — com nós mesmos, com o outro, na sociedade — está produzindo formas de viver insustentáveis. Não há futuro coletivo sem diálogo", como diz Dominic Barter.

---

[31] Disponível em: https://apublica.org/2019/06/dominic-barter-nossa-cultura-tem-medo-do-conflito/

Gestão de desempenho e potencial: prontidão para assumir novos desafios

Empresas que já possuem uma cultura madura de alto desempenho e feedback também avaliam o que Amanda Potter e Jo Dunne[32] chamam de prontidão, ou seja, em quanto tempo estimado, o alto ou médio potencial pode se movimentar para cadeiras superiores.

Ao mesmo tempo, é muito importante quebrar o viés tradicionalista de "tempo". Pessoas que estão como altos potencial que possuem learning agility

---

[32] Pode ser consultado em:
https://www.peoplemanagement.co.uk/experts/advice/traits-high-potential-employees

podem se adaptar muito mais rapidamente a novos desafios e com menos "maturação". Não é incomum líderes se usarem de exemplo ao avaliarem potencial dos colaboradores, como se tivessem se autoavaliando. "Ah, mas eu demorei 15 anos para me tornar diretor". Um trainee alto potencial poderá chegar numa cadeira de diretoria muito mais rápido que você, aceite. Se não aceitar, o mercado o fará. Isso não significa que ele não precise de "musculatura" na cadeira, mas que irá atingir isso mais rapidamente para dar o próximo passo.

Também é essencial ter um olhar de diversidade ao avaliar potencial. A sua organização está contratando e dando oportunidades de desenvolvimento para negros, LGBTQI+, mulheres, diferentes gerações, PCDs, refugiados e toda a pluralidade que existe? Os líderes estão fazendo planejamento de sucessão com esse olhar? Sem ações afirmativas, diversidade será somente um discurso bonito.

Visto isso, o profissional de TA que não conhece esses conceitos, possui lacunas em suas competências, pois potencial deve também ser avaliado no processo seletivo.

Deve-se contratar pensando na cadeira atual, mas também nos desafios futuros do colaborador dentro da organização. Isso está diretamente conectado ao:

Gestão de sucessão

Gestão de sucessão é a última etapa que conecta gestão de desempenho e gestão de potencial. Com base nesses exercícios anteriores, os líderes e RH definem planos de sucessão para cadeiras críticas da organização, baseados na Segmentação de Talentos, a capacidade de dividir as posições críticas com base na disponibilidade de candidatos no mercado e o impacto da cadeira na empresa.

A sucessão é, basicamente, identificar os colaboradores com alto potencial e desenvolvê-los para as cadeiras críticas. Isso evita que a organização tenha problemas quando algum talento deixar a posição repentinamente.

Em alguns momentos, não haverá talentos internos para plano de sucessão, por isso a área de TA pode ser acionada para mapear o mercado preventivamente, pois quando abrir a posição, o tempo de recrutamento será substancialmente menor. Veremos esse tema com mais detalhes no capítulo de "WorkForce Planning" e Segmentação de Talentos.

WorkForce Planning (WFP)

O próximo tema da mandala de pessoas, o WFP, inicia-se em Talent Acquisition garantindo que se contrate a pessoa certa, para a cadeira certa, no momento certo e culmina em planos de sucessão efetivos das cadeiras críticas da organização, por isso abarca toda a mandala. Teremos um capítulo mais à frente sobre isso.

Remuneração, premiação e planos de retenção

Para garantir os melhores talentos na organização por meio de uma estratégia clara e competitiva de salários, benefícios, bônus, premiações monetárias e não-monetárias, reconhecimentos, qualidade de vida, novas formas de trabalho e de contrato (como o remoto), além de planos de retenção para os talentos-chave.

Gestão da cultura, dos valores e do ambiente de trabalho

Que afetam diretamente a percepção e felicidade dos colaboradores. A cultura é o resultado de uma colisão entre pessoas, como elas interagem entre si em um ambiente e como esse ambiente evolui baseado nessas interações. Quando você entende que uma cultura é fraca — não existe algo como bom ou ruim, apenas forte e fraco — ela é como uma sopa com 29 ingredientes que tem um gosto diferente, mas você não sabe bem o porquê[33].

Cultura organizacional é um conjunto de valores, crenças e hábitos compartilhados pelas pessoas que compõem uma empresa, isto é, a manifestação dos valores e propósito da empresa, na prática. Alinhada às estratégias da organização, a cultura organizacional é utilizada como norteadora para todas as atividades da empresa, o que a torna única[34].

O Employee Value Proposition (EVP), a proposta de valor do colaborador, é um extrato da cultura, desses valores e do ambiente de trabalho. Veremos melhor isso nos capítulos seguintes.

---

[33] Disponível em: https://endeavor.org.br/pessoas/cultura-organizacional-o-que-e-como-se-forma-e-meios-de-fortalecer/
[34] Disponível em: https://www.metadados.com.br/blog/cultura-organizacional

Educação Corporativa e Desenvolvimento

Último tema da mandala, Educação Corporativa é a estratégia catalisadora de resultados dos negócios por meio da capacitação dos colaboradores com ações presenciais, online, blended (mix de diferentes formatos), informais e tecnológicas e subsídios de graduação, pós, idiomas etc.

Já Desenvolvimento diz respeito a ações práticas ligadas ao Plano de Desenvolvimento Individual (PDI) como centros de desenvolvimento para atuais e futuros líderes, coaching, job rotation, mentoring, projetos e atividades que alargam e desafiam as capacidades dos colaboradores.

Esses processos, alinhados e bem executados, sintetizam a Estratégia de Pessoas e são uma base fundamental no RH Estratégico.

Change Management - Gestão de Mudança

Para mitigar processos dolorosos e complexos de mudança, garantindo que a organização não perca os melhores talentos.

As mudanças organizacionais podem falhar por faltar conhecimento em como gerenciar a mudança. Mudança está relacionada a pessoas e se elas não entendem e não desejam a mudança cultural, por exemplo, haverá resistência e até mesmo probabilidade de falhar na transformação.

Uma das ferramentas mais poderosas para apoiar a mudança, incluindo a transformação da área de Recrutamento & Seleção em TA é o ADKAR (Consciência, Desejo, Conhecimento, Habilidade e Reforço, em português), um modelo que cria as capacidades em gestão de mudança e empodera indivíduos com as informações, motivação e capacidade certas para passar com sucesso pelas mudanças na organização[35].

Awareness (consciência): o primeiro estágio está ligado à aceitação de que a mudança deve ocorrer. Os profissionais e equipes devem entender que a mudança não é acidental e se conscientizar sobre a necessidade dela.

Desire (desejo): é preciso querer mudar e reconhecer a importância de fazê-lo! Nesse estágio, os colaboradores devem renunciar à resistência e de sofrer passivamente, agindo em prol da mudança, desejando-a. Isso é algo inerente ao ser humano, mas pode ser influenciado.

Knowledge (conhecimento): neste momento, os profissionais buscam reunir conhecimentos sobre os processos de mudança e seus objetivos. Dessa forma, é mais fácil encontrar os gaps e tomar iniciativas para fazer a transição e lidar com elas.

Ability (habilidade): esse estágio requer que o colaborador aprenda novas habilidades e aprenda a gerenciá-las. Assim, a mudança poderá ocorrer e ser aceita. É preciso ter sede de conhecimento e adquirir os comportamentos necessários para realizá-la.

Reinforcement (reforço): sustentar a mudança não é fácil, mas é necessário! É essencial que as equipes entendam que a partir do momento em que a mudança é feita, não há retorno, e é preciso reconhecer sua importância[36].

---

[35] HIATT, Jeffrey M. ADKAR: um modelo para mudança em negócios, governo e em nossa comunidade. Colorado: PROSCI, 2006
[36] Disponível em: https://arbache.com/blog/o-adkar-e-a-gestao-de-mudancas/

Um profissional que conhece o ADKAR e as ferramentas para gerenciar stakeholders e resistência consegue conduzir transformações de maneira mais efetiva. Em TA, empresas que patinam em mudar o EVP poderiam se beneficiar profundamente com essas ferramentas.

A PROSCI demonstrou, em pesquisa de 2017, que as empresas da América Latina, no geral, têm 2.16 de maturidade em gestão de mudança. A escala é de 1 (sem ou com pouca maturidade) a 5 (competência plena em gestão de mudança), o que significa que temos uma maturidade ainda baixa, mesmo em grandes empresas multinacionais[37].

People Analytics

People Analytics é a inteligência de dados conectada à estratégia de pessoas da organização. É o último ponto do ciclo WorkForce Planning que ajuda o RH a ser mais estratégico perante os negócios. É importante ressaltar que boa parte das empresas ainda patinam com dashboards numerosos e de baixa confiabilidade, planilhas rústicas de Excel e sistemas ruins de analytics. People Analytics pressupõe dados de qualidade e confiáveis. O tema será tratado com mais profundidade no capítulo de "People Analytics".

Como implementar Talent Management?

Uma estratégia efetiva de pessoas não só vê esses processos como um ciclo, mas trabalha para alinhá-los e mantê-los em harmonia na mesma linguagem. Isso significa que TA, por exemplo, contrata avaliando as mesmas

---

[37] PROSCI. Best Practices in Change Management. USA: Prosci, 2018

competências que um assessment center de futuros líderes da organização utiliza, assim como os gestores também se guiam para desenvolver um PDI para seus colaboradores.

Sob a ótica de TA, se o Recrutador trouxer, digamos, uma pessoa disruptiva (moda do momento) do mercado de trabalho para a organização, o clima e ambiente de trabalho irá fazer o melhor proveito dessa pessoa? Há uma estratégia para desenvolver e reter esse talento? Educação Corporativa terá ofertas de aprendizagem coerentes com os objetivos da organização e desse talento? Haverá discussões de desempenho e de carreira alinhadas? Tudo isso deve estar em harmonia, pois caso contrário, TA e TM falarão línguas diferentes: uma área irá atrair pessoas e a outra não irá fazer o melhor proveito, o que pode gerar baixa performance, desmotivação, demissão e custos/retrabalho de TA.

Nesse modelo, se as áreas de RH estão trabalhando juntas com o mesmo objetivo, os custos de recontratação (por escolha errada) devem ser mínimos. Não é um modelo que irá obliterar as chances de se errar na contratação e no desenvolvimento das pessoas, mas diminui substancialmente o risco.

Mudar o modelo de R&S para TA, sem alinhá-lo a estratégia de pessoas da organização é um erro comum. **Entende como tudo está conectado?**

TM é uma área para quem gosta de estudar. Devido a sua complexidade e aos pilares distintos da Mandala da Estratégia de Pessoas, minha sugestão para você é: se não tiver alguém fera em TM na sua equipe, contrate para o seu quadro ou acesse uma boa consultoria para desenhar sua estratégia. São necessários anos de estudo e experiência para alguém dominar essa área e isso não será conseguido em alguns poucos meses.

Para se ter TM é necessário, antes, implementar o RH estratégico. O planejamento de pessoas deve ter como base o planejamento estratégico da empresa, ou seja, as metas de curto à longo prazo, aonde a empresa quer chegar. É daí que irá partir a estratégia de pessoas e como será o ciclo de desenvolvimento de sua empresa. Como disse, não há uma receita de bolo, mas procure se guiar pelos pontos apresentados na pesquisa feita pela Mckinsey e pelos pilares do ciclo de desenvolvimento.

Desenhando a estratégia de TA

Minha colega, responsável pelo Business Case, finalmente havia conseguido a aprovação do board da empresa para seguir com uma estrutura híbrida de TA: parte seria interna e parte externa, por meio de um RPO (Recruitment Process Outsourcing), ou seja, um contrato com uma consultoria, entretanto, os assets (Headhunters) ficariam sentados fisicamente no RH. Isso garantiu um valor mais competitivo comparado a ter toda a estrutura interna que passaria de 20 pessoas, com um grande aumento de custo fixo de pessoal para a organização.

Com base no histórico de quantidade de vagas anuais, chegamos a uma ratio, ou seja, uma quantidade de vagas ideal por vez comparada ao número de Recrutadores, incluindo o RPO.

A organização que eu estava já possuía RH Estratégico e uma área de TM consolidada. Isso contribuiu substancialmente para a implementação de TA. Também me envolvi no desenho da estratégia de TA após a aprovação do Business Case. Além da futura estrutura que seria criada, eu já citei algumas vezes que o modelo de TA não é só para apagar incêndio de vagas o tempo todo. Eis como:

Globalmente, realizamos um diagnóstico da situação atual da área de R&S com a participação do Brasil. Uma consultoria foi contratada para realizar uma pesquisa interna e um benchmarking com empresas que já possuíam um modelo atualizado de TA para identificar suas práticas. Como havia pouco referencial teórico do tema, fomos descobrindo o que compunha o modelo de TA passo a passo. Employer Branding, EVP, Talent Marketing, Produtos de TA, Workforce Planning... nada disso era tão claro na época.

A pesquisa nos ajudou a descobrir esses termos, o que eram, onde viviam e o que faziam. Nos ajudou a entender que TA não era só um nome bonito: era de fato uma mudança de paradigma.

A consultoria entrevistou gestores, novos funcionários, Recrutadores e BPs dessa empresa. Descobrimos que para os gestores, a velocidade e custo na contratação de vagas críticas era uma grande preocupação no modelo atual terceirizado de R&S e, na percepção deles, faltava entendimento do negócio por parte dos Recrutadores. Também identificamos que o Onboarding era pauta pouco importante para o gestor que via como uma responsabilidade de RH.

Os novos funcionários perceberam uma falha de alinhamento entre RH e gestores das vagas, reclamaram sobre o grande número de interfaces durante o processo e que acharam que o gestor não tratou adequadamente o seu Onboarding nos primeiros dias e semanas.

Lembro que uma funcionária me contou ter sido esquecida na recepção em seu primeiro dia durante quatro horas. Com mais de 10 anos de casa, aquele acontecimento marcou sua percepção, apesar de adorar trabalhar na empresa. RH com foco na Experiência do Colaborador não deve deixar isso

127

tipo de situação ocorrer em hipótese alguma. Essa situação me deixou com uma pulga atrás da orelha.

Onboarding, vulgo integração de novos funcionários, seria algo que eu deixaria para atacar depois da implementação do modelo de TA e seria um grande marco na minha carreira, mas ainda não fazia ideia disso naquela época.

Voltando à pesquisa, já os BPs e Recrutadores foram unânimes em afirmar que o processo seletivo era muito complexo e que havia uma grande carga de trabalho.

O benchmarking daquela época nos trouxe insights interessantes acerca de empresas no Brasil:

- Todas as três empresas da avaliação comparativa implementaram terceirização ativa como instrumento de recrutamento, mas estavam reinternalizando devido aos custos;
- Havia o objetivo do uso de Headhunter ser reduzido ao mínimo para manter a expertise de TA dentro de casa;
- Os perfis dos Recrutadores, tarefas e responsabilidades mudaram consideravelmente;
- Havia uma divisão clara entre os Recrutadores e operação de TA, com Recrutadores localizados próximos às empresas e grupos alvo, e a operação localizada no Centro de Serviço Compartilhados;
- Todas as empresas possuíam como foco principal o aumento da qualidade das contratações.

Contratando a equipe de Talent Acquisition

Nesse meio tempo, com o Business Case finalizado e a estrutura de Talent Acquisition desenhada, era hora de começar a contratar a equipe que seria composta por um gerente de TA, um coordenador, Recrutadores, Sourcers e o RPO, já que o valor se provou menor do que contratar uma grande equipe interna para fazer o processo de vagas de alto volume.

Os Recrutadores seriam responsáveis por fazer o hunting e o processo seletivo. Já os Sourcers seriam a figura responsável por mapear o mercado, de acordo com a Segmentação de Talentos, para criar pipeline, ou seja, networking com candidatos target, antes mesmo de ter uma posição aberta (falo mais sobre esse papel no capítulo de "Talent Marketing e Talent Relationship Management").

Esse trabalho preventivo é um dos pilares da estratégia de TA, que consiste em se antecipar às necessidades de pessoas da organização, ao invés de ficar somente trabalhando com demanda. Isso contribuiu para diminuir o tempo de recrutamento para vagas estratégicas. O RPO disponibilizou alguns headcounts (posições) que ficaram fisicamente no mesmo local que o restante da equipe interna que estava sendo contratada para os demais pilares da área de Talent Acquisition.

Além dessa estrutura chamada de Expertise de TA, foi criada uma segunda área, chamada Talent Operations (TO) na área de Centro de Serviços Compartilhados da empresa. A área seria composta por Talent Acquisition Operations (TAOPs), responsável pela pré-seleção, o trabalho de backoffice de TA como admissão e Onboarding e por Learning & Training Operations, responsável pela execução do portfólio de treinamentos de RH. A área contaria com um coordenador de ambas as estruturas, um supervisor para

TAOPs, além de analistas e assistentes para realizar as atividades nos pilares supracitados de TAOPs.

Ambas as estruturas respondiam para diretorias diferentes, o que trouxe certa complexidade e conflitos entre as equipes. Alinhar os objetivos, papéis e responsabilidades entre as áreas foi um grande desafio.

Como resultado dessa estratégia, foi possível segmentar diferentes abordagens a depender da complexidade da vaga e disponibilidade de candidatos no mercado, as quais demos o nome de Produtos (abordarei com profundidade no capítulo de "Workforce Planning e Segmentação de Talentos").

"

Lembro que uma funcionária me contou ter sido esquecida na recepção em seu primeiro dia durante quatro horas. Com mais de 10 anos de casa, aquele acontecimento marcou sua percepção, apesar de adorar trabalhar na empresa.

RH com foco na Experiência do Colaborador não deve deixar isso tipo de situação ocorrer em hipótese alguma

8| EMPLOYEE VALUE PROPOSITION (EVP) E EMPLOYER BRANDING (EB)

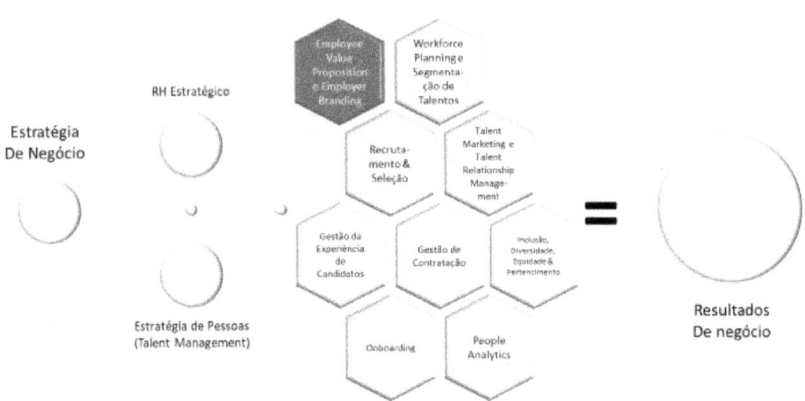

Talent Acquisition Honeycomb 2.0 ®

"O que é uma marca? São 3 coisas: São atributos pessoais, valores, crenças, ofertas. São as percepções – o que as pessoas veem e pensam que você defende e por último, é a reputação – visão coletiva de várias partes interessadas ao longo do tempo."

Dr. Bouvier Williams

O que você encontrará neste bloco:

- Conceitos e diferenças entre EB e EVP
- Candidato e cliente
- Site de carreiras

132

- A importância dos programas de entrada de talentos
- EVP como extrato da cultura

Employer branding é a promoção do Employee Value Proposito (EVP). Há uma confusão muito comum entre EB e EVP e, em conversas com colegas, não é raro ouvir que ambos são a mesma coisa. **Não são.**

Pense no EVP como a ponta de um iceberg, visível para um possível candidato acima da linha do mar. O EVP é um conjunto de valores, aspectos da cultura organizacional e do ambiente de trabalho que compõem a essência do Employer Branding.

Lilian Dorighello[38], especialista em EB, define com maestria:

"O EVP é o núcleo duro do Employer Branding. Sem uma proposta clara de valor, o EB pode se resumir a um mero discurso ou a uma bela campanha. E só."

Ao contrário do que ouvimos no mercado, com alguma frequência, o EVP não se cria. O EVP existe, mas é possível trabalhar e melhorar sua estratégia.

Qualquer empresa tem EVP. O pequeno escritório de contabilidade da esquina da sua casa tem, pelo simples fato de possuir empregados. O EVP é a percepção deles em relação ao empregador, que antes era comentada com a família e amigos e que hoje é colocada nos sites como Glassdoor, o que aumenta muito a exposição ao mercado. Essa percepção pode ser negativa ou

---

[38] O artigo pode ser consultado no site:
https://www.aberje.com.br/?coluna=employer-branding-e-employee-value-proposition-hora-e-agora

positiva e depende, primeiramente, de ter um EVP fortalecido e saber vender isso com ações robustas de Employer Branding.

EVP

EMPLOYEE VALUE PROPOSITION

EB

EMPLOYER BRANDING

Quanto maior e mais conhecida for a empresa, mais exposta estará às redes sociais – tamanha é a importância desse assunto. Uma boa estratégia de TA deve englobar e trabalhar o EVP e o EB para se manter atrativa no mercado.

Isso aumenta a dificuldade de ações de Employer Branding para jovens, pois estes também são estimulados em muitas universidades ao empreendedorismo e, com a crescente moda das startups, trabalhar em empresas hierárquicas e antigas deixou de ser objeto de desejo desse público.

Além disso, as empresas assumem a liderança no desenvolvimento de uma forte consciência social e senso de responsabilidade ambiental. São organizações de aprendizagem abertas, confiáveis e colaborativas e se veem desempenhando um papel importante no apoio e desenvolvimento de seus funcionários e comunidades locais. As empresas têm um forte controle sobre suas redes de fornecedores para garantir que os valores éticos corporativos sejam mantidos em toda a cadeia de suprimentos e sejam capazes de solucionar problemas quando as coisas dão errado. Por sua vez, a combinação de valores éticos, apoio à economia e ao balanço entre vida pessoal e trabalho é uma oportunidade para fortalecer um EVP que não dependa apenas do salário no final do mês[39].

Falando em Employer Branding, quanto custa um cliente (candidato) insatisfeito?

Se TA e o RH Estratégico são conectados à estratégia do negócio, um pensamento que parece brilhante, mas na verdade é bem óbvio, é que:

Todo candidato, aprovado ou reprovado no processo seletivo, é um potencial cliente da empresa.

É incrível como um candidato insatisfeito com a falta de retorno do processo seletivo da empresa, a falta de resposta por parte de Recrutadores e gestores no LinkedIn e por e-mail pode se transformar em um cliente insatisfeito.

O site Love Mondays, comprado pela Glassdoor, virou uma verdadeira vitrine da reputação como empregador em meados de 2012 no Brasil (apesar do

[39] Disponível em: O relatório pode ser consultado em:
https://www.pwc.com/ee/et/publications/pub/future-of-work-report.pdf

Glassdoor ter sido fundado em 2007 e o LM, anos depois), pois possibilitou que antigos e novos funcionários postassem suas opiniões sobre as empresas de maneira anônima e até seus salários.

Salários! Antes, informações "top secret" guardadas à sete chaves pelo RH. Em minutos, era possível fazer uma pesquisa salarial comparando as empresas com uma boa precisão nesses sites, o que representou uma mudança no paradigma de confidencialidade das organizações.

Os candidatos, especialmente das novas gerações, encaram o mercado de trabalho como se estivessem comprando um produto ou serviço: olham opiniões de quem trabalha ou trabalhou em determinada empresa, verificam se a empresa é idônea e possuem uma necessidade emergente de se identificar com o negócio, valores e ambiente de trabalho: o tal do propósito.

"

Todo candidato, aprovado ou reprovado no processo seletivo, é um potencial cliente da empresa

Segundo a pesquisa da Allied[40], somente nos EUA, o custo médio da uma contratação é de cerca de 10 mil dólares considerando variáveis como tempo dedicado, ferramentas de busca, prejuízos enquanto a posição está aberta etc.

Vá multiplicando esses números no caso de um colaborador insatisfeito que pediu demissão, pois ficou decepcionado com o que foi vendido no EB versus o que encontrou na organização, o EVP. É o que chamo de abismo entre EVP e EB, quando existe desconexão entre os dois temas.

A mudança de paradigma na relação entre grandes empresas e candidatos

Por outro lado, com a ascensão do LinkedIn e de Talent Acquisition nas empresas, o currículo deixou de ser grande elemento de foco no processo seletivo. Cada vez mais candidatos começaram a ficar frustrados ao entrar no LinkedIn ou sites de vagas e diariamente enviar centenas de CVs sem efetividade alguma.

Isso ocorre porque o paradigma na relação entre empresas e candidatos mudou e esqueceram de avisar aos candidatos e, também, às empresas.

Para chegar à entrevista, os candidatos precisavam (e ainda precisam) rever a forma como estão se relacionando com as empresas, principalmente se a resposta era exclusivamente o envio de CVs via e-mail ou cadastrando nos sites.

E não se engane. Apesar de muitos candidatos ainda não terem se dado conta dessa mudança, estudantes de boas faculdades, por exemplo, possuem poder de escolha: são assediados por programas de estágio e trainee e **decidem** se

---

[40] Disponível em: https://www.yumpu.com/en/document/view/11269917/2012-allied-workforce-mobility-survey-Onboarding-and-retention

vão ou não para a entrevista com base no que leem nesses sites e nas redes sociais. Isso também acontece com os melhores talentos do mercado.

No livro Marketing 4.0, os autores Kotler, Kartajaya e Setiawan[41] comentam que o marketing precisa se adaptar ao cliente conectado, que hoje leva em consideração opiniões, reputação da empresa, cuidado com o meio ambiente e programas sociais e tudo isso a poucos cliques da internet. Hoje em dia, as pessoas verificam comentários de outros usuários sobre produtos e serviços e pesquisam em sites de reclamação antes de decidir se compram algo ou não.

Também gosto de citar o livro Administração de Marketing[42], no qual Kotler diz que 95% dos clientes insatisfeitos mudam de fornecedor e sequer registram uma reclamação. E, quando registram, o fazem nos sites de reclamação e nas redes sociais. Quantos exemplos podemos dar, desde caixa de leite com rato dentro, falta de assistência no pós-vendas com empresas que não entregam produtos no prazo... Isso vale para candidatos que tiveram experiência traumáticas de processo seletivo, o que é relativamente comum de vermos ao rolar o feed do LinkedIn.

Afinal, por que estou falando de marketing e clientes em um livro de Talent Acquisition?

O que acontece se o candidato tiver uma experiência péssima de processo seletivo digna de empresas que não se importam com clientes? Você acha que irá atrair os melhores talentos? Seja você gestor de RH, Recrutador ou líder

---

[41] KOTLER,P.; KARTAJAYA, H.; SETIAWAN, I. Marketing 4.0: do tradicional ao digital. Sextante: São Paulo, 2017
[42] KOTLER,P. Administração de Marketing. Pearson Universidade: São Paulo, 2019

corporativo, se deseja implementar ou melhorar um modelo de TA, será fundamental pensar em seus candidatos como clientes.

Se o candidato tiver uma boa experiência de seleção, com retorno adequado durante o processo, feedback em todas as etapas, sendo ou não aprovado, há muito mais chances de conquistá-lo como candidato e mantê-lo como cliente. Não para por aí: a admiração pela marca aumenta!

Por conta desta nova realidade, as empresas viram a necessidade de se posicionar nas mídias sociais, afinal, não era mais delas a decisão de estar, ou não, conectadas às redes: todas já estavam seguindo por esse caminho. É a mesma coisa com o EVP e o EB.

Foi então que a empresa em que eu estava e, também muitas outras, decidiu criar seu site de carreira com informações relevantes para candidatos interessados. Também era possível se candidatar às vagas ou deixar o CV na base. O velho "trabalhe conosco" deu lugar a sites modernos e mobile que continham o extrato do EVP sendo ofertado como ação de Employer Branding.

Ter o seu site de carreiras é fundamental para o EVP e as ações de EB da sua empresa

Depender de sites de vagas arcaicos e pouco flexíveis é coisa do passado. Diversas empresas começaram a criar seus próprios sites de carreira, ligados aos seus sites institucionais.

O site de carreiras é uma síntese do EVP, ou seja, é nele que a empresa fala como é trabalhar lá, como é a cultura, os valores, o ambiente. Também fala sobre seu pacote de remuneração, benefícios (mas sem detalhar muito, por questões estratégicas). Também há informações sobre como se candidatar, como acompanhar o status do processo seletivo e, obviamente, o quadro de vagas abertas da empresa, no qual é possível criar o cadastro e se candidatar nas vagas. Algumas companhias começaram a usar um plugin do LinkedIn para facilitar o cadastro que puxa os dados do candidato automaticamente de seu perfil, já que é imensamente tedioso preencher formulários quilométricos dos sites de emprego.

Com uma pegada mais emocional, as empresas também passaram a inserir vídeos com depoimentos de colaboradores sobre como é trabalhar lá. Também passaram a divulgar seus programas de diversidade e voluntariado, tudo para mostrar com unhas e dentes seu EVP. Isso é parte de uma boa experiência do candidato.

Na contramão desse movimento, há os site "candidate-killers" são aqueles que matam o candidato de tédio ao se candidatar na posição. Sistemas com telas intermináveis de dados de cadastro e testes enfraquecem a experiência do candidato.

Dia de beleza

Já falei algumas vezes do Glassdoor. Com um modelo de negócio crescente, esse tipo de site começou a ganhar fama e a ter uma relevância expressiva na exposição da reputação organizacional.

Foi aí que as empresas começaram a voltar sua atenção para esse tema e fecharam parcerias para dar um tapa na página da companhia. Customização com o EVP e ações de EB, divulgação de vagas... a única coisa que não mudava era o fato de que as opiniões continuavam espontâneas – **para o bem e para o mal**.

O pontapé inicial

Posso dizer que TA, na empresa em que eu estava, de fato nasceu com a reformulação do Employee Value Proposition e das ações de Employer Branding e pude participar ativamente.

Como parte do plano de Change Management, fizemos um grande evento de lançamento para cerca de 300 líderes, em modelo de talk show, e pedimos para cada um ir vestido com uma camiseta de sua banda preferida. Afinal, a empresa, centenária no mercado, queria se revitalizar e convidou um apresentador famoso, que era o perfeito exemplo de pessoa jovial, para mediar. O evento foi um sucesso e elegemos os líderes como embaixadores do EVP.

Fizemos materiais promocionais, pendrives, cadernetas, panfletos, colocamos quadros na empresa com as novas imagens da campanha de Employer Branding, adesivamos os escritórios e lançamos as promessas de marca, ou seja, quatro frases de impacto que iriam guiar a gestão de mudança que seria feita nos próximos anos para preparar a organização para o modelo de Talent Acquisition.

Além disso, na época, as revistas de colorir para adultos eram a moda e foi realizado uma campanha para os colaboradores. Entregamos uma revista de colorir com as imagens oficiais do EB e os colaboradores que fizeram as melhores artes foram premiados. A campanha foi um sucesso.

Foi um projeto massivo. A mudança no posicionamento de EVP não é somente algo para o mercado, isto é, externo. Precisávamos reposicioná-lo também para os colaboradores, visto que as promessas de marca não eram uma realidade para todos e a empresa era centenária! Elas falavam sobre liberdade para questionar as coisas, participar de equipes abertas e inspiradoras, foco no cliente etc.

Por isso, ficamos dois anos em sala de aula dando treinamento de EVP e EB junto ao novo modelo de competências que foi a segunda entrega do projeto.

"

Os candidatos, especialmente das novas gerações,
encaram o mercado de trabalho como se estivessem
comprando um produto ou serviço: olham opiniões de
quem trabalha ou trabalhou em determinada empresa,
verificam se a empresa é idônea e possuem uma
necessidade emergente de se identificar com o negócio,
valores e ambiente de trabalho: o tal do propósito

O modelo de competências abarcou toda a Mandala da Estratégia de Pessoas, desde o R&S até treinamentos e avaliação de desempenho de funcionários.

Educar para mudar

A partir de 2014, treinamos toda a população de mais de 4.500 funcionários no Brasil dividindo em turmas de líderes e funcionários. No caso dos líderes, ressaltávamos o change management que estava ocorrendo, educando-os sobre a importância de atuarem como embaixadores da marca e cascatearem as quatro promessas de marca para suas respectivas equipes.

Já no caso dos colaboradores, ressaltávamos o empoderamento e abrimos fóruns de discussão, descobrindo muitas coisas que não eram faladas acerca da microcultura de cada área da organização. Ajudamos a quebrar paradigmas e demos voz aos colaboradores.

Isso desencadeou uma mudança profunda na cultura da organização em vista dos desafios futuros que estavam por vir. Fizemos um diagnóstico das promessas de marca empregadora antes e depois desse processo de change management e as mudanças foram visíveis no ambiente de trabalho. Além disso, começamos a recrutar pessoas que já tinham as promessas de marca como parte de seus valores, o que auxiliou na mudança cultura da base para o topo.

Os estagiários do programa, por exemplo, fortes expoentes da geração Y, já não tinham os entraves da geração passada com a hierarquia. Questionavam do analista ao diretor sem medo, exigiam expor suas ideias e colaborar com projetos e atividades desafiadoras. O programa de estágio em si foi um catalisador nesse processo.

Com o EVP e o EB fortalecidos, passamos a nos tornar mais atrativos no mercado. Isso significa que mais candidatos qualificados viam a empresa como um bom empregador, diminuindo o tempo de recrutamento e aumentando significativamente a qualidade.

O programa de trainee (que já existia há 10 anos e foi beneficiado pelas mudanças que o EVP e EB trouxeram) também ajudava a alimentar o pipeline de talentos nas primeiras camadas da hierarquia, entretanto, TA é muito mais abrangente e exigiria ainda mais esforços.

Programa de estágio: vi o bebê nascer

O segundo passo? Programa de estágio. Muitas vagas de estágio eram trabalhadas de maneira pontual. Junto a uma consultora de Talent Management, vimos a necessidade de criar algo mais estruturado: eis que nasceu o programa de estágio, um dos primeiros do mercado brasileiro tão bem estruturados.

O programa consistia em reunir as vagas de estágio e trabalhá-las de maneira integrada e com datas de início especificadas: fevereiro e agosto de cada ano. Isso possibilitou uma melhor negociação com o fornecedor, além de representar uma melhoria na eficiência, pois os Recrutadores podiam se planejar melhor ao invés de trabalharem vagas de estágio toda semana.

O programa de estágio, em sua primeira edição, teve 8.000 inscritos em todo o Brasil. Após algumas edições, passou dos 80.000. Virou uma referência no mercado e foi um grande case de Employer Branding, pois ajudou a empresa a revitalizar sua marca para os jovens.

146

"Só chamo para a seleção candidatos de faculdade de primeira linha"

Evoluam, RHs e gestores. Contratar somente pessoas de faculdade de primeira linha, que fizeram intercâmbio e que ganharam uma BMW de presente aos 18 anos é deixar de fora da empresa 95% da população brasileira. É pegar o discurso de diversidade, amassar e jogar no lixo.

"Pois os gestores são muito exigentes"; "Candidatos de faculdades inferiores não deram certo"; "Essa é realidade da empresa".

O programa de estágio elevou a barra de qualidade dos candidatos e começamos a enfrentar exatamente esse desafio: os gestores, percebendo essa melhoria significativa ao contratar estagiários mais robustos, passaram a exigir candidatos somente de faculdade de "primeira linha", ou seja, as faculdades com nota máxima no MEC ou de grande renome. **Digo a você:**

O melhor candidato nem sempre está na melhor faculdade.

Percebia que muitos estagiários dessas faculdades menos renomadas geralmente também vinham de famílias com menor poder aquisitivo e trabalhar era uma necessidade para eles. Quando recebiam a famosa ligação dizendo "você foi aprovado!", alguns chegavam a chorar ao telefone. Esses estagiários abraçavam a oportunidade e eram muito dedicados e, apesar de não terem tido as mesmas oportunidades na vida que os estagiários de faculdade de primeira linha, acabavam se sobressaindo no trabalho também.

Esses candidatos, especialmente no caso de programas de estágio e trainee, sequer passam nas etapas de recrutamento devido aos vieses que a liderança coloca e que, muitas vezes, o RH corrobora.

Pude testemunhar casos e casos de estagiários e jovens profissionais que não tiveram uma vida abastada, mas que se transformaram em profissionais brilhantes. Acredito fielmente que uma empresa que valoriza diversidade deve considerar todos os públicos, um perfeito retrato de nosso país.

"

O melhor candidato nem sempre está na melhor faculdade.

Pude testemunhar casos e casos de estagiários e jovens profissionais que não tiveram uma vida abastada, mas que se transformaram em profissionais brilhantes. Acredito fielmente que uma empresa que valoriza diversidade deve considerar todos os públicos, um perfeito retrato de nosso país

A empresa em que eu estava ficava localizada em uma região afastada do centro de São Paulo e a geração Y, famosa por querer qualidade de vida e morar próxima ao trabalho, representava uma dificuldade em termos de atração. O que aprendemos é que esses estagiários de faculdades menos requintadas pouco se importavam com a distância. O simples fato de terem sido aprovados para estagiar em uma grande empresa, com excelente reputação no mercado, era motivação suficiente. Essa conquista foi, em parte, responsável pelo sucesso do programa de estágio. Termos, em nosso quadro de funcionários, estagiários de todos os tipos de faculdade e quantidade de estrelas do MEC foi motivo de orgulho. Anos mais tarde, durante a pandemia, a questão do local de trabalho deixou de ser um problema, já que a empresa adotou o modelo híbrido, sem fixar dias específicos na semana para ir ao escritório.

Para convencer os gestores a quebrarem essa exigência, começamos a usar esses casos de sucesso e, enfim, a contratar pessoas de qualquer faculdade e até mesmo de cursos pouco convencionais às áreas de atuação. Passamos a contratar graduandos em engenharia mecânica para trabalhar em áreas de suporte do negócio, estagiários de relações internacionais para marketing, economistas para RH e até um geólogo para vendas, pois percebemos que esses diferentes backgrounds acabavam trazendo resultados diferentes, visões divergentes, melhorava o ambiente e aumentava o senso de pertencimento. Também fomos pioneiros em realizar recrutamento às cegas, ou seja, ocultando as informações de faculdade e idade dos CVs ao serem enviados para líderes, evitando a criação de vieses inconscientes. Isso foi o prelúdio do programa de diversidade da empresa.

Pequenas ações, grandes resultados

É claro, também oferecíamos um pacote de benefícios atrativo e diversas ações de qualidade de vida pouco comuns no mercado de trabalho, apoiando firmemente nosso EVP. Às sextas-feiras e vésperas de feriados nacionais, todos os colaboradores administrativos e estagiários saíam às 13h30. Isso proporcionava flexibilidade e diminuía nossos níveis de absenteísmo, além de ser motivo de orgulho dos funcionários.

Também tínhamos:

- Horário flexível com entrada antecipada ou postergável em até 2h;
- Possibilidade de home office 1x por semana para todos os colaboradores administrativos. Com a pandemia, o trabalho remoto foi implementado e uma maior flexibilidade para líderes e colaboradores decidirem quando ir ao escritório fisicamente;
- Licença maternidade e paternidade estendida;
- Clube com piscina, academia, grupo de corrida, campeonatos e festas;
- Restaurante com café da manhã e almoço, além de um restaurante japonês nas dependências da empresa;
- Alameda de serviços com massagem, cabeleireiro, loja de conveniência, empório, sapateiro, lavanderia e café;
- Feira livre 1x por semana dentro da empresa;
- Food trucks às sextas-feiras;
- Frutas nos andares.

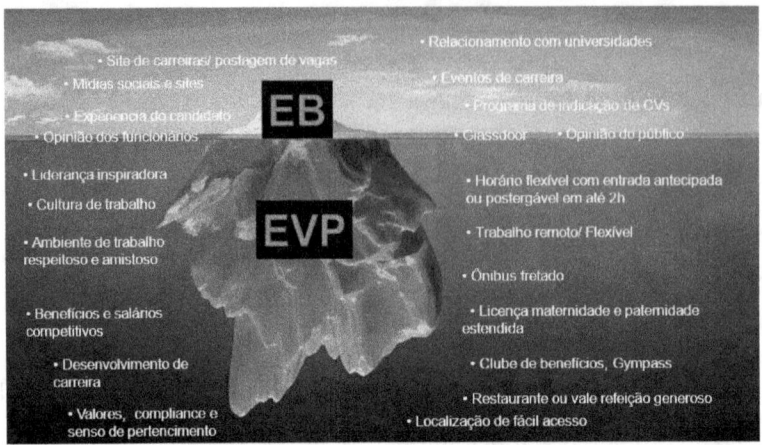

Começamos a capitalizar essas ações em nosso EVP e a desenvolver estratégias mais robustas de Employer Branding com um calendário anual de visitas em feiras de universidades targets, divulgação do programa de estágio e trainee nas redes sociais, realização de lives via Facebook com candidatos e envio de material promocional dos programas para coordenadores de curso das faculdades. Isso nos consolidou como uma das referências de EVP e EB no mercado.

Ao implementar o RH estratégico e o modelo de TA, pense que, sem esses diferenciais que dei de exemplo, dificilmente sua empresa irá atrair os melhores talentos, especialmente da geração Y e Z, que prezam tanto por esse tipo de flexibilidade. Nem todas essas ações vão gerar um alto custo para a empresa. Algumas delas são fundamentalmente mudança de mindset, como o horário flexível e o trabalho remoto (caso a empresa já tenha notebooks ou faço uso do conceito Bring Your Own Device, no qual os colaboradores usam seus próprios dispositivos com algum subsídio por parte da companhia).

Se você é gestor, está na hora de começar a pensar que Qualidade de Vida no Trabalho (QVT) não é um mero modismo. É fator competitivo de EVP. Sim, seus funcionários irão trabalhar de casa, assim como trabalham no escritório e o home office aumenta a produtividade, pois a pessoa não gasta tempo de deslocamento e nem terá as diversas interrupções que existem no dia a dia. O trabalho remoto possibilita organizar a agenda, responder e-mails pendentes, se dedicar a uma atividade que exija muita concentração, melhor balanço entre vida pessoal e trabalho etc.

Voluntariado e Sustentabilidade também contam como EVP e Employer Branding

Voluntariado é mais um programa importante para a reputação da empresa como empregadora no mercado. Empresas que possuem programas de voluntariado atraem especialmente o público de geração Y e da geração Z, que possuem uma necessidade maior de alinhar seus propósitos aos da organização. Isso aumenta o engajamento dos colaboradores, impactando no EVP e é uma excelente oportunidade de promoção (EB).

Segundo o relatório Future of Work[43] da PWC, 65% dos 10.000 entrevistados ao redor do mundo querem trabalhar em uma empresa engajada com as questões sociais.

A empresa possuía um programa extenso de voluntariado, como mais de 100 ações no mundo todo. Em meados de 2015, criou-se a "liga voluntária", na qual colaboradores poderiam se candidatar e participar de projetos sociais escolhidos por eles próprios, como ações em casas de repouso, arrecadação de alimentos, presentes de natal para crianças carentes e mentoria de

---

[43] O relatório pode ser consultado em:
htts://www.pwc.com/ee/et/publications/pub/future-of-work-report.pdf

colaboradores para jovens por correspondência – este último se tornou um dos preferidos.

Anualmente, a empresa também estimulava os colaboradores a inscreverem seus próprios projetos sociais para votação. Os mais votados ganhavam uma verba de incentivo.

As ações sociais fazem parte do tripé de sustentabilidade: econômico, social e ambiental. Colaboradores estão mais preocupados com as questões de sustentabilidade e como a empresa se engaja com o tema. Candidatos tem olhado com mais critério como a empresa se posiciona, se faz greenwashing, ou seja, utiliza de marketing para promover ações pseudo-sustentáveis como o famoso caso do canudinho de papel embalado em plástico que foi vendido como algo ecológico.

Como melhorar o EVP e implementar a estratégia de Employer Branding?

Após ler minhas experiências empíricas com o tema, você já tem uma ideia de como implementar a estratégia de EVP (que, na verdade, sua empresa sempre teve, mas agora você irá capitalizar) e o Employer Branding, certo?

Fortaleça seu EVP

Antes de sair vendendo suas ações com seu Employer Branding, é muito importante fortalecer sua cultura, liderança, benefícios, salários, em primeiro lugar. Empresas com cultura tóxica, liderança micro gerenciadora, salários e benefícios poucos atrativos e trabalho 100% presencial são fortes candidatos para não atrair e reter os melhores talentos.

Essas ações podem levar tempo e serem custosas. Mas, para nosso alívio, existem outras ações mais rápidas e baratas que também impactam positivamente o EVP:

- Horário flexível e possibilidade de trabalho remoto para os colaboradores administrativos (vide a nossa experiência durante o COVID-19);

- Salário on demand para colaboradores ao invés de datas fixas de pagamento;

- Balanço entre vida pessoal e trabalho.

Certifique-se de que a estratégia de TA já foi bem desenhada e de que o EVP e EB conversam com essa estratégia, em primeiro lugar. As mensagens das suas campanhas de EB devem refletir o seu EVP, ou seja, você deve vender o que de fato um novo colaborador irá encontrar na empresa. Vender algo que a empresa não é pode ser um verdadeiro tiro no pé: insatisfação e demissão no curto prazo. Por isso, se o seu EVP não está atrativo, é aí que você deverá dedicar mais esforços antes de sair promovendo-o com as ações de EB.

Se você é integrante de uma pequena empresa, talvez não faça sentido criar grandes programas como os que citei. Talvez seja mais interessante partir de ações menores e mais simples, mas que vão fazer a diferença para os colaboradores. Concentre-se em Qualidade de Vida no Trabalho (QVT). Ações como trabalho remoto e horário flexível vão custar pouco ou nada para sua empresa e farão uma baita diferença. Assim como um ambiente de trabalho saudável com boas lideranças, reconhecimento e senso de pertencimento. Trabalhar o clima organizacional será muito efetivo.

Se estamos falando de uma média ou grande empresa, invista também em programas de diversidade, sustentabilidade e voluntariado. Além de mostrar que sua empresa é aberta a todos, também aumenta o orgulho e o senso de pertencimento de seus funcionários. Envolva a liderança e os colaboradores, esse é um trabalho de todos.

Fortaleça seus programas de entrada de talentos. Se ainda não tem programa de estágio e/ou trainee, pare de perder tempo com vagas pontuais. Programas são muito mais efetivos, menos custosos e facilitam suas ações de Employer Branding. Faça relacionamento com universidades e reserve budget para participar de feiras de estágio. Elas são o melhor lugar para bater um papo diretamente com os seus futuros colaboradores e para vender seu EB.

Para fazer suas ações de EB, que tal chamar o pessoal de marketing para ajudar? EVP pode ser comparado ao marketing, assim como o EB à publicidade. **Se alinhe aos bons, você não precisa saber tudo!**

"

Segundo a pesquisa da Allied, somente nos EUA, o custo médio da uma contratação é de cerca de 10 mil dólares considerando variáveis como tempo dedicado, ferramentas de busca, prejuízos enquanto a posição está aberta etc. Vá multiplicando esses números no caso de um colaborador insatisfeito que pediu demissão, pois ficou decepcionado com o que foi vendido no EB versus o que encontrou na organização

9| WORKFORCE PLANNING E SEGMENTAÇÃO DE TALENTOS

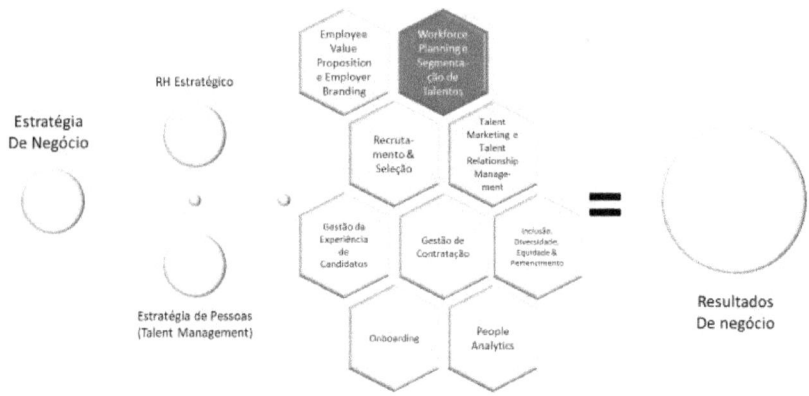

"Nenhuma economia pode ter sucesso sem uma força de trabalho de alta qualidade, particularmente em uma era de globalização e mudanças técnicas."

Ben Bernanke

O que você encontrará neste bloco:

- Conceitos de WorkForce Planning
- WPF iniciando em Talent Acquisition
- Segmentação de Talentos
- WPF e Talent Management
- Como implementar WPF

Já falei sobre os desafios do mercado de talentos atual e que agora as organizações, independentemente de serem locais ou globais, estão competindo em escala global por talentos.

Para algumas áreas de atuação nas quais há escassez de talentos, as empresas acabam competindo pelas mesmas pessoas. Estamos falando de cargos críticos: gestores, pessoal de vendas ou técnicos com anos de experiência.

Não é possível falar deste tema sem competências. A PWC lançou o relatório Workforce of the future: The competing forces shaping the future 2030[44], no qual entrevistou mais de 10.000 pessoas em todo o mundo e elencou algumas das competências que despontam como muito importantes nos novos tempos segundo a visão dos entrevistados:

1. Adaptabilidade;
2. Resolução de problemas;
3. Colaboração;
4. Inteligência Emocional;
5. Criatividade e Inovação;
6. Liderança;
7. Digital mindset.

Competências são uma luz guia para o WorkForce Planning de qualquer organização, uma vez que olham para as necessidades atuais, mas também futuras de pessoal. Todavia, não são o único fator importante.

---

[44] O relatório pode ser consultado em: https://www.pwc.com/gx/en/services/people-organisation/publications/workforce-of-the-future.html

Mas, afinal o que é esse termo complicado?

Ally Weeks[45], consultora de RH com mais de 20 anos de experiência, define o WorkForce Planning (WFP) como:

Um processo de negócios para alinhar as necessidades de mudança da organização e a estratégia de pessoas. Concentra-se principalmente na identificação de cargos críticos e competências estratégicas para atingir metas futuras. Normalmente, tem um horizonte de previsão de três a cinco anos. A captura eficaz e pontual de dados quantitativos e qualitativos informará potenciais futuros riscos, prevendo possíveis futuros alternativos. Ações podem ser tomadas hoje para mitigar os riscos futuros da força de trabalho.

WorkForce Planning não precisa ser algo complicado e qualquer complexidade necessária pode ser ajustada para se adequar ao tamanho e à maturidade da sua organização.

O planejamento da força de trabalho pode fornecer insights para as organizações irem além de simplesmente reagir a eventos circunstanciais de mercado e internos, como um downsizing ou uma aquisição de uma empresa. Pode oferecer inteligência de mercado e ajuda organizações se concentrem em:

- Reduzir os custos trabalhistas em favor da implantação da flexibilidade da força de trabalho (vide o capítulo de "EVP e EB");
- Necessidades de sua base de clientes;

---

[45] Veja mais em: https://www.cipd.co.uk/Images/workforce-planning-guide_tcm18-42735.pdf

- Identificar lacunas de competências dos colaborares e risco de sucessão de cargos-chave;
- Estratégias relevantes para a gestão de talentos e desenvolvimento de pessoas;
- Iniciativas de retenção de funcionários;
- Melhorar a qualidade dos resultados;
- Melhorar o balanço entre vida pessoal e profissional.

O WFP é algo prático. Envolve discussões colegiadas, interpretar e organizar dados de pessoal, identificar competências e cargos críticos, planos de sucessão, melhoria do ambiente, condições de trabalho para retenção etc. É, principalmente, transformar esses achados em planos de ação. Prioridades podem mudar, estratégias podem se desvencilhar de seu caminho original, decisões podem ser tomadas de maneira precipitada ao invés de planejadas e o curto prazo pode tomar a vida dos gestores.

O WFP precisa ser dinâmico e acompanhar tudo isso. Principalmente, precisa fazer parte das atividades da liderança. O RH é um facilitador e garante a gestão do conhecimento de todo o processo, mas é fundamentalmente um papel da liderança realizar o planejamento da força de trabalho. Esse processo não é um evento único que depois pode ser delegado para alguém fazer, ele precisa ser revisitado e monitorado com frequência se a empresa quer alcançar os resultados desejados da estratégia de pessoas definida.

Assim como TA, sem um RH estratégico, o WFP não passará de uma mera ideia hipotética. Para acontecer com efetividade, cada vez mais o RH e os negócios precisarão caminhar juntos. O famoso "entender de negócio" é um requisito fundamental no WFP. Responder as perguntas abaixo na mesma linguagem é papel de ambos, RH e liderança:

- Quais são as metas de curto, médio e longo prazo da companhia?
- O Talent Management, a estratégia de pessoas, está alinhada com essas metas?
- Temos as pessoas certas para entregarem essas metas de curto à longo prazo?
- Quais são as competências necessárias para atingir os resultados? Temos gaps em nossos cargos-chave? Se sim, o que iremos fazer para desenvolver as pessoas?
- Existem planos para compra ou venda de negócios e empresas? Como realizar o WFP para esses casos? Quais são as pessoas em cargos críticos que não poderemos perder em uma venda de negócio? Ou quais são as pessoas em cargos críticos fundamentais para a transição que precisamos garantir que venham caso compremos uma companhia?

WFP inicia na Segmentação de Talentos

A Segmentação de Talentos quebra a concepção monolítica de uma força de trabalho em partes granuladas e com menor subjetividade. Qualquer esquema de categorização significativo pode ser empregado: gerações, localização geográfica, complexidade da posição, disponibilidade de talentos no mercado etc.

Segundo o London Chartered Management Institute[46], usando uma estratégia de Segmentação de Talentos, uma organização não está identificando o resto da força de trabalho como "sem talento". A gestão de talentos é sobre fazer algo adicional ou diferente com aquelas pessoas que são definidas como talento para o propósito da organização – sejam elas de alto desempenho, alto potencial, gerentes adequados para posições de diretoria ou para funções críticas na organização.

Historicamente, as organizações se preocupam exclusivamente com o desempenho, substituição e sucessão de altos executivos. Entretanto, identificar cargos críticos em todos os níveis também é de suma importância. Não apenas identificar, mas ter uma estratégia clara de Talent Acquisition e de Talent Management para essas posições e seus respectivos talentos.

---

[46] Disponível em: https://eoe.leadershipacademy.nhs.uk/wp-content/uploads/sites/6/2019/04/1237115518_RBgM_maximising_talent_for_business_performance.pdf

Uma posição crítica deve levar em consideração os seguintes aspectos:

- O know-how para desempenhar as funções, ou seja, para ser um cientista que irá trabalhar no desenvolvimento de moléculas, quais competências técnicas um profissional precisa ter para se sentar nesta cadeira e entregar resultados de excelência?

- Inter-relacionamento com pessoas (internas e externas);

- Nível de autonomia: Essa é uma posição que parte de manuais de trabalho, processos e procedimentos já estabelecidos ou é uma posição que precisa "abrir caminho na mata com um facão", ou seja, não possui essas características e deve moldar a cadeira?

- Solução de problemas;

- Impacto e amplitude sobre resultados financeiros: Um vendedor e um profissional de RH possuem o mesmo impacto direto em resultados financeiros?

- Disponibilidade de talentos no mercado: Essa é uma posição com alta ou baixa disponibilidade de talentos? Quanto tempo o Recrutador levará para achar candidatos adequados?

Existem outros pontos que sua organização deve considerar para realizar a Segmentação de Talentos e isso dependerá de cada caso. A área de Talent Acquisition deve possuir expertise para iniciar este trabalho, uma vez que os Recrutadores estão na linha de frente e podem identificar os aspectos relacionados à criticidade das posições. O trabalho de Segmentação é então utilizado pela área de Talent Management para alimentar a estratégia de pessoas e o ciclo de desenvolvimento que irei pincelar adiante.

Segmentando talentos

Após a aprovação do Business Case que mencionei anteriormente, ficamos, então, semanas desenhando a Segmentação de Talentos, ou seja, fazendo um estudo profundo de quais posições já tínhamos em nossa estrutura para criar "produtos" de TA para cada nível de vaga, a fim de tirar o conceito de "one size fits all" e passar a olhar cada vaga dentro de uma estratégia específica de TA. Assim, já saberíamos qual estratégia utilizar, de acordo com o nível.

Para cada diretoria, criamos um gráfico cartesiano com eixo X representando o impacto que a posição crítica ou grupo de posições críticas tinha para o negócio e o eixo y, a disponibilidade de talentos no mercado. Em ambos os eixos, a origem (próximo ao 0) representa baixo impacto e alta disponibilidade, enquanto, no limiar, alto impacto para o negócio e baixa disponibilidade de talentos no mercado. As posições críticas plotadas no quadrante superior direito seriam o grupo alvo.

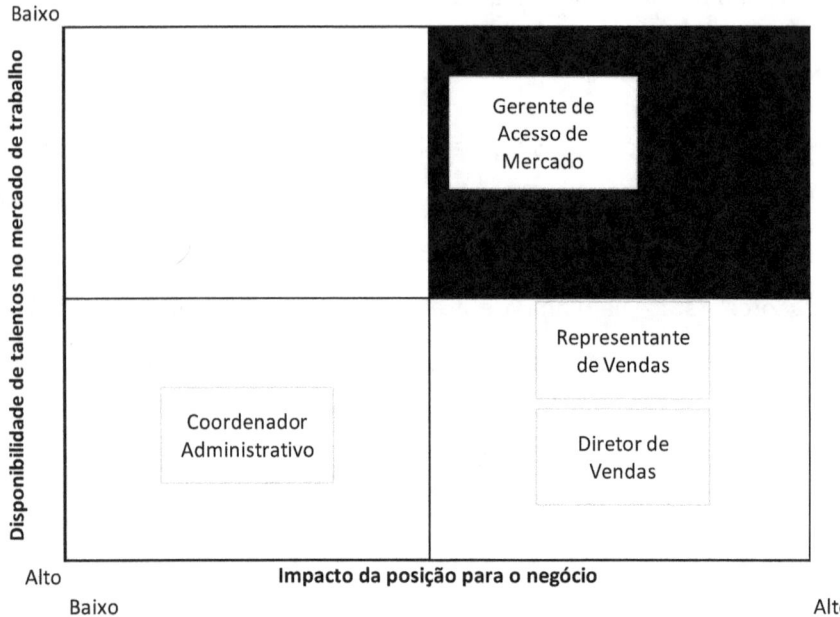

Nos reunimos com os Business Partners de cada negócio para realizarmos juntos o exercício. A Segmentação de Talentos foi base fundamental da estratégia. A partir dela, tivemos uma visão mais abrangente de posições críticas e aí vieram os produtos de TA.

Os produtos de TA

Para organizar a Segmentação de Talentos, foram criados três produtos (P1, P2, P3) que indicariam qual estratégia seria tomada no caso do processo seletivo para cada vaga e inspirados em estratégias já utilizadas por Headhunters e consultorias de R&S do mercado:

P1 – Posições "Easy to fill"

O P1 representou as vagas da Segmentação de Talentos fáceis de preencher e que possuíam uma grande quantidade de candidatos disponíveis no mercado. Estamos falando de vagas de estagiário, assistente, analista, especialista, consultor e alguns coordenadores.

Em outras palavras, o P1 demandaria uma estratégia padronizada de Talent Acquisition: não seria necessário um grande esforço para fechar as vagas dessa segmentação e, por isso, os Recrutadores poderiam ser mais juniores.

Neste produto, TA pode ter uma solução "in-house". Portanto, essa variante do processo lida com menos complexidade em relação à estratégia de TA (por exemplo, não usar hunting ativo no mercado de trabalho externo como uma estratégia de fornecimento). Além disso, ele foi projetado com a intenção de aumentar a eficiência da execução de recrutamento, atribuindo muitas das tarefas de operacionais de apoio ao papel da equipe de Talent Acquisition Operations na estrutura de shared services, como postagem da vaga, triagem, feedback a candidatos não-aderentes à posição etc.

Como o business case aprovado trouxe uma estratégia híbrida, ficou, então, definido que o RPO, ou seja, a consultoria com Recrutadores alocados exclusivamente e "in-house" faria o processo seletivo dessas vagas e a área de TAOPs daria o suporte operacional.

P2 – Posições "hard to fill"

O P2 representou as vagas mais difíceis de preencher e com menor disponibilidade de talentos no mercado e, portanto, mais complexas, como posições de diretoria e vagas que levavam mais tempo para serem fechadas.

Para esse produto foi estabelecido uma estratégia com a utilização dos Sourcers, ou seja, as figuras responsáveis por criar pipeline por meio de networking com talentos antes mesmo de ter uma posição aberta. O Sourcer também faria o mapeamento de mercado da posição aberta e alimentaria o Recrutador Sênior que, então, faria o hunting e entrevistaria os candidatos identificados.

P3 – Posições Críticas

O P3 diz respeito ao quadrante em destaque no limiar do gráfico de Segmentação de Talentos. Estamos falando das mais vagas mais críticas devido à baixa disponibilidade de talentos e ao alto impacto no negócio, como posições de C-levels, cientistas etc.

Para esse produto, foi definido que uma consultoria de headhunting global seria a responsável por conduzir as primeiras etapas do processo e indicar uma short-list (lista de candidatos já entrevistados) para a área de Talent Acquisition entrevistar junto ao gestor requisitante.

No capítulo de "Implementando a Estratégia de TA", veremos os produtos de TA com mais profundidade.

Como implementar WFP?

Quanto a Talent Acquisition, a área contribui para o WFP por meio principalmente da Segmentação de Talentos que expliquei anteriormente. Esse exercício, somado à expertise dos Recrutadores, é fundamental para definir estratégias de como a área de TA irá atuar frente as demandas de vagas dos negócios. Isso facilita e dá clareza de atuação da área, mas é o pontapé inicial de algo muito maior.

O WFP está ligado a todo o ciclo de desenvolvimento e, portanto, é parte integrante da estratégia de pessoas (Talent Management).

Em primeiro lugar, novamente, é necessário ter um RH estratégico. Ter um modelo de competências para TA e TM também se faz necessário para que haja uma linguagem comum nas discussões entre liderança e RH, nas contratações e em todo o ciclo de desenvolvimento (recomendo muito a leitura de um dos meus livros de cabeceira, "Competências – Conceitos, Instrumentos e Experiências", de Joel Dutra).

Em segundo lugar, como explanado, implementar a Segmentação de Talentos criando estratégias para diferentes produtos de Talent Acquisition, conforme a matriz de impacto em negócio x disponibilidade de talentos no mercado, é um pilar fundamental para o ciclo de desenvolvimento da organização.

Conectando o WFP a mandala de Estratégia de Pessoas

Como visto no capítulo "Estratégia de Pessoas – Talent Management", a mandala de **Estratégia de Pessoas** abarca Talent Acquisition, Gestão de Performance e Potencial, Gestão de Sucessão, entre outros.

O WFP inicia-se em TA, com a Segmentação de Talentos, passando pelo desempenho, potencial, estratégia e descrição de cargos (Remuneração) e culminando na gestão de sucessão das cadeiras críticas da organização.

A Segmentação de Talentos não só deve ser utilizada como ponto de partida, mas deve ser alimentada e aprimorada. Por isso, quanto mais informatizado e organizados esses processos forem, melhor. Você encontra sistemas no mercado para todas essas práticas.

Fato é que o WFP ainda tem caldo. É um assunto que exige aprofundamento e, por isso, também recomendo a leitura do guia WorkForce Planning Practice da autora e consultora de RH Ally Weeks, já citada em algumas passagens deste capítulo – um material rico que explica o passo a passo do WFP e pode servir como guia conceitual deste processo em sua organização.

Como visto, o planejamento de força de trabalho envolve diversas etapas da Mandala da Estratégia de Pessoas e cada uma precisará de estudo aprofundado antes de ser implementada, visto sua complexidade e importância. A última etapa do ciclo contínuo de WFP é People Analytics, a respeito da qual você encontrará um capítulo dedicado neste livro.

Portanto, se você é gestor, deseje bons estudos ao RH e solicite um treinamento de cada prática depois.

"

WorkForce Planning é um processo de negócios para alinhar as necessidades de mudança da organização e a estratégia de pessoas. Concentra-se principalmente na identificação de cargos críticos e competências estratégicas para atingir metas futuras. Normalmente, tem um horizonte de previsão de três a cinco anos. A captura eficaz e pontual de dados quantitativos e qualitativos informará potenciais futuros riscos, prevendo possíveis futuros alternativos. Ações podem ser tomadas hoje para mitigar os riscos futuros da força de trabalho

10| RECRUTAMENTO & SELEÇÃO

Talent Acquisition Honeycomb 2.0 ®

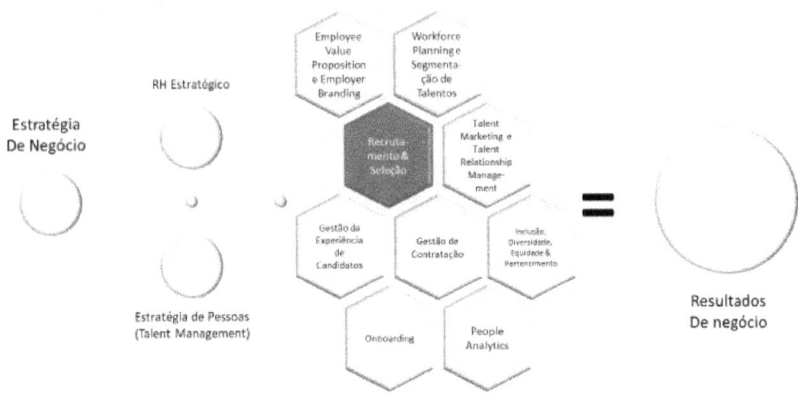

"Contratar pessoas para o emprego dos sonhos pode realmente mudar suas vidas para melhor. É uma sensação incrível e, finalmente, porque você continuará a seguir uma carreira no recrutamento."

Joe Burridge

O que você encontrará neste bloco:

- Conceitos essenciais de Recrutamento & Seleção
- Tipos de carreira
- Applicant Tracking System e Software de TA
- Recrutamento Interno e Externo
- Funil de candidatos
- A importância do feedback para candidatos

- Entrevista de Competências
- Headhunting

O conceito de emprego mudou muito nos últimos anos e com ele, o sentido de carreira. Da mesma forma que, hoje, a ideia de trabalho não mais se associa a um emprego duradouro exercido dentro de uma organização, não mais se fala em carreira como a especialização de uma pessoa em uma profissão, ainda mais dentro de uma única organização.

A carreira passou a ser uma responsabilidade da pessoa, caracterizando-se como uma trajetória profissional, que pode incluir a passagem por várias organizações e, até mesmo, por várias profissões. O mercado de trabalho está cada vez mais exigente, seletivo e retraído, aumentando a competitividade entre as pessoas que procuram um trabalho e, também, entre as empresas[47].

Tipos de carreira

É de extrema importância que um Recrutador conheça e valorize os diferentes tipos de carreira, evitando vieses na hora de recrutar talentos.

---

[47] ALMEIDA, Walnice. Captação e Seleção de Talentos: Repensando a Teoria e Prática. São Paulo: Atlas, 2004.

Tipos de Carreira

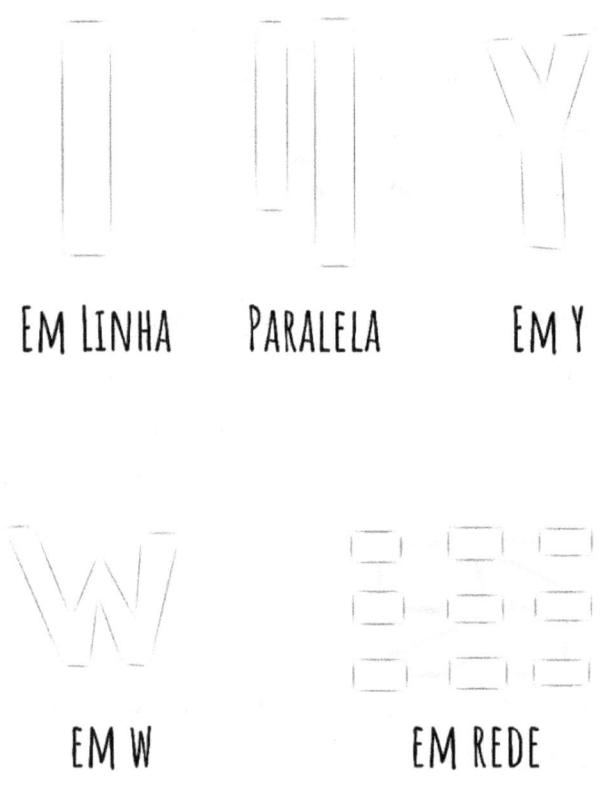

EM LINHA   PARALELA   EM Y

EM W   EM REDE

Carreira em linha

A carreira em linha, a mais tradicional, é aquela na qual as pessoas vão de nível júnior a especialista, se mantendo durante toda a sua carreira nas mesmas áreas. A pessoa inicia como estagiária de qualidade e se torna uma especialista de qualidade, por exemplo. Ela pode mudar de empresa algumas vezes, mas tende a ter uma carreira mais estável e se mantem mais tempo nas posições. Essa pessoa pode ou não ter aspiração para se tornar líder, mudando para a carreira paralela em Y.

Carreira totalmente paralela

Lembra que eu comentei ter contratado uma farmacêutica vinda do laboratório para a minha equipe? Esse é um perfeito exemplo de carreira totalmente paralela. Ela mudou de carreira definitivamente e até hoje atua em RH.

As pessoas nessa carreira tomam a difícil decisão de mudar de área. Difícil, porque além de tudo, ainda tem o RH e o líder sendo contra a decisão, em algumas empresas. RHs com mentalidade "bairrista" são tóxicos para a criação de uma cultura na qual está tudo bem mudar de carreira. Devemos lembrar que o mercado de trabalho é formatado de uma maneira cruel para algumas pessoas que devem decidir sua carreira ao escolher uma faculdade, sem ter qualquer conhecimento do mercado. E, mesmo quando escolhem certo, podem querer mudar de área futuramente, por terem a vontade de desenvolver novas competências.

Carreira em Y

A carreira na qual um especialista se torna um líder. A ponta esquerda do "Y" representa a carreira em linha e a ponta direita, a carreira de liderança.

O mais comum é o especialista se tornar líder da área que já possui o conhecimento. Mas também pode ocorrer de se tornar líder em uma área diferente. Na minha visão, esse segundo caso está mais alinhado com a carreira totalmente paralela, explicada mais à frente.

Carreira em W

A carreira em W traz mais uma variação, se comparada a carreira em Y. Além da ponta do especialista e do líder, a W também comporta a posição de liderança por influência.

O líder por influência pode ter uma equipe direta pequena (ou ser um contribuidor individual) e seu papel mais importância é liderar por influência outras pessoas na organização. Essa posição pode liderar comunidades de práticas, como uma comunidade de gerentes de projetos, ser um agilista um até mesmo o próprio gerente de projeto. A pessoa que está na carreira em W pode, inclusive, ter uma posição alta na hierarquia da organização, mesmo sem ter equipe reportando diretamente.

Carreira em rede

O conceito mais disruptivo e que pode ter mais preconceito por parte dos Recrutadores. Uma carreira em rede já é realidade em grandes organizações.

A pessoa que está nesse tipo de carreira é um generalista e passa por diferentes áreas. Geralmente, está atrelado a pessoas que se tornam executivos, pois a visão holística de diferentes áreas é muito importante para quem toma decisões na organização. Uma pessoa pode passar por marketing, vendas, estratégia e até RH durante sua carreira, se tornando um executivo de sucesso.

Alguns Recrutadores e líderes acabam apelidando pessoas nessa carreira como "carreiristas", ou seja, pessoas que veem as oportunidades como trampolim. Esse é um pensamento retrógado e faz com que empresas deem preferência para colaboradores da carreira em linha, perdendo a oportunidade de ter pessoas com alto potencial em suas áreas.

Quem está na carreira em rede geralmente irá passar menos tempo nas posições, justamente por demonstrar alto potencial e alto desempenho. Para estar nessa carreira, é necessário ter uma curva de aprendizado pequena, o learning agililty que vimos no capítulo de "Estratégia de Pessoas – Talent Management". São pessoas que se adaptam mais rapidamente a cenários diferentes com stakeholders diferentes também.

Para se ter pessoas da carreira em rede na equipe é imprescindível entender os conceitos de potencial e, principalmente, que **contratamos para a empresa e não somente para a posição atual.** O líder não deve ter um sentimento de que os colaboradores são dele. Não são. Líderes com essa visão acabam prejudicando e desacelerando a carreira de talentos, pois são incapazes de desenvolver as pessoas com a visão do WorkForce Planning.

O grande benefício de proporcionar um ambiente no qual a carreira em rede pode ser possível, é ter uma cultura mais ágil e que resolve problemas mais rapidamente. As pessoas nesse tipo de carreira já passaram por diversas áreas, conhecem muita gente e, mesmo que não saibam a resposta, sabem quem devem contactar para ter a resposta. Além disso, é uma excelente forma de desenvolver os futuros executivos da organização.

O fluxo de Recrutamento & Seleção

177

Todo processo de seleção de pessoal pautado na assertividade da escolha deve possuir um planejamento estratégico a fim de garantir a escolha dos melhores candidatos. Esse é o papel de Talent Acquisition: atrair e selecionar pessoas de alto potencial, e performance alinhadas às competências e valores da organização. O tal do fit cultural.

Nesse sentido, o desafio atual das organizações de grande porte é conseguir gerir estrategicamente a grande quantidade de vagas abertas em seu quadro de pessoal. Isso sem contar a dificuldade em selecionar a pessoa de perfil adequado para a vaga e as consequências (principalmente custos) que uma pessoa desalinhada à missão, visão e valores de uma companhia pode causar, o que é fruto de uma seleção incompetente. Benedito Pontes[48], autor referência em R&S, corrobora essa ideia ao afirmar que "Seleção de pessoas erradas pode significar montanhas de prejuízos para a empresa em perda de oportunidades ou desastres econômicos produzidos."

Assim, percebe-se que o modelo de gestão estratégica de recursos humanos está se consolidando diante das alterações percebidas no universo das organizações que vem se destacando no contexto globalizado e no ambiente nacional. Além disso, nota-se que as organizações vêm intensificando sua busca pela ampliação da capacidade de gestão, utilizando diferentes estratégias de gerenciamento para lidar com o elemento humano inserido neste contexto, uma vez que a sua concepção tem reforçado a noção vigente de que os resultados alcançados pelas organizações estão diretamente ligados aos esforços individuais e coletivos da força de trabalho que compõe as organizações[49].

---

[48] PONTES, Benedito Rodrigues. Planejamento, Recrutamento & Seleção de Pessoal. 4° ed., São Paulo: LTr, 2004.

[49] Fleury, 2000, apud OLIVEIRA, Rosilvaldo A. A Importância da Gestão Estratégica de

Por isso, um modelo de Talent Acquisition deve ser cuidadosamente estruturado, lembrando-se sempre de que um planejamento bem executado garante, em boa parte das vezes, previsão dos fatos e tendências de mercado. A seguir será apresentado um fluxo do processo-mor de recrutamento & seleção, baseado no material proposto por Pontes[50] em 2004, mas que continua muito atual. Aliás, o livro "Planejamento, Recrutamento & Seleção de Pessoal", do autor, é leitura obrigatória para qualquer profissional de Talent Acquisition e para líderes que se interessam pelo tema.

Note que isso é o núcleo de TA, a parte mais tradicional. Estamos falando de Recrutamento & Seleção.

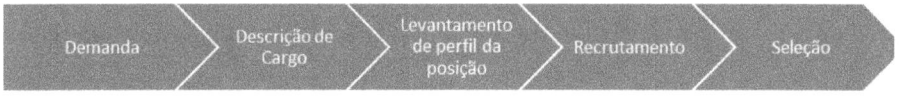

Fluxo geral de Recrutamento & Seleção
Fonte: Adaptado de Pontes, 2004

A demanda

A demanda de trabalho pode partir do mercado de trabalho, quando uma situação obriga a empresa a contratar um ou mais funcionários, como no caso da lei de PCDs – Pessoas com Deficiência, na qual a empresa é obrigada a manter ao menos 5% de seu quadro de pessoal com profissionais com deficiência sob pena de multa.

Recursos Hu-manos no Incremento do Lucro: Um estudo de Caso. ISCTE Business School, depto. de gestão de em-presas, Lisboa, 2009.
[50] 23 PONTES, Benedito Rodrigues. Planejamento, Recrutamento & Seleção de Pessoal. 4° ed., São Paulo: LTr, 2004.

Sempre bom lembrar que esse exemplo específico é, também, um alerta às empresas. Pessoas com Deficiência não devem ser vistas como números para preencher somente a cota. A cota existe, pois, esses profissionais têm muito mais dificuldade para se inserirem no mercado e progredirem na carreira. Empresas que possuem programas robustos de Inclusão & Diversidade vão muito além da cota e realmente se preocupam em oferecer um ambiente propício para que os profissionais PCDs possam se desenvolver.

A demanda pode partir de uma área da empresa que necessita de uma substituição de um colaborador que foi/será desligado (ou pediu demissão), que foi promovido/transferido, de um aumento de quadro (nova posição na empresa) ou pode partir de uma decisão da diretoria que resolveu realizar um plano de aumento de quadro para atender a uma necessidade, por exemplo.

Mas não se engane. Demanda não se trata somente de aumentar quadro ou substituir pessoas. Aqui também entra o WorkForce Planning.

Sem WFP, a área de TA vira um simples tirador de pedido. Por isso, Segmentar Talentos é tão importante. Além disso, o WFP pode ajudar a área de TA a prever demandas: se a empresa, por exemplo, estabeleceu um objetivo estratégico de crescer 20% em dois anos:

- Que tipo de gente a empresa precisará para alcançar os resultados?
- Haverá aumento de quadro? Precisaremos substituir executivos ou cargos críticos para atingir esse objetivo? Ou Talent Management irá fornecer soluções para desenvolver pessoas para este objetivo?

Prever demandas não se trata de ter uma bola de cristal, mas sim de TA estar atento aos objetivos estratégicos e antecipar algumas ações.

"

Pessoas com Deficiência não devem ser vistas como números para preencher somente a cota. A cota existe, pois, esses profis-sionais têm muito mais dificuldade para se inserirem no mercado e progredirem na carreira. Empresas que possuem programas robustos de Diversidade vão muito além da cota e realmente se preocupam em oferecer um ambiente propício para que os profissionais PCDs possam se desenvolver

A análise de cargos

A análise de cargos tem o objetivo de conhecer profundamente todos os aspectos que compõem o cargo, a partir de um exame minucioso de fatores. De posse de todas as informações necessárias sobre o cargo, ela serve de subsídio indispensável para a famosa descrição do cargo, ou job description, que contém as competências, requisitos e atividades da posição e para definir os salários. Esse processo é feito pela área de Total Rewards, uma evolução da área tradicional de Remuneração & Benefícios – tema para mais um livro!

Como já comentei, grandes empresas adotaram ferramentas consagradas de mercado, como a Método Hay que a consultoria Hay Group desenvolveu e consiste em dar pontos para calcular salários. O objetivo é dar flexibilidade às remunerações, conforme a experiência, a formação e o domínio de idiomas de cada candidato a emprego. Todo o cargo recebe uma pontuação padrão: por exemplo, um gerente de marketing pode "valer" 1.000 pontos. O método permite que a companhia "inflacione" esse número em até 15%, dependendo do perfil do profissional que procura. A pontuação para o cargo, portanto, pode ir de 1.000 a 1.150[51].

Os cargos, então, têm seus salários e benefícios definidos. As posições, inclusive, possuem uma determinada faixa salarial que o líder e o RH podem trabalhar, o mínimo e o máximo. Em tese, pessoas com menos experiência são contratadas com a faixa salarial mais básica, enquanto pessoas com mais experiência, nas faixas mais altas da posição. Esse é um tema muito

---

[51] Pode ser consultado em: https://economia.estadao.com.br/noticias/sua-carreira,empresas-usam-metodo-de-pontos-para-sala-rios,32177e

importante para um profissional de TA e o líder dominarem, pois se o profissional for contratado na faixa máxima, o líder poderá ter um problema de curto prazo, ainda mais se o colaborador for avaliado como alto potencial e alto desempenho. Nesse caso, o líder terá menos ferramentas para reter o colaborador, já que em muitas empresas há políticas para não exceder a faixa limite da posição. Esse limite geralmente fica próximo da faixa mínima da posição acima.

Vamos aterrissar esse conceito com um case: Alessandra foi contratada como Analista Pleno na faixa máxima e demonstrou em pouco tempo entregas acima do esperado e alto potencial. Em menos de um ano, ela não só havia dominado a cadeira, como excedido de maneira inédita os resultados. Seu líder estava com medo de perdê-la e procurou o RH para dar um aumento, que o informou que não seria possível por ela já estar na faixa máxima do cargo.

O líder então conseguiu uma exceção com sua diretoria para XXXpromovê-la para Sênior no ano seguinte. Acontece que o salário de entrada do Sênior era muito próximo da faixa máxima de Pleno e, por isso, o líder optou por dar um aumento maior para ela (dentro das faixas de Sênior) para garantir 15% de aumento real em seu salário após a promoção. Ufa! Dessa vez deu certo!

A descrição de cargo e as informações de faixa salarial são fundamentais para a área de TA iniciar um processo seletivo assertivo por meio do alinhamento de perfil, etapa seguinte.

Uma vez que a análise de cargo já foi realizada, é importante também ter um sistema informatizado para garantir a gestão do conhecimento e evitar que, daqui a três meses, quando exatamente a mesma posição abrir novamente, a área de Total Rewards tenha retrabalho fazendo essa análise.

O levantamento de perfil da posição

Também chamado de Intake Meeting ou alinhamento de perfil, o levantamento tem o objetivo de refinar os detalhes da descrição de cargo e é a primeira reunião entre o Recrutador e o gestor. Além disso, são levantados aspectos comportamentais esperados pelo gestor para a posição.

O Recrutador também deve desafiar o gestor e ficar de olho nos pilares de diversidade. Deve questionar o gestor sobre sua equipe atual a fim de constatar se há diversidade de perfis, de cultura, gênero, pessoas com deficiência etc. Em caso negativo, o Recrutador pode influenciar a liderança ao trazer candidatos diversos para o short-list, ou seja, o ranking de candidatos finalistas que serão entrevistados pelo gestor.

Traçar o perfil ideal do candidato permite a identificação dos tipos de competências que se deseja agregar ao pool de talentos da organização e ajuda a delinear um perfil de candidato que serve de ponto de partida para todo o processo de Talent Acquisition.

Esse processo evita:

- Custos desnecessários com R&S de candidatos fora do perfil solicitado;
- Perda de tempo por parte da equipe de TA em demandas improdutivas e insatisfação do cliente interno (gestor);
- Desalinhamento entre o discurso de RH e do requisitante interno que são repassados ao candidato.

Depois de feita a análise de cargos, é fundamental que a equipe de TA entre em contato com o requisitante da vaga para alinhar informações como:

185

Motivo da abertura da vaga: Informação necessária ao Recrutador para definir os próximos passos do processo. É necessário verificar se é aumento de quadro ou substituição. No caso do aumento de quadro deve-se investigar o motivo, se é por aumento na demanda ou uma necessidade específica da área, por exemplo. No que se refere à substituição, deve-se verificar se é substituição por demissão voluntária ou involuntária, substituição por promoção ou transferência etc.

Tipo de processo seletivo: Se será interno, externo ou misto.

Perfil comportamental: Essa etapa constitui uma das mais importantes. É necessário extrair do requisitante qual o tipo de profissional que procura, quais características de perfil ele deseja no candidato. Um perfil comportamental desalinhado resulta em um processo seletivo desastroso e gera custos desnecessários, pois será necessário procurar mais candidatos. Portanto, o perfil comportamental deve ser previamente desastroso. Deve-se verificar se o requisitante procura uma pessoa mais introvertida ou extrovertida, com foco em processos ou em resultados, reativa ou proativa etc. Sempre levando em consideração os aspectos de diversidade e desafiando a liderança para não trazer o famoso "mini me", ou seja, uma cópia do líder para a área. O Recrutador deve ter competência para identificar os vieses inconscientes e saber como evitá-los com o gestor para não o expor, mas garantindo que haja um desenho do perfil do candidato que seja justo, inclusivo e diverso.

Competências: São levantadas as competências humanas e técnicas que o profissional deve possuir. Se a empresa já tem um modelo de competências definido, neste momento são escolhidas do pool as competências críticas para o cargo. Abordarei este tema mais à frente.

Requisitos da vaga: Os elementos imprescindíveis ou desejáveis inerentes ao candidato, como tempo de experiência, graduação, conhecimentos de algum mercado, serviço ou produto específico, conhecimentos em línguas, conhecimentos em informática etc.

Principais desafios do cargo: As principais atribuições do cargo em questão, como análise de indicadores de desempenho, elaboração de apresentações mensais à diretoria, participação em reuniões estratégicas, por exemplo.

Informações gerais: Local de trabalho, horário de trabalho, necessidades específicas da área (trabalhar aos finais de semana), tipo de contrato (remoto, híbrido ou 100% presencial), alto workload etc.

Data prevista de admissão: Apesar de haver diversas variáveis que impedem de se dar uma data exata de admissão do candidato escolhido, é importante verificar qual é a necessidade do gestor para poder alinhar a duração do processo seletivo com a demanda da área.

O perfil ideal do candidato e da vaga são essenciais para o planejamento de um processo seletivo. Isso permite uma definição do tipo de profissional que se deseja e dá subsídio para o Recrutador já comparar a demanda com o mercado para alinhar as expectativas do líder. Além disso, proporciona maior sistematização das atividades de atração e seleção para obter resultados mais objetivos, já que as escolhas são realizadas com base em requisitos e critérios predefinidos e não de forma aleatória, desestruturada e enviesada.

O recrutamento

Atrair talentos é um dos maiores desafios da área de RH. Assim o era 10 anos atrás e continuará sendo nos próximos 10.

Primeiramente, porque a economia mais complexa e globalizada está gerando demanda por pessoas mais qualificadas, isto é, aquelas com conhecimento dos negócios globais e capacidade de administrar alianças estratégicas. Em segundo lugar, porque o mercado atual encontra-se mais flexível e com maior mobilidade, o que torna a corrida pelos talentos ainda mais acirrada[52].

Dessa forma, o "capital humano" torna-se um dos maiores diferenciais competitivos das empresas que pretendem se manter no mercado. Nesse

[52] PALHARINI, Francisco A. et al. Recrutamento de Recursos Humanos: Fundamentos e tendências. Disponível em:
<http://www.periodicoshumanas.uff.br/cadernosdoichf/article/view/686/513>

sentido, um trabalho eficaz de recrutamento evita a perda desse profissional, assim como de todos os investimentos feitos pela empresa em relação a este e ao próximo que irá ocupar o seu lugar. Em outras palavras, de nada adianta a empresa possuir capital, estratégia, produtos inovadores e tecnologia de ponta se não possuir talentos para gerenciar e retê-los.

Talentos são relativamente poucos colaboradores, em torno de 10% a 20% das pessoas em uma empresa que contribuem ao máximo com a companhia e precisam ser reconhecidas, estimuladas e potencializadas para que maximizem os resultados positivos que só elas podem alcançar. Como são poucos, a dificuldade em atraí-los e mantê-los é maior[53].

A frase acima é de Subir Chowdhury, autor bengalês com mais de 15 livros lançados, entre eles um dos meus livros de cabeceira, "A era do talento: obtendo retorno sobre talento". Ele defende que, sob esse prisma, surge a necessidade de "segmentar os funcionários (clientes internos) de alto valor para um tratamento diferenciado". Isso não se refere somente ao talento que já é colaborador, mas inclui, também, os candidatos que podem ser futuros talentos na organização. Estaria ele falando, em 2003, sobre WorkForce Planning?

O autor ressalta que as pessoas estão mais conscientes do que nunca do seu valor para a empresa na qual trabalham. Dessa maneira, agora a liderança deve identificar os seus principais talentos, atraí-los, desenvolvê-los, gerenciá-los, motivá-los e retê-los. Para o autor, o sucesso depende dessas habilidades de gerenciamento de talentos e as empresas devem adaptar-se a essa

---

[53] CHOWDHURY, Subir. A era do talento: obtendo alto retorno sobre o talento. São Paulo: Person Education do Brasil, 2003.

estrutura. Entretanto, tudo se inicia e depende de um recrutamento de pessoal efetivo.

O processo de recrutamento basicamente consiste em um sistema de informação por meio do qual a organização divulga oportunidades de emprego que pretende preencher. Para ser eficaz, o recrutamento deve atrair um contingente suficiente para abastecer adequadamente o processo de seleção, e isso só é possível quando o levantamento de perfil foi feito adequadamente[54].

Atualmente, a tais objetivos principais acrescenta-se a necessidade de atrair candidatos que apresentem potencial para lidar com atividades nem sempre diretamente relacionadas ao cargo e a função prevista para desempenhar. Esta necessidade é decorrente da crescente flexibilidade na organização do trabalho. Assim, mais do que trabalhadores qualificados para o exercício de uma determinada função, exige-se que sejam capazes, também, de contribuir para o sucesso do desempenho organizacional. É esse o objetivo principal que se atribui às atividades de recrutamento hoje em dia, o que também é conhecido como recrutar ou garimpar talentos.

À primeira vista, tende-se a confundir as atividades de seleção e recrutamento como sendo uma só, dado a proximidade e a necessidade de grande articulação com os processos de seleção de pessoal. Dependendo do tamanho da organização ou da forma pela qual o seu respectivo departamento de recursos humanos está estruturado, o recrutamento pode se dar de modo mais ou menos articulado com os procedimentos de seleção. Essas atividades

---

[54] PONTES, Benedito; SERRANO, Claudia Aparecida. A arte de selecionar talentos: planejamento, recrutamento e seleção por competência. São Paulo: DVS Editora, 2005

190

se diferenciam tanto no ponto de vista conceitual quanto no que se refere aos procedimentos utilizados para sua execução[55].

Não sendo bem conduzido esse processo, existe um aumento significativo em falhas na escolha do candidato mais adequado a cada cargo, gerando dificuldades desde o período de experiência até a prematura demissão do funcionário.

Nesse sentido, percebe-se como fundamental que os objetivos do recrutamento e seleção possam estar alinhados às políticas e práticas que identifiquem o modelo de gestão da organização a que se refere, levando em consideração os aspectos que revelam sua cultura, missão, visão e valores.

As fontes de recrutamento

São duas as fontes de recrutamento: a interna e a externa. Por meio da interna, os candidatos são recrutados na própria empresa e, no caso da externa, os candidatos são recrutados no mercado de trabalho.

O Recrutamento Interno (RI)

O Recrutamento Interno atua sobre os funcionários da organização, isto é, havendo determinada vaga, a empresa procura XXXXXXXXXfazê-la através de promoção e transferências de seus empregados. Isso é de grande relevância, pois oferece aos funcionários melhores oportunidades, tais como atividades

---

[55] PALHARINI, Francisco A. et al. Recrutamento de Recursos Humanos: Fundamentos e tendências. Disponível em:
<http://www.periodicoshumanas.uff.br/cadernosdoichf/article/view/686/513>

mais complexas ou mais motivadoras, cargos mais elevados etc., dentro da organização.

Boa parte das empresas procura priorizar o recrutamento interno até como ação de retenção de talentos. Preenchendo vagas dessa maneira, uma empresa pode capitalizar o investimento feito no recrutamento, seleção, treinamento e desenvolvimento de seus atuais funcionários.

É comum também divulgar o processo interna e externamente ao mesmo tempo. Observa-se que as empresas bem-sucedidas no recrutamento misto são aquelas que, nas suas práticas de gestão de pessoas, incentivam o desenvolvimento profissional de seus colaboradores e os levam efetivamente a se apropriarem de suas carreiras e se manterem competitivos no mercado de trabalho. O termo "assumir as rédeas da sua própria carreira", nunca se fez tão presente.

O RI pode ser feito por meio de divulgação de e-mail ou cartaz, entretanto, essa já é uma prática retrógrada. Muitas empresas começaram a utilizar sistemas para os colaboradores se candidatarem, o que permitiu uma melhor gestão do conhecimento e processos mais informatizados.

Vantagens do RI:

- Motiva, encoraja e reconhece o desenvolvimento profissional dos atuais funcionários;
- Cria um ambiente de competição saudável entre os colaboradores e promove um espírito de autodesenvolvimento;
- Incentiva a retenção dos funcionários na organização;

- Aumenta o EVP da empresa;

- Probabilidade de melhor seleção, pois os candidatos já passaram pelo processo externo da organização;

- Custos finais do processo de TA caem vertiginosamente (quase custo zero);

- Processo mais rápido por não conter hunting de candidatos nem mapeamento de mercado.

"

*Talentos são relativamente poucas pessoas, em torno de
10% a 20% das pessoas em uma empresa que contribuem
ao máximo com a companhia e precisam ser reconhecidas,
estimuladas e potencializadas para que maximizem os
resultados positivos que só elas podem alcançar*

DESVANTAGENS DO RI:

- Pode bloquear a entrada de novas ideias, experiências e expectativas;
- Facilita o conservadorismo e favorece a rotina atual;
- Mantém quase inalterado o quadro de pessoal, diminuindo a diversidade que o recrutamento externo pode trazer às equipes.

Um sistema global de vagas internas

Em 2013, tive a oportunidade de participar da equipe de projeto responsável por um sistema global de recrutamento interno. Esse sistema foi um grande passo no alinhamento de discurso e ação da empresa.

Uma nova política foi estabelecida e passou a ser obrigatória a postagem de todas as vagas da organização internamente. O processo também poderia ocorrer de forma mista, ou seja, externamente ao mesmo tempo, entretanto a postagem da vaga internamente era imprescindível em todo o mundo.

Isso significou que se a filial da Índia postasse uma vaga cujo requisito mínimo era falar inglês fluente, qualquer pessoa, no mundo todo, poderia se candidatar e ser avaliado para a vaga. O intercâmbio de talentos foi inevitável e visto de maneira muito positiva pelos funcionários.

Casos e casos de funcionários aprovados para vagas em outros países começaram a aparecer. É importante ressaltar, no entanto, que não se tratava de casos de expatriação, ou seja, funcionários que são enviados para outros países por um tempo determinado com uma série de benefícios. Se o funcionário fosse aprovado em uma vaga, era necessário pedir demissão de seu país de origem para ser contratado no país de destino.

Concordamos que todas as vagas ficariam postadas por um prazo de 10 dias úteis, tempo para o candidato visualizar a posição, conversar com seu gestor e se candidatar.

Um momento para falarmos de carreira internacional e expatriação

Imagine a experiência e visão de mundo que trabalhar em um país diferente pode proporcionar.

Conhecer uma nova cultura com costumes que podem ser diferentes dos seus, pessoas que pensam de maneira diferente e que podem possuir crenças diversas. Para muitos a carreira internacional é um objetivo de vida.

Uma estratégia comum que empresas com atuação global passaram a adotar é a expatriação de talentos. O processo de expatriação consiste em enviar um profissional, geralmente de nível gerencial, a outro país para desenvolver competências estratégicas globais e contribuir em um ambiente no qual a diversidade é valorizada. A duração da "missão internacional" pode variar de empresa para empresa, entretanto a prática comum é que o expatriado fique durante algum tempo no país de destino e retorne ao seu país de origem.

As possibilidades para o expatriado e para a empresa são diversas: integração global com troca de experiências, fomentação da diversidade, transferência de conhecimento e inovação, desenvolvimento acelerado de competências gerenciais estratégicas, participação em projetos internacionais, participação no lançamento de novas tecnologias e práticas, entre outras.

Segundo a pesquisa Mobility Brasil 2019[56] que diversas empresas multinacionais, o pacote de benefícios oferecido para o expatriado pode incluir:

- Moradia temporária;
- Passagens anuais para visitar o país de origem;
- Apoio tributário e compensação de impostos;
- Curso de idioma;
- Escola para os filhos;
- Viagem *"look & see"* (exploratória);
- Pagamento para mudança e/ou gestão da mudança de mobiliário;
- Treinamento intercultural.

Algumas empresas chegam a oferecer também aluguel de carro, prêmio por expatriação e auxílio para o cônjuge e filhos (curso de idiomas, por exemplo).

O pacote pode parecer atrativo para quem tem o objetivo de carreira internacional. O que talvez não seja de conhecimento geral é a chamada "Curva U" do processo de adaptação transcultural do expatriado. Em seus estudos, os autores Stening e Hamner[57] citam que o choque cultural de um expatriado e sua família na chegada ao novo país pode passar por quatro estágios que formam a "Curva U":

---

[56] Disponível em:
https://www.gline.com.br/_files/ugd/155ba8_1d525cd13baf4334bca7e29c7a488149.pdf
[57] Disponível em: Disponível em:
http://www.scielo.br/scielo.php?script=sci_arttext&pid=S1415-65552005000400004

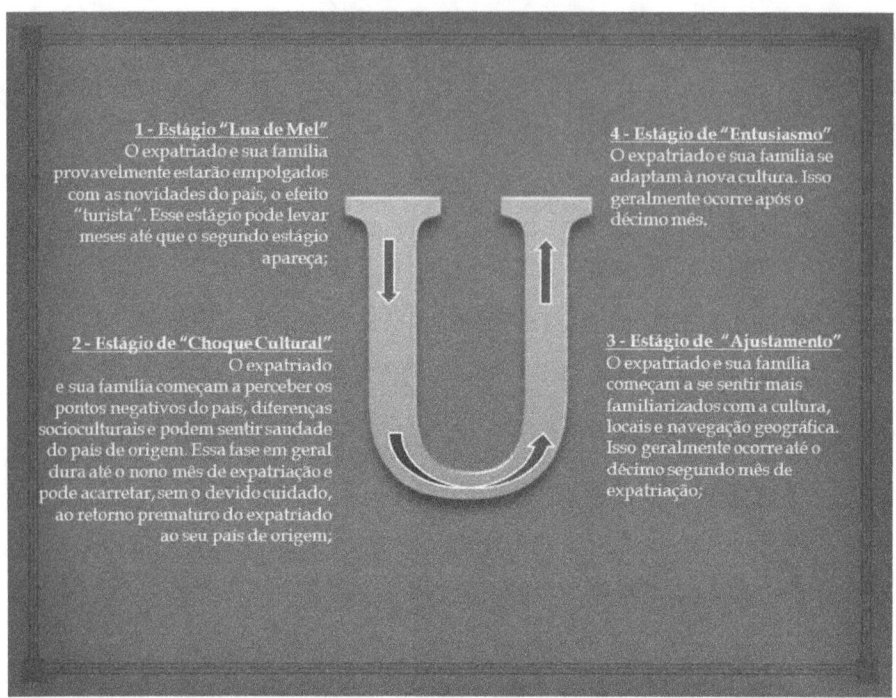

1 - Estágio "Lua de Mel"
O expatriado e sua família provavelmente estarão empolgados com as novidades do país, o efeito "turista". Esse estágio pode levar meses até que o segundo estágio apareça;

4 - Estágio de "Entusiasmo"
O expatriado e sua família se adaptam à nova cultura. Isso geralmente ocorre após o décimo mês.

2 - Estágio de "Choque Cultural"
O expatriado e sua família começam a perceber os pontos negativos do país, diferenças socioculturais e podem sentir saudade do país de origem. Essa fase em geral dura até o nono mês de expatriação e pode acarretar, sem o devido cuidado, ao retorno prematuro do expatriado ao seu país de origem;

3 - Estágio de "Ajustamento"
O expatriado e sua família começam a se sentir mais familiarizados com a cultura, locais e navegação geográfica. Isso geralmente ocorre até o décimo segundo mês de expatriação;

Um erro comum citado por alguns expatriados é a crença de que países de um mesmo continente como Brasil, Argentina e Peru possuem perfil sociocultural semelhante, o que pode também prejudicar a adaptação transcultural do expatriado. Por essa razão, é fundamental que as empresas possuam programas de treinamento intercultural inclusive para os familiares do expatriado.

A família do expatriado desempenha um papel fundamental no sucesso ou insucesso do profissional na "missão internacional" e os custos de repatriação por conta do fracasso do expatriado podem ser severos para as empresas. Portanto, é necessário que as empresas tenham especial cuidado na seleção por meio de competências do expatriado e na criação de programas de suporte ao cônjuge e filhos para que a adaptação tenha mais possibilidade de sucesso.

Por fim, também há um espaço de melhoria em relação à diversidade no processo de expatriação. Alguns estudos apontam que mulheres continuam sendo minoria nos casos de expatriação. As empresas devem não somente fomentar a expatriação cada vez maior de mulheres, mas também facilitar mudanças culturais para que a discriminação de gênero, citada por alguns autores[58], seja neutralizada.

Sem sair do lar: Os expatriados virtuais

O trabalho remoto trouxe consigo uma revolução na maneira como as pessoas encaram suas carreiras. Como visto, a ideia de ser um expatriado implica em mudar-se fisicamente para outro país, com todas as complexidades e desafios inerentes a essa experiência. No entanto, com a ascensão do trabalho remoto, uma nova categoria de profissionais emergiu: os expatriados virtuais.

Esses indivíduos têm a oportunidade única de trabalhar para empresas estrangeiras ou colaborar em projetos globais sem precisar sair fisicamente de seu próprio país. Esse fenômeno não apenas quebra as barreiras geográficas, mas também redefine a concepção tradicional de expatriação. Agora, a experiência de ser expatriado transcende a necessidade de um passaporte carimbado e inúmeros benefícios e se concentra na conexão virtual com equipes e projetos distribuídos em todo o mundo.

O conceito de expatriação virtual não só oferece flexibilidade aos profissionais, permitindo-lhes explorar oportunidades globalmente, mas também desafia as noções convencionais de como o trabalho e a colaboração devem ocorrer.

---

[58] Disponível em:
https://www.scielo.br/j/rausp/a/VqY6wZyMCVfrYsz3WfsYqbv/abstract/?lang=pt

Com as tecnologias de comunicação avançadas disponíveis, as fronteiras nacionais tornam-se praticamente irrelevantes para esses expatriados virtuais, que podem contribuir para organizações estrangeiras de maneira tão eficaz quanto se estivessem fisicamente presentes.

Neste novo paradigma, a ênfase não está apenas na mobilidade física, mas na adaptabilidade e na habilidade de construir relacionamentos significativos através das fronteiras digitais. O trabalho remoto não apenas democratizou o acesso ao mercado de trabalho global, mas também abriu caminho para uma era em que a verdadeira riqueza está na diversidade de ideias e experiências, independentemente da localização geográfica.

O desafio dos fusos horários surge como uma consideração crucial para os expatriados virtuais que, embora estejam fisicamente enraizados em seu país de origem, trabalham em sintonia com equipes globais.

A gestão eficaz do tempo torna-se uma habilidade essencial, pois esses profissionais precisam coordenar reuniões e colaborar com colegas que podem estar espalhados ao redor do mundo. O alinhamento das agendas torna-se uma tarefa complexa, exigindo flexibilidade e um compromisso consciente com a colaboração internacional. Enquanto alguns abraçam a diversidade de fusos horários como uma oportunidade para promover uma abordagem contínua e ininterrupta, outros enfrentam o desafio de equilibrar o trabalho remoto com a necessidade de manter um horário regular e equilíbrio com a vida pessoal.

Essa dinâmica ressalta não apenas a importância da comunicação assíncrona, mas também a necessidade de uma cultura organizacional que valorize a inclusão e a compreensão das diferentes realidades temporais dos membros da equipe, criando um ambiente onde a produtividade e a colaboração transcendem os limites do relógio.

Ter uma carreira internacional com a possibilidade de uma expatriação pela empresa que trabalha pode ser sonho de muitos, entretanto é de suma importância levar em consideração os efeitos da "Curva U" bem como a influência da família no sucesso ou insucesso dessa empreitada. No caso da expatriação virtual, além da falta dos benefícios que são muito valorizados pelos expatriados, a experiência online é completamente diferente de estar fisicamente no país em questão, mas traz mais flexibilidade para os colaboradores.

O Recrutamento Externo (RE)

Enquanto o recrutamento interno aborda um contingente limitado e conhecido de funcionários internos, o recrutamento externo (RE) aborda uma enorme quantidade de pessoas disponíveis (ou não, num primeiro momento) no mercado de trabalho. Devido a sua atuação ampla, faz-se necessária a utilização de várias e diferentes técnicas para influenciar e atrair candidatos.

O RE deve levar em consideração o tempo de recrutamento, já que a vaga pode ser uma reposição urgente devido ao pedido de demissão de um funcionário e a variável custo. Mesmo que um processo seja conduzido pela equipe interna de TA, sempre há custos envolvidos. Imagine que, na Segmentação de Talentos, foi definido que a vaga é de P3, ou seja, uma vaga crítica para a organização. Cada dia que passa sem esse funcionário, a organização provavelmente está perdendo dinheiro, ainda mais se for uma posição de vendas. Além disso, dependendo das fontes utilizadas para o recrutamento, poderá implicar em custos adicionais, além do tempo dedicado da equipe de TA.

Pense também que nem sempre TA irá achar o candidato perfeito para a posição, especialmente se houver um desalinhamento entre a expectativa do gestor da vaga e do mercado. Algumas vezes, o gestor é deveras exigente e quer a supermulher ou o super-homem para a vaga. O papel de TA é situar esse gestor frente ao mercado, pois há inúmeras variáveis para atrair os melhores talentos como o EVP da organização. Não adianta o gestor querer o melhor candidato, se a empresa não consegue atraí-lo.

Se o perfil do candidato sequer existir no mercado, também cabe ao Recrutador alinhar as expectativas do líder, seja no momento do Intake Meeting (ideal) ou no short-list, quando irá apresentar os candidatos finalistas, evitando insatisfação.

Em 2010, cerca de 70% dos Recrutadores já usavam o LinkedIn como uma das principais fontes de recrutamento externo para captar candidatos. Em 2022, durante a pandemia de COVID-19, esse número saltou para 93%[59]. Um total de 73% dos Recrutadores entrevistados disse que contrataram alguém que foi encontrado ou apresentado por meio de uma rede social como LinkedIn, Facebook e Twitter. Para vagas mais técnicas como programador, o Twitter e outras redes sociais mais nichadas como GitHub são mais comuns.

O LinkedIn, por si só, já representou uma mudança no paradigma de recrutamento e está tomando espaço dos sites de emprego, uma vez que o sourcing e o hunting, ou seja, a caça de talentos no mercado, se tornaram atividades mais comuns nas equipes internas de TA das empresas. O algoritmo

---

[59] Disponível em: https://www.cnet.com/tech/services-and-software/heads-up-linkedin-users-93-of-recruiters-are-looking-at-you/

da barra de pesquisa do LinkedIn e as dezenas de filtros tornam possível para o Recrutador achar praticamente qualquer perfil que se deseja sem a necessidade de ficar esperando alguém se candidatar em um site de emprego.

É ATS ou Software de TA?

Tema polêmico. Em contato com colegas, talvez ainda não haja um consenso se são coisas diferentes ou se são a mesma coisa.

Na minha visão, ATS ou Applicant Tracking System é o sistema, geralmente apresentado em formato de site, que o Recrutador utiliza para realizar as primeiras etapas do recrutamento, como filtrar CVs. Durante os anos 2000, os ATS como VAGAS, Catho e Infojobs reinaram em absoluto, pois a área de TA, até aquele momento, não era objetivo das empresas de software que desenvolviam sistemas modernos para folha de pagamento, treinamento ou para gestão de desempenho.

No entanto, começaram a surgir bons sistemas de startups e as grandes empresas de TI responderam modernizando suas soluções ou comprando essas startups. Com isso, adquirimos um desses sistemas e abandonamos de vez os sites de emprego (ou quase) na época da implementação do modelo de TA.

A partir de 2010, os ATS perderam espaço para os Softwares de TA, sistemas completos de gestão de candidatos, que iam desde a requisição de pessoal, divulgação das vagas, recrutamento, seleção e até Onboarding, conectados com diferentes sistemas de RH, como o de folha de pagamento. Softwares como SuccessFactors, da SAP, e Workday ganharam espaço, assim como soluções brasileiras como Kenoby, que foi comprada pela rival Gupy em 2022.

Mas isso ainda não era realidade, lá em meados de 2014, para a maioria das empresas: muitas delas ainda utilizavam os ATS como base de CVs e para postagem de vagas. Os ATS, e depois, os Softwares de TA, tiveram um papel fundamental na digitalização da área de TA, reduzindo papelada e trabalho operacional. Se antes os Recrutadores tinham pilhas de CVs em suas mesas, isso deu lugar a sistemas modernos de gestão. Essa mudança de paradigma foi ainda mais acelerada com a pandemia de COVID-19, forçando empresas a adotarem as soluções digitais, tão aguardadas.

O recrutamento também pode se beneficiar de empresas que surgiram nos últimos anos focadas em testes comportamentais e técnicos e até o uso de gamificação, ou seja, a aplicação de conceitos de jogos para tornar a experiência do candidato mais interessante. HR Techs com a Matchbox que, entre outras soluções, oferece testes personalizados e gamificados para programas de estágio e trainee, aumentando o engajamento dos candidatos. Ao invés de 1h30 de tediosos testes, que tal trazer um game sobre os valores da sua empresa e situações reais para entender como os candidatos reagem, trabalham em equipe e avaliam soluções? Isso pode ser feito por meio de um app ou até mesmo conectado as etapas de recrutamento no Software de TA.

Implementando um Software de TA

Durante o projeto de implementação do modelo de TA na empresa que eu trabalhava, chegamos no momento de decidir por uma moderna solução para informatizar a área de ponta a ponta.

Tudo corria paralelamente nesse projeto. No sistema, o gestor iria abrir a requisição, faríamos a intake meeting (alinhamento de perfil), a gestão do recrutamento e da seleção, a contratação e o Onboarding. Tudo integrado, inclusive com folha de pagamento, evitando que fosse necessário inserir informações admissionais dos candidatos de maneira manual.

Havia uma grande complexidade nesta etapa, pois a solução global precisava, também, ser adaptada especialmente às legislações e necessidades locais. Foram diversas reuniões com o jurídico e com relações trabalhistas. Até aí fácil, o difícil era descobrir que muitas das solicitações não poderiam ser atendidas pelo fornecedor global sem alterar o sistema para todos os outros clientes no mundo todo. Só podíamos solicitar alterações em formulários locais.

Por um lado, o sistema registraria o processo de ponta a ponta, mas por outro, perderíamos, já que alguns processos que já eram automatizados no sistema anterior local voltariam a ser manuais. A solicitação de equipamentos, como, computador e acesso a e-mail, era automático após a abertura da requisição pelo gestor e no novo sistema tivemos que desenhar um novo fluxo manual que poderia gerar erros humanos. Anos mais tarde, conseguimos automatizar novamente essa etapa, sabendo que é fundamental para uma boa experiência do candidato.

O sistema em si levou um ano e meio para ser implementado. Fiz semanas inteiras de testes do processo de ponta a ponta, traduzi o sistema, testei novamente, alterei formulários e testei de novo. Foram semanas intensas de idas e voltas. O principal, foi eu ter passado por todo o fluxo e me colocado no lugar do candidato. Algumas reflexões importantes para você que tem sistema ou deseja implementar uma solução de TA:

- A experiência para se candidatar no sistema é fácil e rápida ou o candidato precisa preencher longos formulários?
- Há integração do sistema com o LinkedIn ou uma funcionalidade de leitura inteligente do CV que preenche automaticamente o cadastro do candidato?
- Colocar 1h30 de testes garante que você consiga os melhores candidatos? Quantos candidatos você perde por ter uma candidatura muito longa?

Headhunting como movimento estratégico

O headhunting (ou hunting, para os mais chegados) é o processo de caça de "cabeças" e é antigo. Muito antigo. O termo foi usado pela primeira vez por povos antigos para definir rituais de caçar inimigos e realizar coisas brutais.

Após a segunda guerra mundial, o termo ganhou uma conotação completamente diferente, sendo utilizado por ex-soldados que eram contratados e "caçavam" colegas veteranos para indicar para vagas por terem conhecimentos específicos de mecânica ou de outros temas. Vale ressaltar, que após a guerra, o mercado de trabalho estava incrivelmente defasado, por conta da alocação de profissionais no ofício militar.

Thorndike Deland, o inventor do termo "executive search" (pesquisa de executivos, muito usado por Headhunters), introduziu o conceito de hunting como conhecemos hoje ao caçar pessoas para vagas críticas, ao invés de esperar que elas se candidatassem[60].

---

[60] Disponível em: https://us.experteer.com/magazine/tracing-back-recruitment-history-first-Headhunter-soldier/

Hoje, o hunting é usado para designar a caça por talentos por meio de um processo proativo de procura e construção de relacionamento com candidatos-chave: o sourcing. Hunting e sourcing caminham de mãos dadas.

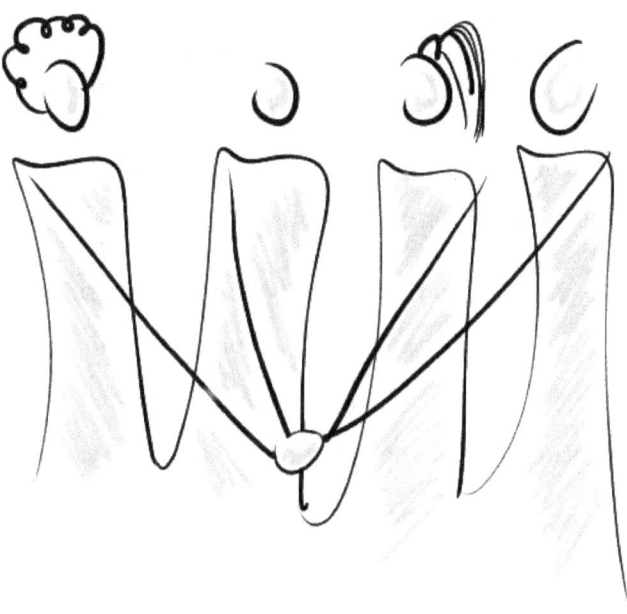

A essência do headhunting está na construção de relacionamentos duradouros entre o Headhunter e os candidatos-chave. Esse relacionamento, inclusive, trespassa a empresa que contrata o Headhunter e não é incomum que candidatos com alto potencial sejam acessados ao longo de sua carreira pelo mesmo Headhunter. Isso poupa tempo e recursos, pois há mais confiança na pessoa candidata, já que há um relacionamento de muitos anos com o Headhunter, que acompanhou sua trajetória de sucesso.

Headhunters, tradicionalmente, são pessoas sociáveis e resilientes, que têm redes de relacionamento expressivas. Eles constroem networking próprio, que otimiza a busca por profissionais qualificados. Isso porque os contatos são uma de suas principais fontes de pesquisa e, deles, podem surgir, também, futuras indicações. Com isso, quanto mais efetiva for a rede de contatos, mais ágil será a procura pelo profissional ideal[61].

O LinkedIn tem um papel fundamental para o Headhunter encontrar esses talentos, pois é uma rede social voltada para relacionamentos corporativos e conquistas profissionais. Isso colabora para processos de recrutamento altamente especializados, eficientes e estratégicos.

Desde meados de 2010, quando o tema de Talent Acquisition começou a ganhar forma, as empresas começaram a aprender com Headhunters e passaram também a fazer hunting de candidatos e o sourcing, ou seja, a construção de relacionamento com candidatos, mesmo sem ter uma vaga aberta para criar pipeline para vagas críticas.

Mesmo as empresas que possuem TA estruturado, podem necessitar do apoio de Headhunters, justamente por conta de sua rede de relacionamento que pode (e deve) ser muito maior que a da empresa.

As fontes de recrutamento podem variar de empresa para empresa

Outra fonte de recrutamento muito comum para empresas é relacionamento com universidades para programas de entrada, assim como ter seu próprio site de carreiras, como discutido no capítulo de "EVP e EB". Divulgar vagas em

---

[61] Disponível em: https://www.gruposelpe.com.br/blog/Headhunter-por-tras-dos-recrutamentos-estrategicos-de-alta-complexidade/

ATS, divulgar vagas em rádio e plaqueiros (como no caso de R&S raiz), vale tudo para se conseguir chegar ao público das suas vagas.

Apesar do LinkedIn, Universidades e Headhunting serem comuns à quase todas as empresas hoje em dia, dependendo da especificidade da vaga, sua empresa pode ter formas de recrutamento diferenciadas.

Como citado no início do livro, um Tech Recruiter pode recorrer, desde a dancinhas no Tik tok, até fazer correlação das ações de recrutamento com a cultura nerd.

No recrutamento, há coisas em comum entre as empresas, entretanto somente uma boa estratégia de TA será capaz de indicar as melhores fontes, de acordo com a Segmentação de Talentos que a empresa deve realizar. Para cada produto de TA, é necessário pensar em fontes específicas. Às vezes, isso chegará ao nível de uma vaga específica, que pode ter fontes completamente distintas.

Cuidado para não ridicularizar suas ações de recrutamento, infantilizando ou trazendo uma experiência de candidato digna de uma Framboesa de Ouro. Bom-senso é sempre bem-vindo, lembre-se.

Funil de candidatos

O funil de candidatos, é um guia que vai dar visibilidade do recrutamento e das etapas de seleção como um todo. Ele também é chamado de funil de recrutamento, entretanto não acredito que seja o nome mais correto, por conter etapas de seleção, também, e contribuir para a falta de entendimento conceitual acerca da diferença entre Recrutamento & Seleção.

É uma representação gráfica das etapas presentes no processo seletivo, desde a aplicação do candidato à vaga até o fechamento dela. Por meio dele, podemos analisar a base de candidatos, a triagem em cada uma das etapas, e gerenciar os candidatos da melhor maneira possível, tendo mais clareza para atingir o resultado esperado[62].

Funil de Candidatos

Convocados		Realizados
5500	Inscritos	1300
756	Testes Online	453
350	Dinâmicas	222
140	Painéis	112
96	Entrevistas finais	90
30	Contratados	30

O funil é uma ferramenta poderosa que demonstra todo o trabalho de um Recrutador até chegar nos candidatos finalistas. Esse funil deve ser usado, inclusive, nas reuniões com os líderes requisitantes, para dar uma visão das etapas, bem como da média de candidatos necessários para se chegar ao **short-list.**

Na imagem acima, é possível notar que para um Programa de Estágio com 5500 candidatos, 756 candidatos foram movidos para testes, após serem filtrados por meio de avaliação automatizada de CVs. Desses 756, 350 foram aprovados e são considerados a "**long-list**", pois passaram para a primeira etapa de seleção desse processo específico: os testes online.

---

[62] Disponível em: https://www.gupy.io/blog/funil-de-recrutamento-gupy

Aqui já há uma clara quebra entre o processo de recrutamento e o de seleção. Enquanto o recrutamento irá focar em etapas iniciais para atrair e filtrar os candidatos, seleção irá focar num número resumido para achar os candidatos ideais para a posição.

O recrutamento está relacionado com tecnologias, testes e relacionamentos. Seleção já parte para a avaliação de competências, fit cultural, dinâmicas, painéis, entendimento do momento atual da pessoa candidata, interesse na posição, entrevistas etc.

Após as dinâmicas, no exemplo da imagem, 140 vão para painéis com os líderes, onde serão avaliados com estudos de caso da empresa e 96 seguirão para entrevistas finais (o short-list), tendo com objetivo contratar 30. Os 60 candidatos restantes são o que chamamos de **candidatos silver**, ou seja, os candidatos valiosos que podem ser direcionados para outras vagas. Para isso, é muito importante ter um software de TA para informar seu banco de talentos.

"

*O funil de candidatos é uma ferramenta poderosa que demonstra todo o trabalho de um Recrutador até chegar nos candidatos finalistas. Esse funil deve ser usado, inclusive, nas reuniões com os líderes requisitantes, para dar uma visão das etapas, bem como da média de candidatos necessários para se chegar ao **short-list***

Funil de candidatos em 3 etapas

Há 3 etapas para se construir um funil de candidatos campeão:

1. Atração: aqui é importantíssimo um EVP fortalecido, ações de EB e de recrutamento, além de postar a vaga em seu site de carreiras ou em ATS;

2. Recrutamento: aqui entram as fontes de recrutamento que serão específicas para o produto da sua Segmentação de Talentos: os interessados em suas vagas são convertidos em candidatos no momento que se candidatam em seu site de carreira, ATS ou quando são caçados por um Headhunter ou Sourcer e topam uma conversa inicial. Os candidatos que passam pelas primeiras etapas do recrutamento até chegarem na seleção são a long-list;

3. Seleção: etapas seletivas como entrevista por competências, dinâmicas, painéis de negócio etc. para se chegar ao short-list. Os candidatos não selecionados do short-list são os candidatos silver e o finalista, o contratado.

O funil de candidatos faz parte da Gestão da Experiência de Candidato, que será mais bem explicada em seu respectivo capítulo, mais à frente.

Tecnologias no recrutamento

O hype em torno da transformação digital tem sido forte, especialmente na última década. Pessoas falando sobre Inteligência Artificial (IA), Machine Learning, Algoritmos. Entretanto, essas tecnologias ainda não são uma realidade em boa parte das empresas.

As melhores organizações simplificam o processo de TA ao máximo, e usam plataformas que possuem uma boa experiência de candidato para oferecer algo imersivo, multicanal, altamente direcionado. Uma experiência personalizada e envolvente.

Já fica a ressalva. Antes de falar de IA e algoritmo, se o seu formulário de candidatura estiver muito complexo, longo ou não possuir versão mobile, as chances de os melhores talentos escaparem do funil de candidatos é grande. A explicação é que os candidatos de hoje não estão abertos a uma experiência prolongada. O que quero dizer, é que prover uma boa experiência de candidato vem antes de abrir a caixa de Pandora da transformação digital na sua empresa.

Assistentes virtuais (chatbot) que tiram dúvidas dos candidatos e dão atualizações do status do processo seletivo via website ou app estão ganhando força. Entretanto, boa parte desses chatbots não possuem IA, são simplesmente uma biblioteca de conteúdos que são consultados à medida que um candidato interage e faz uma pergunta. A experiência com esses chatbots "sem inteligência" é terrível. Empresas que implementam esse tipo de tecnologia acham que estão oferecendo a Siri ou a Bixby da Samsung, mas na realidade estão entregando o antigo Microsoft Clipply repaginado, aquele clipe simpático que aparecia no Word ou no Powerpoint e era um assistente virtual.

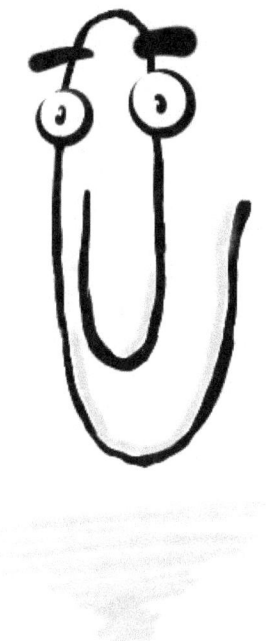

Se for investir em um chatbot, prefira uma solução que realmente utilize inteligência artificial como a IBM Watson. A diferença de um chatbot sem IA para um que possui, é que o segundo irá aprender conforme as interações do usuário e melhorará a experiência cada vez mais.

"

Já fica a ressalva. Antes de falar de IA e algoritmo, se o seu formulário de candidatura estiver muito complexo, longo ou não possuir versão mobile, as chances de os melhores talentos escaparem do funil de candidatos é grande. A explicação é que os candidatos de hoje não estão abertos a uma experiência prolongada. O que quero dizer, é que prover uma boa Experiência de Candidato vem antes de abrir a caixa de Pandora da transformação digital na sua empresa

Boa parte das etapas de recrutamento que citei até então já podem ser automatizadas. Definição de requisitos, triagem automática de candidatos, pool de candidatos que faz curadoria e "sugere" pessoas com base na descrição de cargo e alinhamento de perfil... Tudo para facilitar o trabalho do Recrutador. Obviamente, esses sistemas possuem um custo ainda elevado e, por isso, devem ser analisados de acordo com o tamanho da empresa, volumetria de vagas etc.

Empresas como a Mindsight oferecem soluções integradas para tornar o recrutamento mais inteligente, automatizado e com uma melhor experiência de candidato. Utilização de algoritmos para triar os perfis de candidatos, testes customizados, melhoria na comunicação direta com os candidatos... tudo isso hoje já é possível.

A seleção

A seleção é a etapa de aprofundamento da análise que foi iniciada no recrutamento. Se no recrutamento é feito um afunilamento até se ter uma long-list, ou seja, uma lista dos melhores candidatos elegíveis à vaga, na seleção busca-se realizar análises para chegar a short-list. Estamos falando de um número reduzido (3 a 4 candidatos) que passaram por todo o processo e são os que mais possuem fit com a vaga.

Essa é a hora de identificar os talentos e a escolha dos melhores constituirá seu quadro de pessoal. O líder e o RH devem ter em mente não somente a contratação imediata, ou seja, um candidato que preencha os requisitos atuais, mas também devem levar o WorkForce Planning em consideração. Que tipo de profissional a área precisará para daqui 3 anos? O candidato apresenta um perfil que irá se adaptar às necessidades futuras? Demonstra evidências de potencial para crescer na empresa?

Trata-se, portanto, de um processo que necessita de investigações mais profundas. Para acertar na contratação é imprescindível fazer uma análise detalhada do perfil dos candidatos, não se restringindo à utilização de apenas um recurso de validação como uma entrevista desestruturada.

A riqueza deste processo se encontra na possibilidade de serem realizadas múltiplas análises, incluindo entrevistas por competências, apresentação de cases, dinâmicas de grupo e até elaborados assessments.

Ao processo de escolher o melhor candidato para o cargo, o autor do livro "Administração de Recursos Humanos", Stephen Robbins[63] acrescenta que descobrir quem dentre os candidatos será o mais bem qualificado para o cargo não é tarefa fácil. O autor define a seleção como:

"Um exercício de precisão, que busca prever quais candidatos serão bem-sucedidos se contratados."

Numa entrevista desestruturada, em geral, o Recrutador e gestor fazem uma série de perguntas para identificar se o candidato possui as características e experiência para uma vaga. Entretanto, caso as respostas não sejam exploradas adequadamente, há uma possibilidade maior de se contratar a pessoa errada.

---

[63] ROBBINS, Stephen P. A Administração de Recursos Humanos. In: _____.
Administração: Mudanças e perspectivas. São Paulo: Saraiva, 2000. Recrutamento & Seleção

Como as perguntas são comumente repetidas nas entrevistas, muitos candidatos – calejados de tantos processos – bolaram as respostas perfeitas, são os chamados "leões de entrevista". Perguntas clichê como:

- Que animal você gostaria de ser?
- Quais são seus 3 pontos fortes e de desenvolvimento?
- Onde você se vê daqui 5 anos?

Basta dar um Google para descobrir gurus de entrevistas (que nunca foram Recrutadores na vida) dando dicas sobre como responder. São perguntas insossas com respostas ainda mais insossas. Você certamente ouvirá "águia" para a primeira pergunta; "perfeccionista demais e ansioso" como atributos e defeitos da segunda pergunta e "espero contribuir e crescer junto com a empresa" para a terceira.

Costumo dizer que se você não sabe o que fazer com a resposta, melhor não fazer a pergunta, pois provavelmente não servirá para nada. "Ah, águia. Anotado. Próxima pergunta". Que tipo de viés de avaliação essa resposta pode trazer? "Uau, o candidato se compara com uma águia, portanto tem garra". Isso não é uma evidência, é uma inferência do Recrutador e do gestor muito comum com esse tipo de pergunta tediosa.

Olho de águia de Talent Acquisition

Já dizia Jean-Jacques Rousseau:

"A arte de interrogar não é tão fácil como se pensa. É mais uma arte de mestres do que de discípulos; é preciso ter aprendido muitas coisas para saber perguntar o que não se sabe"

O olho da águia está entre os mais potentes do reino animal, com uma visão estimada em 4 a 8 vezes mais acurada do que a média humana.

Como a águia, a área de Talent Acquisition e os gestores precisam se concentrar em atender às necessidades de negócios – presentes e futuras – com a melhor visão sobre os principais talentos.

Aliás, a todo momento cito "Recrutador e gestor" e não somente "RH". A responsabilidade pela definição do candidato finalista é sempre do gestor com o apoio do Recrutador ou Business Partner de RH. Portanto, se for o seu caso, não terceirize essa decisão para o RH sob a desculpa de que isso não faz parte das suas funções, ou por não saber fazer entrevista. O gestor, melhor do que ninguém, deveria saber identificar quem é o melhor candidato para a posição.

Como se tornar um ás da identificação de talentos? Primeiro, se você tem pouca experiência com entrevistas, a melhor forma de conseguir é praticando. Se você não tiver vagas abertas, que tal bater um papo com o Recrutador e pedir para fazer um shadowing em alguns processos? Ou seja, acompanhar e aprender com o Recrutador?

Segundo, quando o Recrutador já tiver entrevistado candidatos para a sua posição aberta e for o momento de você entrevistar o short-list, ou seja, os candidatos finalistas, conduza as entrevistas! Não deixe que o Recrutador conduza, caso contrário você perde a oportunidade de praticar perguntas inteligentes. O Recrutador, nessa altura, já terá entrevistado o candidato e às vezes conduz a etapa do gestor por este se sentir inseguro. O gestor acaba atuando como um mero espectador na entrevista pontuando um ou outro tema.

Muitas empresas também possuem os famosos development centers, centros de desenvolvimento de líderes. Geralmente o RH convida líderes da organização para atuarem como co-avaliadores. Essa também é uma excelente oportunidade de se treinar o que chamo de "olho de águia".

A importância do feedback ao candidato

Esse mesmo olho de águia deve ficar de olho na experiência do candidato ao longo de todo o processo seletivo. Isso não é só uma função do RH: o líder também deve ser guardião dessa experiência, além do Recrutador.

Todo candidato, externo ou interno, deve receber feedback. O que irá variar é a forma e a profundidade. Muitas empresas possuem políticas de não dar feedback estruturado para candidatos externos sob o argumento de que o feedback pode enviesar o candidato em processos de outras empresas, que irão utilizar outras competências, outras ferramentas, enfim, outra realidade.

Entretanto, a falta de um simples e-mail de agradecimento é um dos principais motivos de insatisfação dos candidatos – e já falei quanto custa um candidato (cliente) insatisfeito no capítulo de "Employee Value Proposition (EVP) e Employer Branding (EB)".

Diversos sistemas de seleção permitem o envio em massa de e-mails aos candidatos, o que facilita muito o retorno – o que não justifica é a atitude "século XV" dos RHs de não se importar em dar retorno aos candidatos com a desculpa de "não ter recursos/ tempo".

Não havendo um sistema, é possível enviar uma mala direta por e-mail ou até mesmo informar no LinkedIn que a vaga já foi finalizada e o finalista foi escolhido, prática de alguns Headhunters.

"

A responsabilidade pela definição do candidato finalista é sempre do gestor com o apoio do Recrutador ou Business Partner de RH. Portanto, se for o seu caso, não terceirize essa decisão para o RH sob a desculpa de isso não fazer parte das suas funções, ou por não saber fazer entrevista. O gestor, melhor do que ninguém, deveria saber identificar quem é o melhor candidato para a posição

223

Se é necessário ter cuidado com o feedback dos candidatos externos, o que diremos dos internos? Na empresa em que trabalhei durante o projeto, todos os candidatos internos recebiam feedback automatizado via sistema nas diversas etapas:

- Aplicação: o candidato recebia por e-mail confirmando a candidatura;
- Aceite/Rejeição da aplicação: após o CV triado o candidato recebia por e-mail o aceite ou a rejeição;
- Entrevista: todo candidato interno recebia feedback detalhado presencial ou via chamada (principalmente durante a pandemia e com o trabalho remoto ganhando espaço) no caso de aprovação ou reprovação.

A falta de feedback pode descaracterizar o modelo de Talent Acquisition

É um verdadeiro tiro no pé, visto o risco de imagem e reputação que uma empresa está exposta hoje em dia nas redes sociais. Quanto mais conhecida a organização, maior a probabilidade de ter uma imagem negativa. Isso não significa que empresas menores e menos conhecidas devam tratar o candidato como um número.

Lembre-se que por trás de uma candidatura, de um currículo e de um pedido de emprego existe um ser humano, único e complexo. O que mais me dá certeza de ter escolhido a carreira de TA que me fez levantar todo dia cedo durante muitos anos é a possibilidade de impactar tão positivamente a vida daqueles que dizemos "parabéns, você foi aprovado" tanto quanto aqueles que receberão um feedback respeitoso e podem ser pipeline futuro para a empresa.

À propósito, deixar o candidato esperando não é legal e não faz parte da avaliação ("para saber se o candidato realmente quer a vaga"). Seja Recrutador ou gestor, se programe para iniciar e terminar a entrevista no horário. Atrasar um compromisso é dizer, sem falar, que o seu tempo é mais importante do que o da outra pessoa. Não é.

Testes de personalidade

O ano era 1973. David McClelland, psicólogo americano, passou a contestar o uso de testes de inteligência e aptidão defendendo que esses testes não conseguiam prever o sucesso em situações escolares e de trabalho, por não haver correlação entre o resultado do teste e o desempenho futuro. Seu icônico artigo[64] destaca:

"Nós sabemos que correlação não é igual a casualidade, mas continuamos a esquecer isso."

Fato é que o ser humano é um ser muito complexo e único. E ainda tem a grande vantagem de se superar, de persistir e de conseguir coisas inimagináveis. Além dos testes questionados por McClelland, os famosos testes de personalidade (só falta usar horóscopo) passaram a ser utilizados em larga escala pelos RHs e líderes.

---

[64] Pode ser consultado em: https://www.therapiebreve.be/documents/mcclelland-1973.pdf

Essas avaliações possuem um viés magnético de rotulação. Basta utilizar como ferramenta de seleção para o RH e o líder passa a vê-los como verdade gravada na pedra. Os testes têm o potencial de enfraquecer a visão do líder para avaliar e identificar pontos fortes e de desenvolvimento. Boa parte dessas ferramentas não possuem validação científica, ou seja, não possuem artigos científicos em massa com revisão de pares, revisão sistemática da bibliografia, revisão de pares, investigações randômicas, análises estatísticas e demais métodos científicos validados.

Lembrando que TCC de faculdade e tese de doutorado não têm validação científica, assim como artigo publicado no site da instituição do teste. Mesmo artigos científicos publicados são passíveis de questionamento se não tiverem profundidade nos métodos científicos que citei. Portanto, cuidado ao falar que algo é "amplamente estudado".

Outro ponto é que, o que tem validação científica está disponível para a comunidade estudar, testar, validar, revalidar e questionar. Não é algo que tem copyright e seus direitos estão nas mãos de uma instituição específica que vende cursos, livros e formações para novos facilitadores acerca do teste de personalidade. Se esse for o caso, já desconfie na validade científica.

Essas ferramentas são baseadas em conhecimentos "tradicionais" ou em autor específico que escreveu sobre? O fato de terem, geralmente, perguntas binárias do tipo "em uma festa, você se enturma com a galera ou fica sozinho em um canto?" somado ao fato de encaixarem as pessoas em um determinado tipo de personalidade fazem com que os vieses sejam demasiados para ignorar sua falta de validação científica.

"

A falta de feedback pode des-caracterizar o modelo de Talent Acquisition.

Lembre-se que por trás de uma candidatura, de um currículo e de um pedido de emprego existe um ser humano, único e complexo. O que mais me dá certeza de ter escolhido a carreira que me fez levantar todo dia cedo é a possibilidade de impactar tão positivamente a vida daqueles que dizemos "parabéns, você foi aprovado" tanto quanto aqueles que receberão um feedback respeitoso e podem ser pipeline futuro para a empresa

Essas soluções não devem, em hipótese alguma, serem utilizadas para tomada de decisão dos candidatos finalistas. No máximo, darão uma fotografia do candidato, mas sem validação científica. Fica a seu critério usá-las e acreditar em sua eficácia.

Algumas delas, inclusive, são consideradas pseudociência, ou seja, há um discurso de "baseado em estudos", mas sem o uso de métodos confiáveis. Portanto, muito cuidado para não fazer seu RH ser exposto ao ridículo. Crenças místicas, espirituais e/ou religiosas também devem ser deixadas à margem da organização e do processo seletivo.

No caso de crenças religiosas, vale ressaltar que o RH também não pode tomar decisões a depender da religião do candidato, o que pode ser caracterizado como intolerância religiosa. Ao mesmo tempo, as empresas devem ser laicas, justamente para evitar vieses nas contratações. As pessoas são livres para ter a religião (ou a falta dela) como bem entenderem e não cabe a empresa julgar isso, já que todo cidadão tem direito a liberdade religiosa, garantido por lei.

A seleção por competências

McClelland foi o primeiro, talvez, a defender avaliação baseada em competências e sua empresa de consultoria foi comprada pela Hay Group em 1984.

Com o desafio de se procurar o melhor candidato para a vaga certa, a seleção por competências começou a tomar força. Seu objetivo é apresentar a possibilidade de ser identificado o candidato com mais fit para a posição, não somente pelo ponto de vista técnico, mas principalmente sob o prisma comportamental.

229

Entende-se por Competências um conjunto de:

- Conhecimentos, "o saber": formação acadêmica, conhecimentos técnicos e especialidades);

- Habilidades, "o saber fazer": experiência, prática e domínio do conhecimento;

- Atitudes, "o querer fazer": emoções e ações expressos através do comportamento humano;

- Valores, "o acreditar": para colocar uma competência em prática, deve-se acreditar e estar alinhado a ela. Além disso, ética e moral passam a ser cada vez mais valorizadas pelas empresas;

- Entorno, "o ambiente": o ambiente deve favorecer condições para se aplicar a competências.

O Conceito CHA foi difundido por McClelland e aperfeiçoado com o "V" e o "E" pelo consultor de RH Eugenio Mussak[65].

A seleção por competências corrobora o WorkForce Planning ao permitir que o RH e a liderança consigam identificar competências para a demanda atual, mas também de olho nas oportunidades futuras na empresa. Definir potencial é um tema subjetivo (como visto no capítulo de "Estratégia de Pessoas – Talent Management"), entretanto, uma entrevista por competências bem-feita consegue coletar as famosas evidências (fato e impacto), ou seja, o que ocorreu e qual foi o resultado. O conjunto de evidências consistente torna possível identificar se o candidato possui uma determinada competência desenvolvida ou se é um ponto de desenvolvimento. Assim, se isso for

---

[65] Disponível em: https://eugeniomussak.com.br/a-nova-competencia/

conectado ao WFP, é possível que a empresa atue de maneira estratégica desenvolvendo o potencial do novo empregado continuamente alimentando o pipeline da organização, ao invés de somente preencher uma vaga.

Para Pontes e Serrano[66], de forma geral, a entrevista por competências segue o modelo tradicional de seleção, com a diferença de que, ao se investigar o histórico profissional, deve-se ter em mente a necessidade de explorar as competências do candidato em relação àquelas exigidas pelo cargo e a empresa. Quando o entrevistador deseja obter respostas para conhecer se o candidato atende às exigências pelo cargo, as perguntas devem ser dirigidas para que possam ser percebidas essas competências em situações de trabalho.

Uma entrevista por competências deve ser planejada. Não há nada pior para um candidato do que quando um Recrutador ou gestor entra na sala de entrevista e começa a ler o currículo na hora, dando a impressão de que nem se deu ao trabalho de se preparar para a entrevista.

Além disso, na entrevista por competências, devem ser utilizadas perguntas abertas e livres de vieses.

A clássica pergunta:

"Você trabalha bem sob pressão?"

Dá lugar a:

"Me conte uma situação na qual você tenha trabalhado sob pressão. Como você reagiu?"

---

[66] PONTES, Benedito; SERRANO, Claudia Aparecida. A arte de selecionar talentos: planejamento, re-crutamento e seleção por competência. São Paulo: DVS Editora, 2005.

As perguntas devem ser baseadas em competências específicas, por isso não vale perguntar o signo do candidato. Idealmente, ter uma lista de perguntas abertas para cada competência auxilia o Recrutador e gestor a realizarem uma entrevista mais estruturada.

Uma entrevista por competências bem-feita leva em torno de uma hora e meia para ser realizada.

Lançando um modelo de competências

Aproveitamos o lançamento do novo EVP e das ações de Employer Branding para desenvolver globalmente um modelo de competências.

Composto por competências comportamentais essenciais e competências exclusivas para líderes e para cargos sem liderança da alta hierarquia, o modelo ajudou a mitigar a subjetividade e os vieses no processo seletivo. Não somente isso, as competências também passaram a integrar o WorkForce Planning, desde Talent Acquisition, passando pelas conversas de carreira, gestão de desempenho, indo até as sessões de calibração de potencial, além de serem utilizadas nos development centers focados no desenvolvimento de líderes.

Um benchmarking global foi realizado e uma consultoria foi contratada a fim de compilar as informações e auxiliar no processo de construção do modelo de competências. Foram dois anos de um plano estruturado de gestão de mudança baseada no ADKAR, com um destaque especial para treinamentos com os líderes e colaboradores. Desenvolvemos uma caixa contendo cada competência, sua descrição e os comportamentos esperados na escala de avaliação composta por três níveis.

Também foi desenvolvido um guia de entrevistas para os Recrutadores e gestores baseado nas competências. Durante a intake meeting, a reunião de alinhamento de perfil, o Recrutador auxiliava o gestor a escolher as competências críticas da vaga e as utilizava ao longo de todo o processo. O guia era usado nas entrevistas e possuía uma lista de perguntas para cada competência, auxiliando a padronizar o bloco de perguntas baseadas em competências. Obviamente, outras perguntas focadas na experiência, perfil e histórico acadêmico também eram feitas.

Se antes a entrevista era desestruturada e sem um padrão, ela passou a contar com um modelo prático e que foi muito elogiado pela liderança. Pudemos realizar um change management com os líderes, dando-lhes poder de escolha do candidato finalista por meio de uma entrevista bem fundamentada.

RH que (ainda) abraça árvore

A infeliz frase deveria ter sido enterrada junto com essa moda nos anos 90. A expressão viralizou devido as dinâmicas mirabolantes que RHs empolgados passaram a aplicar em processos seletivos, treinamentos e team buildings.

Isso não foi enterrado, no entanto, porque ainda é comum. E não somente o pessoal de TA e Talent Management, mas Business Partners de RH e muitos líderes também parecem ver essas dinâmicas como verdadeiros milagres. Basta fazer um team building composto por rafting em Brotas e debriefing para fazer as pessoas refletirem sobre o que elas aprenderam tomando espirros de água na cara. Pronto! Todos os problemas da equipe foram resolvidos...

233

Em seleção, as dinâmicas mais esdrúxulas foram imaginadas por Recrutadores criativos, entre elas:

- A dinâmica do abrigo subterrâneo: os participantes devem decidir quais personagens entrarão no abrigo, pois o fim do mundo está próximo;
- Construir um projeto de carro e vender para um extraterrestre (Oi?);
- Construir aviões com papel;
- Fazer recortes que te representem e colar numa cartolina.

O Recrutador deverá ser ainda mais criativo para conseguir fazer uma avaliação precisa e livre de vieses. Na dinâmica do abrigo subterrâneo, por exemplo, um dos personagens descritos (em uma frase) é inspirado em Hitler, entretanto, os candidatos não sabem disso. Já ouvi muitos colegas que reprovam os candidatos que escolhem esse personagem. Seria essa uma avaliação justa e precisa?

Cuidado com essas dinâmicas, pois podem enfraquecer seu EVP. Os candidatos raramente gostam dessas dinâmicas e podem facilmente postar nas redes sociais a experiência e detonar a imagem da empresa.

Que tal, ao invés de passar vergonha, criar um case baseado em problemas reais da empresa? De preferência, algo que esteja relacionado diretamente com a vaga. Há muito mais chances do candidato se engajar com esse tipo de atividade e ainda é mais fácil realizar a avaliação.

Os famosos moedores de carne: Assessment Centers

Grandes empresas passaram a estruturar, para cargos críticos de alta hierarquia ou para necessidades específicas, os famosos Assessment Centers.

Se a entrevista por competências trouxe uma evolução na forma desestruturada de se avaliar candidatos, o Assessment Center virou o suprassumo de Talent Acquisition.

Imagine uma manhã (ou dia inteiro, ou dois dias, se a empresa for nível hard) na qual os candidatos finalistas são colocados em verdadeiros episódios do Reality Show "No Limite". Não se trata somente de uma entrevista por competências: os candidatos são colocados à prova em role plays, ou seja, simulações realísticas de problemas e atividades comuns à posição avaliada. Há empresas que até mesmo contratam atores para encarnar colaboradores difíceis para os quais o candidato deve dar um feedback negativo e pares que estão tumultuando em um importante projeto global, por exemplo. O role play é uma excelente forma de ter um retrato aproximado de como a pessoa irá reagir no dia a dia em situações de pressão da posição avaliada.

Não acabou: os candidatos também são avaliados em cases complexos de marketing, de produtos, de fechamento de fábricas... a imaginação corre solta. E são avaliados em bancada por diretores e gerentes, Recrutadores e Business Partners de RH. Ao final, é feito uma avaliação colegiada baseada nas competências e é decidido o candidato finalista.

Esse modelo também é utilizado pela área de Talent Management, especialmente para desenvolver líderes para posições mais complexas. Entretanto, há outra roupagem: passa a ser um Development Center, pois o objetivo não é de aprovar ou reprovar, mas de criar um plano de desenvolvimento para o participante que, no geral, é um alto potencial para a organização. Tudo conectado ao WFP.

O Assessment Center pode ser uma excelente oportunidade de avaliar os candidatos profundamente, desde que todo o trabalho anterior tenha sido bem-feito e, de fato, os melhores candidatos tenham sido selecionados para esta etapa. Caso contrário, além do custo e do tempo dispendido, como o subtítulo sugere, será um pesadelo para o candidato.

Uso da gamificação em seleção

A gamificação é uma realidade. Ela consiste em utilizar jogos interativos, parecidos com os de vídeo game, com elementos como passar de fase, premiação e competição.

Mas não se engane. Nem toda gamificação consiste em um software ou aplicativo caro e longe da realidade da empresa. É possível transformar dinâmicas presenciais com a utilização de jogos de tabuleiro e desafios. O conceito existe desde os anos 70 e começou a ficar famoso a partir de 2010.

Implementamos a gamificação quando ainda era uma tendência em 2012, na etapa final do programa de estágio. Os estagiários recebiam uma carta-desafio sorteada e competiam para criar soluções para o problema apresentado. Tudo baseado nas competências críticas escolhidas para o programa.

11| TALENT MARKETING & TALENT RELATIONSHIP MANAGEMENT

Talent Acquisition Honeycomb 2.0 ®

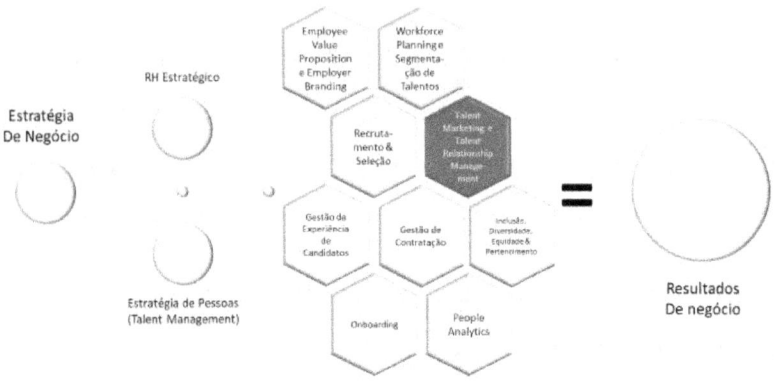

"Quem tem talento não precisa de sorte, apenas de oportunidade"

Aurélio Fidêncio

O que você encontrará neste bloco:

- Conceitos e diferenças entre Talent Marketing e Talent Relationship Management
- Sourcing como ferramenta estratégica de TA
- Pool de candidatos
- Programa de Indicação de CVs
- Relacionamento com universidades
- Programas de Entrada

- Programa de Bonding
- Relação com Talent Management
- Programa Fast Track

Os termos lembram algo? Talvez o que venha à mente num primeiro momento é o CRM – Customer Relationship Management. Quando comentei que um candidato deve ser visto como um potencial cliente não foi à toa.

Talent Marketing (TMkt) e, especialmente, Talent Relationship Management (TRM) emprestam alguns dos conceitos do CRM, como:

- Entender os hábitos e preferências dos clientes;
- Tem um registro sistemático do fluxo de ponta a ponta;
- Definir diferentes estratégias para diferentes públicos.

O Talent Marketing pode ser definido como as atividades de sustentação do EVP com um foco específico em um público-alvo. Diferentemente do Employer Branding, que tem um escopo mais abrangente para criar uma imagem robusta do empregador no mercado de trabalho.

O TMkt é um conjunto de atividades inteligentes com o objetivo de:

- Preencher cargos críticos mais rapidamente;
- Dar enfoque das ações de Employer Branding a públicos específicos como trainees, estagiários etc.;
- Dar sustentação ao EVP e XXXtorná-lo mais atrativo, mantendo relacionamento de qualidade com candidatos potenciais para a organização.

Algumas atividades são:

- Sourcing proativo de candidatos;
- Pool de candidatos silver (ou seja, os segundos ou terceiros finalistas de processos seletivos);
- Programa interno de indicação de CVs;
- Relacionamento com universidades;
- Programas de bonding (relacionamento com públicos específicos);
- Gestão das mídias sociais de carreira.

Explicarei cada uma delas:

Sourcing como ferramenta estratégica De Talent Acquisition

Como já comentei, o Sourcing é a atividade responsável por criar pipeline por meio de networking com talentos antes mesmo de ter uma posição aberta. É uma atividade que os Headhunters e consultorias de R&S sempre realizaram e que as empresas passaram a fazer, pois perceberam o quanto o Sourcing é valioso e diminui tempo de recrutamento, além de proporcionar processo seletivo mais assertivo. O Sourcer também realiza o mapeamento de mercado da posição aberta e alimenta o Recrutador que, então, entrevista os candidatos identificados.

O Sourcing está intimamente ligado à demanda e à Segmentação de Talentos. Não faz sentido fazer um trabalho de Sourcing para uma posição de estágio, já que possui alta quantidade de candidatos no mercado e baixo impacto no negócio, entretanto, quando estamos falando de uma posição de diretor, por exemplo, é fundamental.

Se TA previu uma demanda de aumento de quadro de uma vaga de diretoria, o Sourcer deve iniciar um mapeamento de mercado antes mesmo da posição abrir. Deve mapear estruturas de concorrentes, descobrir onde possíveis talentos para essa posição estão, qual é o momento atual de carreira (se a pessoa deseja de movimentar) e fazer networking. Quando a posição abre, o Sourcer envia esse mapeamento prévio para o Recrutador já iniciar as entrevistas, caso os talentos estejam dispostos a participar.

Entende que a dinâmica muda completamente? Ao invés de ficar esperando candidatos se candidatarem em uma posição divulgada no site de vagas da organização, o Sourcer já está fazendo um trabalho que diminui o tempo de recrutamento e aumenta a eficiência do processo seletivo com candidatos mais assertivos. O Recrutador perde menos tempo entrevistando pessoas fora do perfil da vaga.

Já disse que dificilmente um diretor irá entrar em seu site para se candidatar em uma vaga? Sem esse trabalho que o Sourcer faz, dificilmente sua empresa irá atrair talentos para posições críticas. Em algumas empresas, o Recrutador ou Headhunter pode acumular a função de Sourcer, mas lembre-se que TA foca em qualidade. Quanto mais seus Recrutadores estiverem sobrecarregados, menos qualidade terá os processos seletivos e a experiência do candidato será impactada. Falo mais disso no capítulo de "Implementando a Estratégia de TA", no final do livro.

Criando um pool de candidatos

Um dos papéis do Sourcer e do Recrutador é, também, criar um pool de candidatos-chave do mercado, que deve ser constantemente alimentado.

Esse pool é formado por talentos-chave que foram atraídos pelo Sourcer por meio de networking ou por meio de ações de Employer Branding e por candidatos excelentes que foram avaliados pelo Recrutador, mas que ficaram como segundo-finalistas no processo seletivo e não puderam ser aproveitados em outras posições abertas naquele momento.

O pool, portanto, é a caixinha de joias que o Sourcer e o Recrutador acessam antes de saírem mercado afora procurando talentos. Para se ter um pool efetivo, é muito importante pensar em um sistema informatizado que seja da organização – não de sites de vagas terceiros, já que o pool não será exclusivo da organização.

O pool de talentos diminui o tempo de recrutamento externo, aumenta a qualidade dos candidatos do short-list e auxilia a empresa a manter networking com talentos do mercado, mesmo que não tenha uma vaga aberta no momento.

Foi exatamente o que fizemos durante a implementação do modelo de TA, aproveitando que o sistema que compramos já oferecia essa funcionalidade. Deixamos de utilizar sites de vagas quase que completamente para passarmos a alimentar o nosso banco de dados e divulgar vagas em nosso site de carreiras.

Deu match: relacionamento com universidades

Uma das maiores fontes de conhecimento em uma sociedade está em sua academia, ou seja, em suas instituições de ensino superior e nas suas atividades científicas.

Boa parte das tecnologias emergentes, matérias-primas, formas de trabalho e métodos um dia foram estudados, catalogados e prototipados em laboratórios de universidades. A importância do meio acadêmico é inegável para as organizações. A empresa que tem relação próxima às universidades consegue os melhores talentos, tem acesso e pode dar abertura a experimentações, prototipagens e programas piloto com universitários.

Tudo isso parece uma maravilha. Mas por que muitas empresas não se relacionam com o meio acadêmico? Primeiro, pela benção da ignorância. Sequer conhecem as vantagens competitivas que isso pode trazer. Segundo, porque se o RH for tirador de pedido, dificilmente haverá tempo para pensar uma atividade mais estratégica que vai muito além de pagar para participar da feira de carreiras da universidade.

O relacionamento com universidades é peça-chave do TMkt e deve ser feito pela equipe de Talent Acquisition e em parceira com os líderes e colaboradores. TA precisa utilizar o conhecimento dos líderes e colaboradores e mapear em quais universidades eles se formaram, já que podem facilitar o networking com os coordenadores de curso e professores formadores de opinião. Além disso, é comum que as universidades também peçam para que líderes e especialistas palestrem para os alunos. É uma troca de mão dupla.

Algumas atividades:

242

- Criação de calendário anual de visitas nas universidades-target, participando de feiras de estágio, palestras, eventos e congressos;
- Realização de dinâmicas *in loco* para os programas de estágio e trainee;
- Divulgação dos programas de entrada de talentos pelos meios de comunicação da faculdade;
- Realização de hackathons: Com base em um problema real da empresa, é lançado uma "maratona" aos alunos de programação (hoje é feito com outros cursos também), que têm entre 24 e 36h para propor uma solução;
- Realização, subsídio e apoio de projetos de pesquisa que beneficiam a empresa ou que possuam cunho social;
- Realização de programa de bonding com alumni: Eventos e relacionamento com ex-alunos alto potenciais;
- Eventos abertos para alunos na empresa como "portas abertas", visita às fábricas, dia de campo ou conversa com executivos para fins de Employer Branding.

Estratégia de programas de entrada de talentos da organização

Há, basicamente, três programas principais de entrada de talentos em uma organização: programa de estágio, trainee e aprendiz.

É importante lembrar que os programas de entrada, idealmente, devem estar ligados ao WorkForce Planning. Um programa não é somente a oportunidade de centralizar a seleção de vagas de estágio ou trainee. É também necessário ter uma estratégia de desenvolvimento para a duração do programa que, em geral, é dois anos no caso de estágio e de um a dois anos para trainee e aprendiz. **Feito isso, deve-se refletir:**

- Qual é o objetivo ao final do programa? O que queremos de resultados?

- Os talentos irão alimentar o pipeline de posições? Como iremos assegurar que sejam aproveitados e efetivados após a finalização do programa?

- Como faremos acompanhamento desses talentos durante e após o programa?

Vale ressaltar que atualmente, programas de entrada de algumas multinacionais também tem procurado fazer parceria com consultorias especializadas em profissionais mais maduros (com 40 anos ou mais), quebrando mais um tabu de que somente jovens podem fazer parte dos desses programas na organização.

Devemos lembrar que na sociedade que vivemos, a meritocracia só funciona para quem "já chegou lá", ou seja, teve oportunidades na vida e conseguir tirar proveito delas. Quando falamos de diversidade e inclusão a meritocracia perde o efeito que o mercado tanto fala que existe. No capítulo de "Inclusão, Diversidade, Equidade & Pertencimento", falo desses conceitos com mais profundidade.

Crianças de famílias mais pobres ou de posições sociais menos vantajosas têm menor rendimento nos estudos, reprovam mais e possuem índices de abandono escolar maiores. Nem sempre se esforçar será suficiente: faltam oportunidades. Devido aos avanços das pesquisas no campo social, já sabemos que até mesmo as expectativas dos jovens com relação às suas profissões futuras são influenciadas pelo nível socioeconômico da família. Ter ou não acesso desde cedo à educação infantil, por exemplo, exerce grande impacto na trajetória escolar das crianças[67].

Será que devemos continuar chamando os programas de entrada como "programas de jovens"? Cada profissional terá uma trajetória diferente. Tem gente que irá iniciar a faculdade as 17, outros aos 40, 50 anos. Haverá pessoas que irão mudar de carreira, depois de 20 anos de experiência, assim como jovens que irão mudar de curso no meio da graduação, por não terem se identificado. Isso não significa que serão profissionais menos competentes.

Como RH e como líderes, devemos repensar alguns dos vieses inconscientes que reproduzimos, afetando nossas decisões e a vida das pessoas.

Programa de Estágio

O Programa de Estágio deve ter como objetivo atrair, desenvolver e reter talentos para carreiras especialistas. O estagiário é um aprendiz de especialista.

Participei de todo o projeto de implementação do programa de estágio durante seis meses. Criamos a estratégia, o plano de comunicação, o início do relacionamento com universidades, avaliamos qual consultoria iria ficar responsável pelas primeiras etapas, criamos testes e uma etapa final, chamada "painel de negócios". Com a participação dos líderes, os estagiários eram avaliados em apresentação pessoal, case de negócio em grupo e game comportamental. Já a trilha de desenvolvimento era composta por

---

[67] Disponível em: https://www.inclusive.org.br/arquivos/29268

treinamentos e palestras presenciais com temas relevantes para o desenvolvimento dos estagiários.

O modelo do programa, em 2012, acabou virando referência no mercado e foi uma grande sacada, como pode ser visto no capítulo de "Employee Value Proposition e Employer Branding".

Programa de Trainee

O Programa de Trainee deve ter como objetivo atrair, desenvolver e reter talentos com alto potencial e learning agility para carreiras de liderança. O trainee é um aprendiz de líder e, no geral, será inserido em um programa fast track, ou seja, de desenvolvimento acelerado para sentar-se em uma cadeira de liderança em médio prazo.

Na empresa, o programa já existia há mais de 10 anos e pude atuar tanto na seleção quanto na trilha de desenvolvimento quando mudei de área. O programa de trainee era estratégico e, de fato, estava conectado ao WFP, pois alimentava as posições de liderança de base e havia um forte acompanhamento do RH ao longo da carreira dos talentos advindos do programa.

O principal diferencial do programa era que os trainees recebiam um projeto de alta complexidade e visibilidade na organização e deveriam entregar um business case detalhado, a implementação do projeto e a coleta de resultados, a depender do cronograma de cada área.

Assim como o estágio, a estrutura da seleção era dividida em diversas etapas, entre testes, dinâmicas e entrevistas. A etapa final era um painel robusto (um assessment center) no qual os finalistas eram avaliados pelos gestores e pelo RH em simulações e atividades como cases de negócio. Além da trilha de desenvolvimento com temas relevantes, os trainees também tinham acesso a sessões de coaching, visto que eram preparados para serem líderes, e a acompanhamento com especialista de projetos.

Programa de Aprendiz

O Programa de Aprendiz, por sua vez, deve ter o objetivo de atrair, desenvolver e reter talentos para as posições de entrada e de baixa complexidade na organização. Muitas vezes, o programa também tem um cunho social, pois é destinado para PCDs (Pessoas com Deficiência) e/ou para pessoas em situações socioeconômicas mais delicadas. O programa possui vínculo com alguma instituição educacional, como SENAI e CAMP, e os

247

aprendizes realizam formações técnicas antes de iniciarem a trabalhar ou paralelamente às funções.

Na empresa em que estava, decidimos criar um programa focado em PCDs e posso dizer que foi um dos programas mais gratificantes de se trabalhar. Os candidatos tinham uma história muito impactantes para contar. Estar em contato com esse público abriu os horizontes do RH e da liderança. A seleção seguia a estrutura muito similar à do programa de estágio, com uma trilha de desenvolvimento específica com curso em uma instituição profissionalizante.

Gestão de mídias sociais de carreiras

A gestão de mídias sociais deixou de ser algo exclusivo da área de marketing. Hoje, grandes empresas também possuem páginas de carreira no Instagram, Facebook e Twitter, além da página no site GlassDoor.

A gestão dessas páginas é essencial para efetivamente ter contato direto com os candidatos. Assim como um cliente, o candidato interage com o conteúdo que a empresa posta, envia mensagens (e quer respostas rápidas). Ter páginas, mas não fazer a gestão, pode ter um sério impacto no EVP.

"

O Sourcing é a atividade responsável por criar pipeline por meio de networking com talentos antes mesmo de ter uma posição aberta. É uma atividade que os Headhunters e consultorias de R&S sempre realizaram e que as empresas passaram a fazer, pois perceberam o quanto o Sourcing é valioso e diminui tempo de recrutamento, além de um proporcionar processo seletivo mais assertivo

A Netflix, caso de sucesso em marketing sobre como administrar as redes sociais, pode ser uma boa inspiração de como se relacionar com os candidatos. Utiliza uma linguagem jovial e aproveita seus conteúdos para interagir com os usuários de maneira descontraída e bem-humorada. Não é incomum ver comentários da Netflix defendendo aspectos relacionados à diversidade e aos seus valores corporativos.

Vale a pena, caso seja de uma grande empresa, apostar em conteúdo interativo conectado à estratégia de EB e que sintetize o EVP da organização. Pense na linguagem, como as mensagens serão tradadas, como será o retorno para candidatos que perguntarem dos processos seletivos que estão participando e o que de fato as páginas das redes sociais trazem de valor à organização. Aqui cabe trazer conhecimento especializado por meio da contratação de um profissional de Talent Marketing, uma agência ou até mesmo o apoio da área de comunicação ou marketing da empresa.

Talent Relationship Management (TRM)

Já o Talent Relationship Management, embora tenha ligações com Talent Acquisition, tem boa parte de suas atividades mais relacionadas à Talent Management.

O TRM é um conjunto de atividades de sustentação ao WorkForce Planning. O Talent Marketing inicia ao construir e manter relacionamento com candidatos de alto potencial e o TRM continua o trabalho desenvolvendo estratégias tanto para atrair públicos target quanto para desenvolvê-los uma vez contratados.

São atividades de TRM:

- Identificação e estruturação de programas estratégicos de desenvolvimento de talentos (fast track, programas de formação profissional para alimentar pipeline etc.);

- Acompanhamento e criação de ações específicas para alto potenciais (programa de trainee, subsídio educacional, projetos cross-areas ou internacionais, development centers);

- Acompanhamento, alimentação e desdobramento das atividades de Workforce Planning como gestão de desempenho e carreira, calibração de potencial, premiação e reconhecimento etc.);

- Programas de entrada, pós Talent Acquisition (trilha de desenvolvimento e acompanhamento de trainees, por exemplo).

Para exemplificar: imagine que na sua empresa há um cargo crítico de engenheiro naval. O Sourcer mapeia o mercado antes mesmo da organização ter uma posição aberta e descobre que há uma grande falta de talentos qualificados para a posição no mercado. Ele, então, inicia um trabalho de relacionamento com os poucos talentos que encontrou, mas notifica a equipe de TM de que esse poderá ser um possível problema quando houver um processo seletivo. TM, então, em conjunto com a liderança, desenvolve um programa de formação de engenheiros navais e abre ao público-target mapeado pelo Sourcer ou até mesmo para a comunidade. As pessoas passam pelo programa e, ao final, o Sourcer alimenta o mapeamento com novos talentos. Ao abrir a vaga, o processo seletivo já irá aproveitar os candidatos de mercado e os advindos do programa de formação.

Fast Track

Tive a oportunidade de participar de um programa conjunto de TMkt e TRM junto a uma colega de área. Em 2012, quando lançamos o programa de estágio, fomos abordados por um líder executivo da organização que nos lançou o seguinte desafio: a primeira camada de liderança de uma área comercial específica da organização carecia de líderes inspiradores, já que as lideranças eram, há pelos menos 30 anos, excelentes técnicos que haviam sido promovidos. Como alguns estavam em processo de aposentadoria, o gestor viu a oportunidade de dar uma oxigenada no pipeline.

Fizemos o sourcing no mercado e constatamos que, de fato, havia poucos talentos com perfil de liderança, portanto, teríamos que ajudar a formar essas pessoas. Como isso em breve se tornaria urgente devido às aposentadorias, tomamos ações rapidamente.

Criamos um programa fast track, ou seja, de aceleração de carreira, no qual contrataríamos os candidatos de alto potencial como estagiários e desenvolveríamos uma robusta trilha de desenvolvimento para que essas pessoas estivessem com prontidão para ocupar as cadeiras de liderança em até cinco anos.

Em Talent Marketing, melhoramos o relacionamento com universidades-target e passamos a participar dos eventos, fazer dinâmicas in loco e nos aproximamos dos professores e dos formadores de opinião. Eles eram peça-chave que nos ajudariam a identificar os estudantes com alto potencial que eram direcionados para o processo seletivo.

Fizemos uma grande campanha de Employer Branding e lançamos um programa de estágio específico para essa demanda. Ao longo do processo, já mostrávamos os diferenciais do programa e a trilha de desenvolvimento acelerada, além de oferecermos um pacote de benefícios de bolsa-auxílio mais agressivos.

Uma vez admitidos, o trabalho de TRM começou. Os estagiários tinham uma trilha de desenvolvimento com treinamentos específicos e acompanhamento do RH. Além disso, eles precisavam desenvolver um projeto e apresentar até o final do estágio. A trilha de carreira previa que eles já seriam promovidos para uma posição sênior ao final do estágio e haveria mais uma promoção em cerca de 2 anos até atingirem a posição de líderes das áreas-target. Ao longo do programa, havia um forte acompanhamento do Workforce planning feito pelos BPs de RH, com discussões colegiadas de potencial, avaliações de desempenho e feedbacks constantes. O programa foi um sucesso e o objetivo de aumentar a robustez do pipeline de liderança do primeiro nível foi atingido.

Esses exemplos são reais e algumas empresas já vêm atuando de maneira inteligente ao identificar gargalos no mercado de talentos frente as suas demandas.

"

O **Talent Marketing** pode ser definido como as atividades de sustentação do EVP com um foco específico em um público-alvo. Diferentemente do Employer Branding, que tem um escopo mais abrangente para criar uma imagem robusta do empregador no mercado de trabalho.

Já o **Talent Relationship Management** é um conjunto de atividades de sustentação ao WorkForce Planning. O Talent Marketing inicia ao construir e manter relacionamento com candidatos de alto potencial e o TRM continua o trabalho desenvolvendo estratégias tanto para atrair públicos target quanto para desenvolvê-los uma vez contratados

12| GESTÃO DA EXPERIÊNCIA DO CANDIDATO

Talent Acquisition Honeycomb 2.0 ®

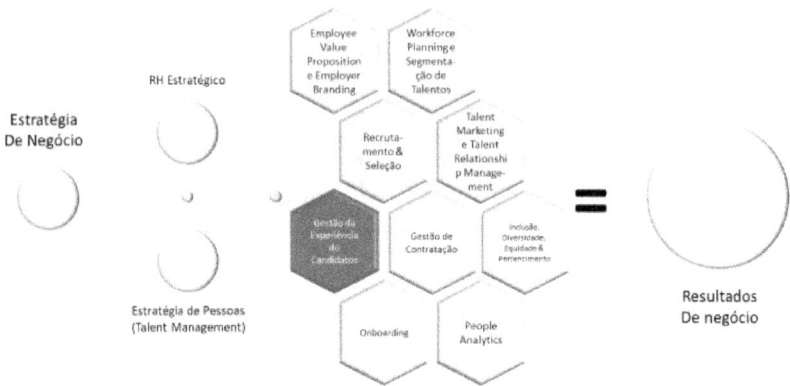

"Quando o ritmo de mudança dentro da empresa for ultrapassado pelo ritmo da mudança fora dela, o fim está próximo."

Jack Welch

O que você encontrará neste bloco:

- A importância da Gestão da Experiência do Candidato bem-feita
- Mapeamento da Jornada da Experiência do Candidato
- Paradigmas empresa x candidato
- RPA – Robotic Process Automation
- Como as áreas de TA reagiram ao coronavírus

A Gestão da Experiência do Candidato é, talvez, o tema mais negligenciado pelos RHs, líderes e consultorias de seleção. Candidatos são tratados como apenas números. Não recebem feedback. Mandam mensagens no LinkedIn para gestores e Recrutadores e nada recebem de retorno. Enviam e-mails e não recebem sequer uma orientação para se cadastrarem no site de carreiras da empresa.

Pode ser definido como o registro sistemático da experiência do candidato ao longo de todo o processo. É por meio desta gestão que a área de TA e gestores acompanham a evolução dos candidatos ao longo do processo. As planilhas de Excel e processos feitos à mão agora dão lugar a sistemas modernos que informatizam TA de ponta a ponta.

No capítulo de "Employee Value Proposition (EVP) e Employer Branding (EB)", expliquei os impactos de candidato insatisfeito que pode rapidamente se transformar em um cliente desgostoso. No capítulo de "Recrutamento & Seleção", ressaltei a importância de lembramos que por trás do CV há um ser humano que pode estar há dois anos desempregado devido a uma crise no país ou a sua profissão estar perdendo espaço devido à transformação digital.

Por meio de sistemas como o SuccessFactors e as brasileiras Kenoby, comprada pela Gupy, Recrutadores têm uma visão completa dos processos seletivos. Os candidatos são movidos via sistema a cada etapa, garantindo a gestão do conhecimento e a confiabilidade de dados. Além disso, isso facilita a comunicação e feedback automatizado aos candidatos em cada etapa.

Em alguns desses sistemas, há uma preocupação latente em tornar o processo mais self-service para os candidatos. É possível, por exemplo, que o candidato acompanhe e seja notificado durante as etapas via e-mail ou app. O mais interessante, fica para o final: Os sistemas podem conversar com o a agenda do seu e-mail e o Recrutador disponibiliza "slots" de entrevista. Os candidatos finalistas conseguem escolher por si próprios datas e horários para realizarem as etapas do processo seletivo.

Isso salva um tempo precioso da equipe de suporte de TA, a qual terá menos trabalho operacional de marcar candidatos para cada etapa do processo.

Outra facilidade dos sistemas é registrar as competências da vaga, como foram as entrevistas e manter o histórico do candidato, garantindo que não haverá retrabalho em futuros processos. O pool de talentos geralmente fica dentro do sistema, contendo os candidatos silver e candidatos advindos do trabalho de mapeamento do Sourcer, compartilhados com toda a equipe de TA.

Abaixo o muro entre empresa e candidato!

TA também deve colocar abaixo o muro que havia sido criado entre empresas e candidatos e a fama que a área de R&S ganhou de não dar retorno no processo seletivo e de não se importar com o candidato.

Comunicação direta é uma exigência dos candidatos e dos clientes. Seja utilizando tecnologias ou dedicando um tempo a isso, não deixe de se comunicar efetivamente com seu público. O EVP de sua empresa só tem a ganhar.

Hoje, o networking se tornou uma poderosa ferramenta neste processo e, por isso, candidatos, Headhunters e empresas que cultivam relacionamentos no mercado saem na frente. E não se engane: o LinkedIn é um meio, mas não o fim. O networking precisa transcender a rede social.

Sempre recomendo, no caso dos candidatos e quando possível, conhecer as pessoas pessoalmente ou virtualmente. Seja num café, seja em um evento ou conhecendo melhor o colega ao lado. Tenha em mente que a chave do networking é cultivar relacionamentos além do momento em que estiver buscando recolocação.

Afinal, a vida é uma via de mão dupla e nunca sabemos o que o futuro nos reserva. Num futuro não muito distante, pode ser que nós mesmos deixaremos de ser Recrutadores e passaremos a ser candidatos. Como gostaríamos de ser tratados?

Mapeando a experiência do candidato

Engana-se quem pensa que mapear a experiência do candidato é somente estruturar o funil candidatos, como visto no capítulo de "Recrutamento & Seleção".

O funil é parte do mapeamento, mas não é tudo. Esse mapeamento pode ser definido como um processo de identificação da jornada do candidato, entendendo cada etapa e ponto de contato deste com a organização até se tornar um colaborador, geralmente representado de maneira visual.

Às etapas do funil de candidatos como atração, recrutamento e seleção, iremos adicionar os seguintes passos na Jornada da Experiência do Candidato:

1. Consciência em torno do EVP: a experiência do candidato começa antes mesmo da atração. Se sua empresa tem um EVP forte, é possível que ela seja conhecida pelo candidato, independentemente de quaisquer ações de EB. Essa consciência pode ser positiva ou negativa;

2. Atração: parte do funil, aqui é importantíssimo um EVP fortalecido, ações de EB e de recrutamento, além de postar a vaga em seu site de carreiras ou em ATS;

3. Recrutamento: parte do funil, aqui entram as fontes de recrutamento que serão específicas para o produto da sua Segmentação de Talentos: os interessados em suas vagas são convertidos em candidatos no momento que se candidatam em seu site de carreira, ATS ou quando são caçados por um Headhunter e topam uma conversa inicial. Os candidatos que passam pelas primeiras etapas do recrutamento até chegarem na seleção são a long-list;

4. Seleção: última etapa do funil, são os processos seletivos como entrevista por competências, dinâmicas, painéis de negócio etc. para se chegar ao short-list. Os candidatos não selecionados do short-list são os candidatos silver e o finalista, o contratado;

5. Carta oferta: também chamada de carta proposta, é a formalização, em formato de documento, da proposta da empresa ao finalista, contendo a síntese do EVP como salário, benefícios, bônus, fortalezas da cultura e do ambiente de trabalho etc.;

6. Admissão: é o processo de contratação que consiste na entrega de documentação, exames médicos admissionais, assinatura de documentos e contrato de trabalho, registro do novo funcionário em sistema etc.;

7. Onboarding: é o processo de integração e ambientação do novo colaborador que inicia antes mesmo do primeiro dia de trabalho e vai até, pelo menos, os 3 primeiros meses de trabalho.

Os passos 5, 6 e 7 serão tratados mais adiante. Em cada etapa, é muito importante entender os momentos da verdade, também chamados de touchpoints, mapear e identificar as dores dos candidatos.

Analisando os touchpoints, é possível descobrir se a experiência de candidato que sua empresa oferece é boa (ou péssima). Realize entrevistas e pesquisas com os recém-admitidos, líderes requisitantes de vagas, candidatos que passaram pelo processo e até mesmo uma amostragem de pessoas no mercado que conhecem sua empresa, ou seja o seu EVP, mas que nunca se candidataram a uma vaga. Essas análises serão fundamentais para entender os pontos cegos e que acarretam esforço maior do que o necessário para o candidato.

Uma vez identificados os pontos negativos da Jornada da Experiência do Candidato, é hora de agir. Aqui vale fazer um trabalho interno de excelência operacional, contando com a ajuda de um expert com formação em Lean Six Sigma (veja mais no capítulo seguinte). Também vale contratar consultorias especializadas em desenhar e ajustar jornadas de experiência do candidato.

É muito provável que uma das ações iniciais seja desenhar a persona de seus candidatos. A persona é um personagem fictício (ou semi) que representa características, modo de pensar, comportamentos, sentimentos e dados demográficos dos candidatos de sua empresa. Conceito que se popularizou por conta do framework ágil de Design Thinking, ajuda muito a entender seus candidatos e a bolar planos de ação em prol da melhoria de sua experiência.

A construção pode ser feita em workshops com a participação de RH, líderes e recém-contratados, além do mapeamento de dores e desafios do seu processo de TA.

261

Em seguida, é importante fazer a representação gráfica da jornada da experiência de candidato, como o exemplo abaixo.

A representação gráfica serve tanto para fazer gestão do conhecimento, como apresentar aos líderes e candidatos, dando a visão geral da jornada.

Mapeamento da Jornada de Experiência do Candidato

	Consciência em torno do EVP	Atração	Recrutamento	Seleção	Carta Oferta	Admissão	Onboarding
Touchpoints	Candidatos cientes da empresa. Candidatos pesquisam sobre a empresa. Sua empresa é a favorita	Candidatos aplicam-se às posições desnecessárias. A aplicação é confusa e com etapas desnecessárias. Há cerca de 35% de desistência de candidatos orgânicos no momento da candidatura	Candidatos realizam de 4 a 6 testes (raciocínio lógico, técnicos, etc). Candidatos recebem contato para entrevista rápida para checagem de informações. Não há processo de feedback para os candidatos filtrados que não avançam	Candidatos realizam dinâmicas e entrevistas com o recrutador. Candidatos realizam entrevistas com líderes, pares, e diretores da área. RH realiza chegagem de antecedentes e pendências finais dos finalistas	Candidato finalista recebe a carta proposta com porcentagem de bônus errada. Candidato desiste do processo devido a inconsistência das informações e proposta e falta para o segundo finalista	Aprovado envia uma longa lista de documentos. Aprovado precisa fazer diversos exames médicos	Novo colaborador inicia, e não há onboarding estabelecido. Gestor esquece o novo colaborador na recepção no primeiro dia
Oportunidades	Trabalhar o Employer Branding para jovens talentos. Melhorar a posição da empresa nos rankings de EVP	Simplificar o processo de candidatura	Analisar e simplificar os testes. Automatizar envio de feedbacks para reprovados	Rever quantidade de etapas. Rever processo de chetagem que traz risco em torno da LGPD	Implementar revisão e double check das informações da carta proposta	Rever e automatizar envio de documentos. Rever quais exames são realmente necessários para a função	Estruturar onboarding. Conduzir change management com liderança

RPA: Robotic Process Automation

Que enquanto Recrutador, gestor ou Headhunter, sejamos mais humanos e empáticos. Não é necessário dispender um grande tempo para responder mensagens no LinkedIn. Hoje em dia já é possível criar RPAs (Robotic Process Automation) que realizam tarefas repetitivas como triar currículos, analisar a elegibilidade e até dar retorno aos candidatos de maneira automatizada.

Segundo a Deloitte[68], as empresas estão aumentando o uso de robôs que realizam tarefas repetitivas imitando o trabalho de profissionais administrativos. O rápido crescimento de mercado do RPA tem demonstrado

---

[68] O artigo pode ser consultado em:
https://www2.deloitte.com/content/dam/insights/us/articles/3451_Signals_Robotic-process-automation/DUP_Signals_Robotic-process-automation.pdf

uma nova tendência: grandes empresas já vêm utilizando o RPA junto a tecnologias cognitivas e Machine Learning para automatizar alguns tipos de decisões que antes eram tomadas por humanos.

Não estamos falando mais de braços mecânicos em uma linha de produção. O RPA basicamente é um software programado para executar tarefas repetitivas.

Mas calma: essa não é a derradeira substituição dos humanos. O RPA tem um grande potencial para automatizar as tarefas mais repetitivas, chamadas "no brain", ou seja, aquelas atividades intermináveis de preencher tabelas de Excel e telas de sistema entediantes. Isso pode inclusive erradicar algumas funções, de fato.

Precisamos pensar que isso já aconteceu na história: nossos avós e pais, que trabalhavam em fábricas em linhas de montagem manuais, fazendo trabalho manual no campo ou datilografando, tiveram, pouco a pouco, suas funções substituídas por máquinas e precisaram se adaptar e achar novas ocupações.

A grande diferença é que a transformação digital do século XXI não irá demorar um século: já está acontecendo. Precisaremos nos adaptar mais rapidamente. E se o RPA, assim como diversas outras novas tecnologias, pode substituir algumas funções, outras irão surgir – e hoje sequer sabemos quais são.

O RPA dá a possibilidade de:

- Dedicar o capital humano para atividades mais estratégicas e que gerem mais valor à organização;

263

- Reduzir custos;
- Reduzir erros críticos em processos;
- Melhorar a qualidade e rapidez;
- Melhorar a experiência do candidato, do colaborador e/ou do cliente.

Em TA, o RPA pode ser utilizado em diversas etapas do processo. Desde responder e-mails de candidatos, triar currículos e realizar o input de dados admissionais no sistema... a tecnologia pode erradicar quase que completamente a papelada de TA, de CVs a documentos pessoais.

As possibilidades são inúmeras. Se há uma tarefa repetitiva, de baixa ou alta complexidade, com regras claras e tomada de decisão básica, há uma grande possibilidade de utilizar o RPA. Entretanto, quando se trata de tomadas de decisão complexas, o RPA não é suficiente e por essa razão há uma tendência de uni-lo a tecnologias cognitivas como o Watson da IBM. Outra possibilidade é unir ao Machine Learning, o que possibilitaria a análise preditiva de cenários e padrões, trazendo uma inteligência competitiva ainda maior para o RH.

Por onde começar? Que tal chamar para um café uma grande companhia que já oferece este produto como a Accenture? Também vale Startups brasileiras. É possível fazer uma prova de conceito, ou seja, um piloto com um pequeno processo em apenas duas semanas. É fundamental que não somente a área de TA, mas o RH como um todo, seja um entusiasta da transformação digital e atue como catalisador na organização.

Como as áreas de Talent Acquisition reagiram ao coronavírus

264

Durante o ano de 2019 para 2020, vivenciamos o início de uma pandemia que acabou por acelerar a tão esperada transformação digital das empresas. Em meio a uma crise de proporções catastróficas com milhões de mortes e retração da economia, a famosa "transformação digital" foi empurrada goela abaixo e muitas empresas precisaram se reinventar para sobreviver durante a pandemia do COVID-19.

"Atualmente, o maior risco de uma catástrofe global está em um vírus altamente infeccioso, não uma guerra. Se algo matar 10 milhões de pessoas nas próximas décadas, serão micróbios e não mísseis". Essa frase não foi dita em nenhum jornal essa semana, mas sim, proferida por Bill Gates, só que em 2015, durante um Ted Talks.

Em uma pesquisa e entrevistas que realizei com 106 profissionais de Talent Acquisition em 2020, em sua maioria, de grandes e médias empresas no Brasil, foi demonstrado como as áreas se adaptaram e o que mudou na rotina dos profissionais.

Os RHs, em especial, têm um papel fundamental e são a Giovanna segurando muitos forninhos. Em meio a discussões de redução de salário, corte de pessoal, grandes perdas para a empresa, o RH precisou se manter um bastião de apoio, cuidado e empatia com os colaboradores. Muitos colegas trabalharam intensamente junto a áreas de TI, Saúde e suporte para que colaboradores de atividades não essenciais pudessem trabalhar de suas casas, ao mesmo tempo que tiveram que formar comitês de crise e tratar da segurança de colaboradores de atividades cruciais e presenciais.

É nesses momentos de crise que vemos a importância de um RH bem estruturado e preparado para lidar com o momento.

Congelamento de vagas

68% dos respondentes da pesquisa alegaram que houve **100% de congelamento nas vagas** durante os primeiros meses da pandemia, versus 32% que respondeu ter tido até 50% de congelamento. Isso demonstra que a área foi altamente impactada pelo coronavírus, mesmo em empresas que estavam em ramos essenciais. No geral, os executivos decidiram colocar o pé no freio das contratações e esperar para ver como o mercado reagiria a pandemia.

A Transformação Digital acelerada pelo coronavírus

Antes da pandemia do coronavírus, 76% dos participantes disseram que já utilizavam ferramentas para entrevista à distância como Skype, Zoom e telefone. Entretanto, durante a crise, 39% dos profissionais de TA alegaram que passaram a usar mais ferramentas digitais, como plataformas de entrevista da Jobecam, o software de TA Gupy, além de aplicações de videochamada como Google Meet e Microsoft Teams.

As empresas também alegaram que correram atrás de soluções digitais para admissão durante a pandemia, como startups de RH que digitalizam toda a papelada de admissão do candidato, garantindo uma experiência muito mais focada no usuário.

Em relação a integração, 35% dos entrevistados comentaram que passaram a fazer esse processo online, tendo bons resultados, usando Skype, Zoom e

266

Teams. Alguns também já tinham integração online, com programas completos de e-learnings, vídeos, experiências e até com aplicativos de realidade aumentada, vide o capítulo de "Onboarding" desse livro.

E ainda houve espaço para solidariedade entre as áreas de TA, durante a pandemia. Algumas empresas, por exemplo, criaram pool de candidatos demitidos, compartilhado com outras companhias por conta do coronavírus para realizar o sourcing e acelerar os seus processos seletivos, assim que as vagas fossem descongeladas.

O que o futuro próximo reserva para Talent Acquisition e o trabalho remoto

Na pesquisa alguns profissionais comentaram com confiança e visão positiva acerca do futuro próximo de TA: "Com maiores recursos online, inclusive para entrevistas, Onboarding e trabalho remoto do time, mas sabendo que para algumas vagas existem limitações e precisamos nos reinventar e preparar mais para atender a todos os níveis de posições".

Um assunto muito comentado foi a questão da extensão do trabalho remoto após a pandemia. Mesmo não sendo o foco da pesquisa, muitos profissionais comentaram que esperam trabalhar mais de casa, pois tem visto a produtividade aumentar.

A Korn Ferry[69] fez uma pesquisa com mais de 700 profissionais durante a pandemia e descobriu que cerca de 30% das pessoas deixariam o emprego mesmo que não tivesse outro na fila. O motivo disso é que muitas pessoas

---

[69] Disponível em: https://www.kornferry.com/content/dam/kornferry-v2/featured-topics/pdf/2022-talent-acquisition-trends.pdf

experimentaram o trabalho remoto pela primeira vez na vida com a tão esperada flexibilidade e um balanço melhor entre vida pessoal e trabalho.

Os funcionários querem flexibilidade de onde, quando e como trabalham. Esse desejo pode ser visto como uma força positiva, levando as empresas a focarem nos resultados em vez de encarar o tempo no escritório como uma métrica de desempenho. Mas o trabalho flexível impõe novas demandas à cultura da empresa, que agora deve oferecer uma experiência equitativa para todos os funcionários, não importa onde ou quando trabalhem. Culturas fortes e altamente funcionais terão mais êxito, independentemente do fuso horário em que você mora ou da hora do dia em que trabalha. Desde 2019, houve um aumento de 83% na menção de flexibilidade em vagas divulgadas, somente no LinkedIn[70].

Mesmo com essa mudança de paradigma, percebemos a resistência de algumas empresas em realizar trabalho remoto e aumentar a flexibilidade. Não por questões técnicas, mas por mentalidade. "Funcionamos melhor presencial", "preciso ver gente" e "temos que ir para o escritório para resolver as coisas mais rápido", "Porque nossa cultura funciona melhor assim". "Não consigo controlar a produtividade de meus funcionários de casa". "Trabalhar de casa não funciona" foram frases comuns.

Gestor e RH, vamos fazer um chá revelação sobre produtividade: não é possível controlar a produtividade das pessoas em 100%. Em casa ou no escritório, se a pessoa estiver em um dia improdutivo, ela pode simplesmente abandonar o corpo e viajar pelo espaço. A liberação do home office aumenta o senso de pertencimento e confiança em sua equipe – e não o contrário.

---

[70] Disponível em: https://business.linkedin.com/talent-solutions/global-talent-trends

Amnésia pós-pandemia

A pandemia veio. A pandemia começou a perder força e se foi. Em pleno 2023, diversas empresas adotaram o módulo híbrido ou o 100% remoto. Outras, trabalharam nesse modelo durante 2 anos e, mesmo assim, com a liberação e volta das atividades, obrigaram os colaboradores a voltarem 100% para o escritório ou fixando 2 a 3 vezes na semana como obrigatória a presença física.

"Preciso ver gente"; "Funcionamos melhor no presencial"; "Não consigo controlar a produtividade de meus funcionários de casa"; "Pode trabalho remoto, mas usamos um software pra saber se você está trabalhando"; "Trabalhar de casa não funciona".

Os líderes que reproduzem essas frases, muitas vezes, estão fazendo uma projeção de si próprio em seus colaboradores. Se esse mesmo líder não tem um ambiente adequado para trabalhar em casa, há muitas interrupções ou, simplesmente, não consegue ser produtivo, pronto! Sua equipe pagará o preço e a volta ao mundo pré-pandemia irá acontecer.

Fato é que diversas pesquisas vêm apontando que o presente e o futuro são híbridos. 76% dos brasileiros preferem o modelo híbrido[71]. Não é possível, como empresa, ignorar essas pesquisas. RHs e líderes que estão ignorando o modelo de trabalho híbrido estão fadados a perder os melhores talentos.

---

[71] Disponível em: https://braziljournal.com/futuro-do-trabalho-76-dos-brasileiros-preferem-modelo-hibrido

É claro que nem todas as funções se adaptam bem ao trabalho remoto. O que é preciso entender sobre a não-adaptação é se isso se deve a aspectos específicos das funções ou se isso simplesmente é uma resistência da liderança/ cultura devido a não haver relações de confiança na organização.

Para fomentar a mudança, faça fóruns de discussão, leve empresas que já possuem essas práticas para compartilhar experiências com os líderes, faça experimentações com grupos-piloto. Aos poucos, a empresa começará a ver os benefícios dessas ações. Também brigue para implementar novos benefícios. Alguns custos possuem um payback valioso que não será mensurado monetariamente. Vale a pena acoplar um bom profissional ou consultoria de Gestão de Mudanças nesse processo para garantir a criação do hábito após a mudança.

Em TA, todo o trabalho hoje é possível ser feito de maneira remota, sem prejuízos na qualidade dos candidatos contratados. Headhunters já tinham clareza sobre TA ser uma atividade que pode rodar tranquilamente de maneira 100% remota. Agora, cabe as empresas também desenvolverem essa visão.

Por outro lado, a partir do momento que a empresa adota o trabalho remoto, a competição por talentos deixa de ser bairrista e passa a ser muito mais ampla e facilitada. Se a posição será remota, você não precisa de uma pessoa que fique na mesma cidade que a empresa e/ou local de trabalho anteriormente ficava. Essa pessoa pode ser de qualquer lugar do Brasil – e até mesmo de fora. Percebe que a atração de talentos é super potencializada com essa estratégia?

TALENT ACQUISITION

O impacto do coronavírus nas áreas de Talent Acquisition

POR CAIO IANICELLI CRUZEIRO

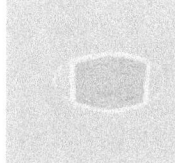

1.) CONGELAMENTO DE VAGAS

68% dos respondentes da pesquisa alegaram que houve **100% de congelamento nas vagas**. No geral, os executivos decidiram **colocar o pé no freio das contratações** e esperar para ver como o mercado iria reagir a pandemia

2.) ANTES DA PANDEMIA

76% dos participantes disseram que já utilizavam ferramentas para entrevista a distância como **videoconferência**

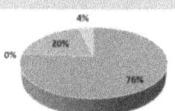

3.) DURANTE A PANDEMIA

39% dos profissionais de TA alegaram que estão usando mais ferramentas digitais, como **plataformas de entrevista e videoconferência**

4.) ADMISSÃO DIGITAL

60% dos entrevistados alegam que estão fazendo a admissão por **meios digitais**

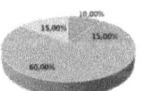

5.) ONBOARDING

35% passou a utilizar ferramentas digitais para integração de funcionários durante a pandemia, como **videoconferência e e-learnings**

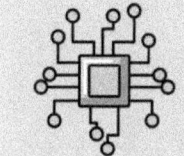

PESQUISA REALIZADA EM 2020

- 106 participantes de grandes e médias empresas, além de algumas pequenas companhias e startups
- Formulário online e entrevistas virtuais

272

"

As etapas da Jornada da Experiência do Candidato são compostas de:

Consciência em torno do EVP

Atração

Recrutamento

Seleção

Carta oferta

Admissão

Onboarding

13| GESTÃO DE CONTRATAÇÃO

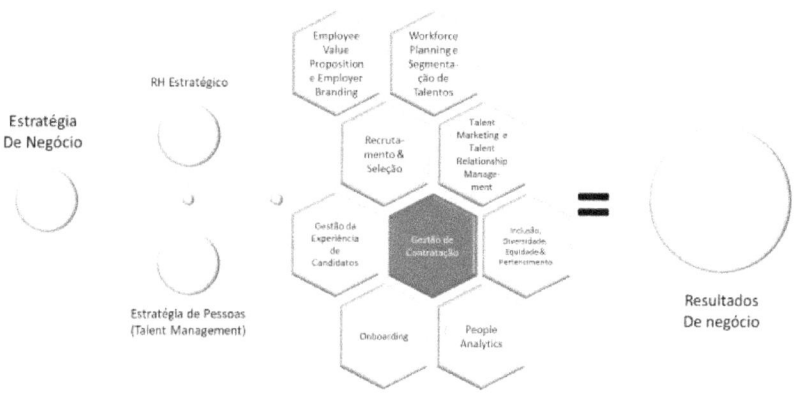

Talent Acquisition Honeycomb 2.0 ®

"Não há nada tão inútil quanto fazer com grande eficiência algo que não deveria ser feito."

Peter Drucker

O que você encontrará neste bloco:

- Gestão de Contratação e o pesadelo de RH
- Mitos
- Experiência do Candidato se tornando Experiência do Colaborador
- Excelência Operacional e o Lean Six Sigma em RH

Gestão de Contratação (GC) é um dos pesadelos do RH. Processos longos, pouco inteligentes, complexos, desgastantes e operacionais são muito comuns nessa etapa.

Como é algo 100% de back office, geralmente não é a prioridade do RH. Muda-se o modelo de R&S para Talent Acquisition, mas os problemas internos permanecem. Essa etapa é crítica e pode enfraquecer a estratégia de TA.

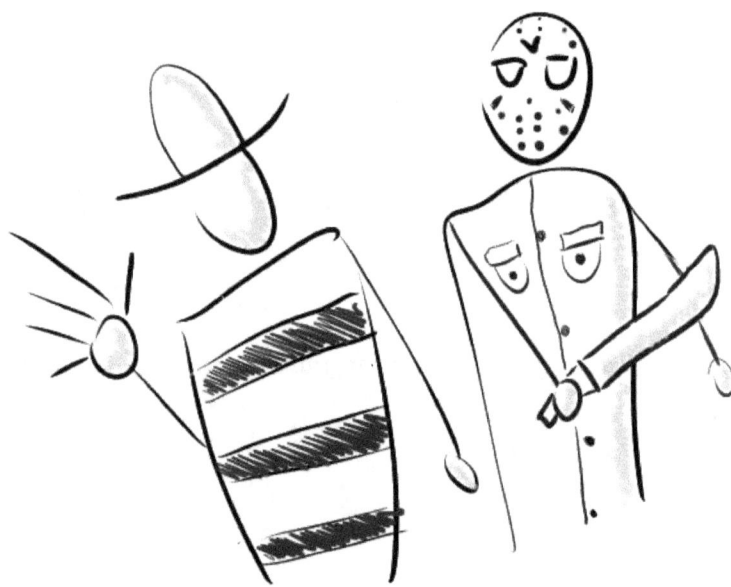

Imagine o seguinte:

O recrutador conduziu um processo seletivo com maestria e a candidata finalista foi aprovada. Inicia-se a GC com a carta proposta, ou seja, o documento que formaliza o tão esperado "Você foi aprovada!" pela candidata. O Recrutador explica os benefícios e envia a carta proposta via sistema ou via e-mail para a aprovada. Na carta há uma informação errada de bônus e diz que a colaboradora pode receber até 18% da sua remuneração anual em bônus (o correto seria 12%, mas ninguém percebeu o erro). Feito a proposta, a candidata recebe uma lista interminável de documentos para providenciar. Enquanto isso, a área de back office faz um trabalho secreto e ridículo de verificar os antecedentes criminais e pendências financeiras dela. Se for pega em qualquer um dos casos, a admissão seria interrompida com uma triste desculpa de que a vaga foi cancelada e o Recrutador teria que reiniciar todo o processo seletivo.

A verificação míope de antecedentes criminais e pendências financeiras

O TST anunciou em 2017[72] que as empresas não poderiam exigir pesquisa de antecedentes criminais dos candidatos, exceto para funções de confiança, como empregados domésticos, bancários, entre outros. O TST tomou essa decisão, pois essa era uma prática do RH dos anos 80, que fere a moral e a privacidade do candidato.

Não cabe ao RH julgar o passado de um candidato tampouco analisar suas pendências financeiras.

Sejamos realistas: Em 2021, havia 70% de brasileiros endividados, segundo o SPC, além de mais de 14 milhões (maior número desde que esse indicador começou a ser medido) de desocupados segundo o IBGE[73]. Por conta disso, o RH e o gestor não irão contratar essas pessoas? Por incrível que pareça, além das práticas esdrúxulas de verificação de antecedentes e pendências financeiras, há empresas que não contratam desempregados, somente

---

[72] Disponível em: https://www.valor.com.br/legislacao/4946102/tst-define-que-empresa-nao-pode-exigir-antecedentes-criminais
[73] Disponível em: https://vocesa.abril.com.br/economia/brasil-tem-144-milhoes-de-desempregados-maior-numero-da-serie-historica/

pessoas que estejam trabalhando, sob o pretexto de que o desempregado possa usar a oportunidade como um trampolim (oi?).

Essa prática ainda presente nas empresas nos mostra que, como RH e líderes, temos muito o que evoluir ainda.

Continuando a história

Ufa, não foi o caso de a candidata ter pendências financeiras ou criminais! O RH aguarda durante 2 semanas a documentação, entretanto, a gestora está muito irritada, pois o Recrutador havia prometido que a candidata seria contratada na próxima segunda-feira. Ao inserir os dados no sistema, a área de folha também comete alguns erros ao enviar os dados para o eSocial, resultando no atraso em mais uma semana da admissão. A gestora tem

277

vontade de matar o RH. Nesse meio tempo, a candidata recebe outra proposta e desiste da oferta.

Parece um cenário hipotético, mas na verdade é bem possível e, pior, comum. Em primeiro lugar, GC faz parte de Talent Acquisition! Não adianta ter um Recrutador incrível, mas que desconheça dos processos internos e faça promessas de admissão impossíveis de cumprir ao gestor. Também não é válido mudar o modelo para TA e ter um back office chinfrim. A Experiência do Colaborador e do cliente interno (no caso o gestor) podem ser seriamente afetados pela ineficiência dos processos de Gestão de Contratação.

Independentemente da estrutura da sua empresa, seja com TA toda integrada desde a seleção até a contratação, seja com um shared services, seja com uma área de folha de pagamento que é responsável pela admissão, se você não perceber a ligação end to end de Talent Acquisition, toda a estratégia pode ser colocada em perigo, inclusive a imagem de RH perante os negócios. O seu EVP pode ser impactado negativamente – e esse é o pior dos casos: quando a desorganização interna chega aos ouvidos dos candidatos que estão se tornando colaboradores.

Da carta oferta à papelada de admissão

A carta oferta, ou carta proposta, constitui o primeiro passo da GC e é uma síntese do EVP para a pessoa candidata que está se tornando colaboradora. Entretanto, é de responsabilidade de Total Rewards. Um erro comum é que a área de TA seja a responsável. A carta proposta sintetiza a remuneração total, os benefícios, o bônus... Isso é expertise de TR e deve sempre estar atualizada de acordo com as pesquisas e benchmarkings da área. Voltamos ao conceito de RH estratégico.

Apesar de ser uma responsabilidade de TR, o responsável por fazer a proposta, seja o Recrutador, assistente ou gestor, deve ter conhecimento suficiente para explicar a carta proposta. Além disso, deve-se utilizar conceitos de EB e "vender" aquilo que a organização oferece de melhor. Nesse momento há uma clara separação entre a Experiência do Candidato e a Experiência do Colaborador. É aqui que começa a segunda.

O próximo passo é o processo admissional em si. Na empresa em que trabalhava, o processo foi inteiramente digitalizado, com a ajuda de uma HR Tech, e acabamos com a papelada. Os candidatos enviavam os documentos digitalmente e iniciamos projetos de RPA para automatizar o input e conferência de dados críticos, especialmente para evitar erros com o eSocial.

Algumas startups, como a brasileira "unico", possuem sistemas inteligentes e self-service que podem ser integrados à folha de pagamento e facilitam muito o processo admissional. Nesse sistema, é possível que o próprio candidato faça o upload de seus documentos pessoais, marque seu exame médico em um slot de agenda já pré-definido e o sistema carrega de forma automatizada para a folha de pagamento.

Outro ponto importante é o alinhamento entre o Recrutador, gestor e back office de TA. A data prevista de admissão deve levar em consideração:

- O tempo para cadastro no sistema;
- O exame médico admissional (lembrando que alguns cargos exigem exames complementares que ter prazo maior de entrega);
- O tempo para preparar o Onboarding, o kit de boas-vindas (se houver) e a ambientação durante os primeiros meses;
- Preparar os equipamentos de trabalho, notebook, celular corporativo, carro corporativo e acessos a sistemas;
- Crachá e kit admissional.

Por isso, o Recrutador nunca deve prometer o que não se pode cumprir. Com o eSocial, a flexibilidade para admitir pessoas de um dia para o outro diminuiu. Às vezes, para cumprir uma necessidade de negócio, o RH faz um processo admissional às pressas, aberto a erros e que desconsidera completamente a experiência do candidato.

Se o candidato escolhido está trabalhando atualmente, precisará de um tempo para pedir demissão. Algumas empresas pressionam para que isso ocorra em questão de dias, o que pode prejudicar o EVP e a percepção do novo colaborador. Além disso, contratar às pressas significa prejudicar o Onboarding. Imagine o colaborador chegar na área e não encontrar sua mesa, seus equipamentos de trabalho e parecer que ninguém o estava aguardando? Numa contratação às pressas, isso pode se tornar comum. Por isso cabe a TA desafiar a liderança sempre em vista da Experiência do Colaborador.

Obviamente, alguns casos serão mais urgentes, por isso, certa flexibilidade também será necessária.

Uma ninja no RH

Em 2018, após 10 anos de TA e Educação Corporativa, assumi as áreas de operações de TA e TM na empresa em que estava. Havia um grande desafio: Transformar as operações e torná-las mais eficientes, dando sustentação ao modelo de Talent Acquisition.

Nesse meio tempo, uma colaboradora foi certificada no método Lean Six Sigma e se tornou Green Belt, ou seja, certificada para liderar projetos de melhoria de processos e redução de custos desnecessários. Ela foi um divisor de águas na jornada de Excelência Operacional do RH. Somente na minha área, foram desenvolvidos 14 projetos em menos de um ano, o que colocou as operações de TA em um patamar de excelência e referência.

Primeiro, desenhamos todos os fluxos de ponta a ponta para deixar claro para todos os stakeholders e para garantir gestão do conhecimento. Os detalhes dos processos estavam na mente dos colaboradores e registrar o fluxo e o racional foi essencial para garantir que qualquer um poderia realizar a atividade, caso lesse os manuais. Em seguida, elegemos os projetos prioritários como redução do tempo de admissão, mitigação de erros críticos, melhoria na análise e no fluxo de feedback para candidatos... também entrevistamos novos colaboradores que haviam passado pelo processo, gestores contratantes e as áreas envolvidas nos fluxos para obter feedback do que precisava ser melhorado.

Em Talent Acquisition conseguimos um feito raro: Diminuir o tempo de admissão após o aceite do novo colaborador da carta oferta. O deadline era de 15 dias úteis, considerando emissão de crachá, recebimento e assinatura de documentos, processos sistêmicos de admissão e alinhamento com as datas de contratação, que eram sempre às segundas-feiras (com exceção da última segunda-feira do mês, por conta do fechamento da folha de pagamento). Após revisitar o fluxo e alinhar com diversas áreas relacionadas, conseguimos diminuir para 10 dias úteis. Também estabelecemos os indicadores essenciais de TA que você pode ver com mais detalhes no capítulo de "People Analytics".

A partir disso, enfrentamos outro problema: Além do RH, diversas outras áreas tinham impacto direto na Experiência do Colaborador: Frotas (carro corporativo), cartão de crédito corporativo, TI com os equipamentos de trabalho etc. Tivemos um trabalho minucioso de alinhar o deadline de 10 dias úteis com todas essas áreas, pois de nada adiantava fazer uma admissão mais rápida se o novo colaborador chegasse na área e não dispusesse de computador e mesa de trabalho, por exemplo. Isso também faz parte do Mapeamento da Jornada da Experiência do Candidato.

Mais do que isso, um colaborador engajado e que dispõe de todas as ferramentas e acessos necessários para trabalhar começa a entregar resultados mais rapidamente. Ajudamos todas essas áreas parceiras a, inclusive, desenhar fluxos, identificar gargalos e melhorarias de processos.

Outro projeto muito relevante foi estabelecermos o conceito de conferência dos quatros olhos para garantir que dados cruciais do novo colaborador estivessem corretos em sistema: dados bancários, salário e todas as informações necessárias para eSocial. Isso mitigou quase a zero os erros críticos da área e nos ajudou a estabelecer uma cultura de aprendizado com erros.

A Green Belt auxiliou todas as áreas a levantar necessidades de melhoria, aplicou análises estatísticas e ajudou a construir business cases para cada um dos projetos. Junto a liderança de Operações de RH, criamos uma cultura de Excelência Operacional e os colaboradores foram empoderados a levantar necessidades e desenvolver projetos. No final do ano, realizamos uma premiação para os quatro projetos de maior impacto em melhoria e/ou redução de custos.

Passamos a nos preocupar muito mais com a Experiência do Colaborador e teríamos um marco com o projeto de Onboarding Digital.

Em algumas passagens deste livro ressaltei a importância da Experiência do Candidato que agora está se tornando Experiência do Colaborador, a partir da carta oferta. O onboarding é uma preocupação que deve ser compartilhada em ambas as jornadas.

Sobre esse assunto, recomendo o excelente livro "Experiência Do Colaborador", de Analisa Brum.

14| ONBOARDING

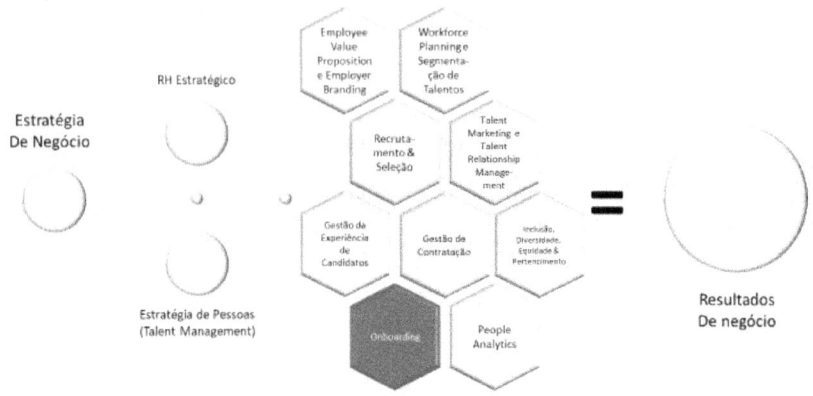

"*Queremos nos concentrar em criar uma experiência memorável para o novo contratado no primeiro ano, em vez de processá-lo nas primeiras semanas.*"

Cheryl Hughey

O que você encontrará neste bloco:

- Importância do Onboarding
- Onboarding Digital
- Dados e fatos
- Blended Learning
- Como implementar Onboarding

O objetivo básico do processo de Onboarding, ou Integração, consiste em aculturar o funcionário à empresa, com o intuito de facilitar a sua adaptação, de forma que o novo empregado saiba os valores, a visão, a missão da companhia, a forma como ela atua, como realiza o seu trabalho, a qualidade dos seus produtos e serviços, a forma como lidam com seus clientes e fornecedores, a cultura da empresa, as tradições e a história sobre como ela surgiu.

Nesse processo, também são abordados as normas e procedimentos da empresa, os benefícios oferecidos e informações sobre políticas para avaliação do desempenho, remuneração, programa de bônus e estrutura organizacional.

Os programas de treinamento iniciais para um novo funcionário, após a sua contratação são o alvo de muitas controvérsias no que diz respeito a sua eficácia como mecanismo de aprendizagem e socialização. Comumente, esses treinamentos, chamados "integração", não promovem um acompanhamento preciso ou específico para o cargo que o novo empregado exercerá na organização.

Os consultores Gustavo e Magdalena Boog[74] afirmam que há dois modelos principais de integração de novos funcionários:

1. **Programa de integração geral:** realizado por funcionários do RH, destina-se a novos funcionários, exceto líderes. Nele, aborda-se a história, cultura, benefícios e outros tópicos importantes ao novo colaborador;

---

[74] BOOG, Gustavo G. e BOOG, Magdalena T. (Coord.) Manual de Treinamento e Desenvolvimento: processo e operações. São Paulo: Pearson Prentice Hall, 2008.

2. **Programa de integração para líderes:** também realizado pelo RH, aborda adicionalmente o papel do líder na organização, as ferramentas de gestão de pessoas etc.

A integração dos colaboradores é feita mediante o compartilhamento do conhecimento da organização e identificando a importância deles dentro da organização, esclarecendo as interfaces do seu trabalho, apresentando os clientes internos e a cultura de trabalho.

Nota-se que as organizações consideram o processo seletivo para contratação de um novo funcionário de grande importância. Porém, depois da contratação, a empresa não presta as devidas assistências quanto ao Onboarding. Uma pesquisa da Aberdeen[75] demonstra que as empresas que possuem um Onboarding best-in-class possuem 91% de índice de retenção de talentos contra apenas 30% nas empresas com desempenho inferior na pesquisa.

Além disso, uma pesquisa americana da Allied[76] demonstrou que somente 28% das organizações consideram que possuem um Onboarding de sucesso, além de 81% admitir não possuir um budget específico para esse tópico.

Mesmo sabendo que cada novo colaborador necessita se adaptar ao funcionamento e conhecer as políticas do local onde está se inserindo, muitas instituições não possuem um processo de integração formal, ou seja, não dispõem de um processo específico que regule o ingresso de novos colaboradores ou até mesmo um documento com informações relevantes. As

---

[75] Disponível em: https://workforce.com/news/creating-an-Onboarding-process
[76] http://hriq.allied.com/pdfs/AlliedWorkforceMobilitySurvey.pdf

informações geralmente são divulgadas de forma escassa, esparsa ou, pelo contrário, como uma cascata incessante de informações.

Alguns RHs fazem integrações de 1 semana na esperança de que a pessoa tenha um cérebro de elefante para lembrar de tudo o que foi dito e mostrado.

Ao promover uma oportunidade de socialização através da integração, a organização facilitaria essa etapa inicial de conhecimento mútuo, apresentando aspectos importantes da sua cultura que posteriormente serão confirmados ou não pelas experiências vivenciadas pelo novo empregado no cotidiano da empresa, vide o que foi vendido com o Employer Branding.

Entender os conceitos de socialização é fundamental para que a organização perceba que a integração não termina após a primeira semana de Onboarding. A socialização de um novo funcionário pode levar meses para ser estabelecida de forma adequada.

Sabendo disso, o RH pode facilitar esse processo, além de dar treinamentos. Muitas pessoas já passaram ou irão passar pelo drama da ansiedade motivada pelo desconhecimento dos primeiros dias de trabalho em uma nova organização.

Além de papers e alguns estudos acadêmicos, o tema de Onboarding é pouco explorado e difundido. Geralmente, consiste em uma "caixinha" no final de Talent Acquisition. Preferi dar uma ênfase maior ao assunto para demonstrar quão importante é. Não adianta ter uma estratégia de Talent Acquisition bem-feita se uma pessoa é esquecida na recepção no primeiro dia de trabalho ou se não tem um suporte adequado durante o Onboarding. Toda a estratégia de TA pode ir por água abaixo se não existe uma amarração de ponta a ponta.

Para os caros leitores que são líderes, recomendo a leitura do livro "Os Primeiros 90 Dias", de Michael Watkings, um dos poucos a abordar com profundidade o porquê de o aculturamento nas empresas não se tratar de uma semana de integração, mas levar cerca de três meses. Para o RH, essa é uma leitura obrigatória.

Inovando no Onboarding

Lembra que comentei no capítulo de "Estratégia de Pessoas - Talent Management" que fiquei com uma pulga atrás da orelha a respeito da funcionária que foi esquecida na recepção no primeiro dia?

Pois bem. Após a implementação de TA, comecei a atacar Onboarding, pois via como um pilar fundamental para sustentar a estratégia, não somente de Talent Acquisition, mas estou falando de garantir a Experiência do Colaborador.

Na grande empresa que estava, o Onboarding era um desafio homérico, visto que contratávamos mais de 1000 pessoas por ano e 60% da população não ficava localizada na sede em São Paulo, mas ficava espalhada por todo o Brasil, em regiões distantes como Capão do Leão – RS, Luís Eduardo Magalhães – BA e Salto da Lontra – PR (aposto que você nem sabia que essas cidades existiam). O projeto iniciou em meados de 2016 e foi finalizado em 2018, o que significa que fomos pioneiros em Onboarding Digital antes da pandemia de COVID-19.

De todos os novos funcionários, somente 40% realizavam integração presencialmente, o restante recebia um material por e-mail. Dessa forma, não havia como o RH monitorar se esses novos funcionários tinham dúvidas ou se tinham se adaptado adequadamente à empresa.

A fim de melhorar a Experiência do Colaborador, decidimos estruturar e implementar um projeto de redesenho da integração, tornando-a 100% digital e desenvolvemos um aplicativo de Realidade Aumentada (RA) para que os colaboradores pudessem fazer um tour virtual pelo próprio smartphone.

O app de RA possibilitava a realização de um tour virtual pelas fábricas da empresa no Brasil. No aplicativo, havia vídeos, curiosidades e informações relevantes para o novo colaborador.

A tecnologia de realidade aumentada, na época do projeto, era algo inovador e não havia outras empresas utilizando-a para integração, por isso, observou-se uma oportunidade de colocar a organização em que eu estava em uma posição de vanguarda de inovação. O aplicativo em si não foi algo pensado desde o início do projeto, mas apresentado por um dos fornecedores parceiros da empresa. Foi nesse momento que a área de RH viu a oportunidade de incluir a tecnologia no projeto que estava sendo estruturado de integração, aumentando o valor agregado.

O aplicativo utilizava a tecnologia de realidade aumentada que consiste em um conjunto de itens de desenvolvimento de software que inclui elementos virtuais na realidade, tudo pela câmera do celular. A tecnologia utiliza o rastreamento e reconhecimento de marcadores ou imagens pré-configuradas para posicionar um objeto 3D, em tempo real.

De acordo com os especialistas em RA *Bimber e Raskar*[77], as principais aplicabilidades da realidade aumentada envolvem o reconhecimento de padrões para a visualização de objetos tridimensionais e de informações referentes ao ambiente real. Os autores apontam a existência de três componentes essenciais para a viabilização da realidade aumentada:

[77] BIMBER, O., & RASKAR, R. Modern Approaches to augmented reality. International conference on computer graphics and interactive techniques, ACM SIGGRAPH Courses. Boston, Massachusetts, 2006.

a) um objeto presente no mundo real, sendo que ele deve possuir algum mecanismo/marca inserido que faça a leitura do objeto real e como consequência a criação do objeto virtual;

b) algum dispositivo de reconhecimento (usualmente uma câmera) que permita a transmissão da imagem do objeto real;

c) um software com a capacidade de interpretar os dados presentes no objeto real que são captados pelo dispositivo de reconhecimento.

O uso de rastreamento óptico (de pessoas ou apenas de mãos) e as técnicas de RA podem colocar elementos reais, como as mãos, para interagir com o ambiente virtual, eliminando os inconvenientes dos aparatos tecnológicos. Além disso, é possível também enriquecer uma cena real, capturada por câmera de vídeo, por exemplo, com elementos virtuais interativos, de modo a permitir muitas aplicações.

Bimber e Raskar ainda descrevem o funcionamento da tecnologia de RA aliada a outros equipamentos:

- **Passo 1:** Posiciona-se o dispositivo de reconhecimento sobre o objeto real para que a imagem seja captada;

- **Passo 2:** A imagem é transmitida em tempo real para o software que criará o objeto virtual;

- **Passo 3:** O software projeta o objeto virtual de acordo com parâmetros pré-definidos;

- **Passo 4:** O dispositivo de saída (celular, monitor, televisor, entre outros) exibe o objeto virtual sobreposto ao real, sendo que a interação ficará restrita às possibilidades pré-determinadas.

Vamos a campo

Como parte do diagnóstico para transformar o Onboarding, primeiro, um benchmarking funcional com 30 empresas no mercado foi promovido. Esse tipo de benchmarking consistiu em comparar práticas de integração de novos funcionários com empresas de ramos diferentes, mas de estruturas semelhantes com atuação em diversos estados brasileiros.

A maioria dos benchmarkings foi realizada presencialmente nas empresas que aceitaram o convite e o restante, virtualmente. Para isso, a área de RH definiu algumas perguntas, mas, no geral, o questionário foi realizado de modo a se adaptar à realidade de cada empresa entrevistada. No entanto, algumas questões norteadoras do estudo foram abordadas em todas as entrevistas, como:

a) Como é realizado o processo de integração na sua empresa? Quais são as etapas?

b) No caso de funcionários localizados fora da matriz, como é realizado o processo?

c) Há algum tipo de tecnologia utilizada no processo? Qual?

d) Qual é a porcentagem de funcionários atendidos pelo modelo?

e) É feito algum tipo de controle de participação?

Após as entrevistas, os resultados foram tabulados. Os pontos mais importantes para o projeto foram:

- 86% das empresas pesquisadas realizavam a integração presencialmente, antes da pandemia, e a duração varia entre um dia e uma semana na matriz;

- 45% das empresas alegaram subsidiar a ida de novos funcionários, localizados em outras localidades, à matriz para a semana de integração. O restante alegou possuir estruturas de RH descentralizadas nas principais localidades que realizam a integração de novos funcionários;

- As empresas respondentes utilizavam apresentações em PowerPoint e recursos audiovisuais;

- Todas foram unânimes em afirmar que 100% da população de novos funcionários participava da integração. 93% alegou utilizar controle de presença.

O benchmarking foi fundamental para percebermos que as outras empresas atendiam a 100% dos novos funcionários a nível Brasil. Como o custo de deslocamento para a matriz seria alto, foi decidido seguir por um caminho diferente das empresas entrevistadas: o caminho da inovação. Na época, não foi localizada nenhuma empresa que utilizasse a tecnologia de realidade aumentada como ação de Onboarding.

Um blended learning

O projeto, como já mencionado, nasceu da necessidade de realizar integração de novos colaboradores em nível nacional, já que 60% deles tinham seu local de trabalho fora da matriz em São Paulo. Foi estruturado um modelo de integração 100% digital no formato Blended Learning com diversas ações de aprendizagem, proporcionando uma experiência completa, diversificada, envolvente, surpreendente e divertida para os novos contratados.

A primeira ação aconteceria antes mesmo do primeiro dia de trabalho do novo funcionário, através uma caixa de boas-vindas enviada para a casa do novo funcionário contendo:

- Um squeeze: a empresa passou a fazer campanha para redução da utilização de copos plásticos e o squeeze traria essa mensagem;
- Um pen drive com o logo da empresa;
- Uma carta de boas-vindas do presidente;
- Um caderno com papel reciclado com o logo da empresa;
- Um guia dos principais contatos para o novo funcionário como RH, segurança, fretados, restaurante etc.
- Um cartão com instruções para baixar o aplicativo no Google Play ou Apple Store e que também ativava a tecnologia de realidade aumentada.

Os novos contratados também teriam acesso a um portal de integração, que fornecia informações sobre horários de sites, cronogramas e linhas de fretados, menus de restaurantes e dados específicos sobre os negócios.

No dia 1, o programa de treinamento digital já estava disponível na página inicial do sistema de treinamento e era dividido em quatro ações de aprendizado: e-learning, microlearnings, tarefas e webinars. Com 30 minutos de duração e inspirado em storytelling e gamificação, o e-learning mostrava a história, os negócios, a cultura de trabalho da empresa e era apresentado por personagens criados e inspirados nos pilares do Programa de Diversidade.

Em microlearnings, vídeos, tutoriais e entrevistas com duração de até 5 minutos, abrangiam negócios e áreas dentro da companhia. Os webinars mensais falavam sobre benefícios, compliance, inovação entre outros tópicos. Por fim, a área de tarefas do programa digital atuava como uma lista de verificação das ações a serem tomadas pelo funcionário, como conhecer o buddy, um colaborador com mais tempo de empresa que era destacado para acompanhar o novo colaborador.

O Programa de Buddy foi um sucesso. Criamos um e-learning específico para formar colaboradores mais antigos de casa para atuarem como buddy e eles recebiam um adesivo para XXXidentificá-los. No primeiro dia, o buddy ficava responsável por recepcionar e criar uma agenda de integração na área, complementar às ações do Onboarding digital. O e-learning também era obrigatório para os líderes, visto que estes tinham um papel fundamental na aculturação do novo funcionário.

O aplicativo, bem como as demais ações do novo modelo de integração da empresa, aumentou de 40% para 100% a possibilidade de participação de novos funcionários em nível nacional. Para o RH, também representou uma conquista no caminho da digitalização e fomentou outros projetos de inovação que se iniciaram logo após a implementação do aplicativo como chatbot para atendimento de colaboradores e microlearnings, ou seja, ações de aprendizagem rápidas em vídeo.

A ação também ganhou projeção nacional ao ser noticiada por diversos canais de comunicação como jornais eletrônicos e blogs. Após ser postada nas redes sociais, mais de 10 empresas entraram em contato durante o primeiro mês de lançamento para realizar benchmarking a fim de trocar ideias sobre melhores práticas de integração de funcionários.

O RH local também foi prestigiado pela matriz da empresa, tendo o projeto chamado a atenção do diretor global de treinamento, o qual entrou em contato conosco e escreveu uma matéria que foi postada na intranet para mais de 200 países nos quais a empresa atua. Após a apresentação à comunidade global, o RH local também recebeu diversos contatos de unidades de outros países. Outras áreas internas da empresa também passaram a utilizar o app nos programas de visita guiada às fábricas.

O ápice foi a empresa ter ganhado um prêmio como destaque de inovação em um dos mais importantes congressos de educação corporativa do país, nos alçando como precursores de Onboarding digital.

O app também começou a ser utilizado pela empresa em feiras de carreira organizadas por universidades de todo o país a fim demonstrar as ações de inovação para atração de jovens universitários, contribuindo para as nossas ações de Talent Marketing.

"

Mostre que a empresa se preparou para receber o colaborador. Não há nada pior que o novo entrante chegar na organização no primeiro dia e ter a sensação de que ninguém o estava aguardando

As lições que aprendi com Onboarding, principalmente foram:

1. Onboarding é papel de todos na organização, especialmente dos líderes;

2. Frase comum utilizada pelo ex-presidente da empresa em que estava: "Não temos uma segunda chance de causar uma primeira boa impressão";

3. Pode ser uma experiência inesquecível, atrativa, divertida e leve de, pelo menos, três meses para aculturar totalmente um novo colaborador.

Como implementar Onboarding?

Existia um motivo pelo qual enviávamos uma caixa de boas-vindas para a casa do novo colaborador antes de seu início. Além disso ser aconchegante, também reduzia as chances de ele desistir enquanto estiver em período admissional.

Isso se faz ainda mais factível quando olhamos para os programas de entrada. Como fazíamos um processo integrado semestral de estágio, as vezes alguns candidatos ficavam em admissão, aguardando a data de início do programa, por até dois meses. Eu já falei que esses talentos são assediados por diversas empresas e têm poder de escolha, certo? Depois de implementarmos a caixa, reduzimos a quase zero o número de desistências em período admissional. Isso acontece pelo simples fato de que a caixa é uma surpresa e vai para a casa do novo colaborador, surpreendendo não somente ele, mas sua família que também é envolvida no processo de Onboarding. Ele já se sente parte da empresa antes mesmo de iniciar e isso vira algo público para seus familiares e pessoas próximas.

Se sua empresa não tiver budget suficiente para enviar uma caixa, que tal pensar em formas criativas de surpreender o novo colaborador? Um chocolate na mesa, uma mensagem de boas-vindas do presidente já vale. Mostre que a empresa se preparou para receber o colaborador. Não há nada pior que o novo entrante chegar na organização no primeiro dia e ter a sensação de que ninguém o estava aguardando.

Crie uma agenda de integração. O Onboarding digital foi uma necessidade para a empresa que eu estava, mas isso não significa que a sua empresa deva partir para o mesmo caminho. Se os colaboradores de sua organização ficam sediados no mesmo lugar, por exemplo, qual é a necessidade de fazer algo digital? Uma integração presencial bem-feita será muito mais adequada. Procure colocar ações durante os três primeiros meses, ao invés de entupir o novo colaborador de informações na primeira semana.

Crie um programa de buddy. Destaque alguém para acompanhar o novo colaborador nos primeiros meses. Essa pessoa terá o papel de ajudar a entender a cultura, detalhes do dia a dia, acesso a sistemas e a tirar dúvidas do novo colaborador.

Também prepare a liderança da organização para ser sponsor do Onboarding. O líder precisa entender que a integração de RH vai até um determinado ponto e que depois é papel dele aculturar o novo colaborador.

E mais importante: Nunca esqueça um novo colaborador na recepção em seu primeiro dia. **A pessoa irá se lembrar disso para sempre!**

"

Empresas que possuem um processo estruturado de Onboarding podem aumentar em até 54% a produtividade de novos colaboradores e em quase 50% sua retenção.

Mais do que uma experiência inesquecível (para o bem e para o mal), o Onboarding se mostra essencial para dar sustentação à estratégia de Talent Acquisition

15| PEOPLE ANALYTICS

Talent Acquisition Honeycomb 2.0 ®

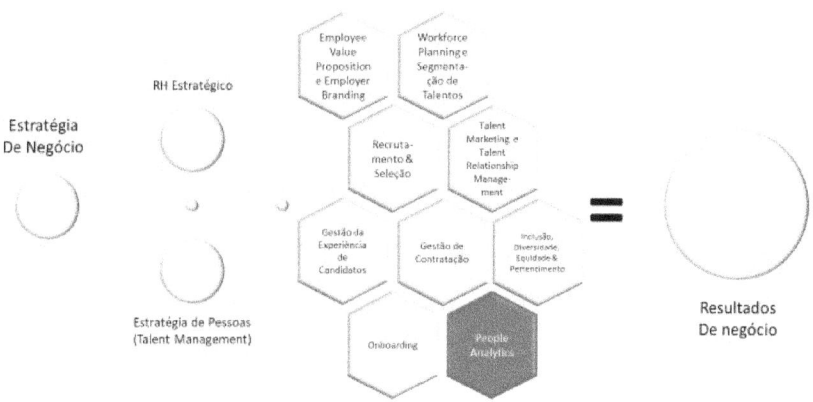

"O que pode ser medido pode ser melhorado."

Peter Drucker

O que você encontrará neste bloco:

- Conceitos de People Analytics
- Níveis de maturidade analítica
- People Analytics em TA
- Indicadores essenciais de Talent Acquisition
- People Analytics no WorkForce Planning

Além de outros talentos, Peter Drucker tinha uma incrível habilidade de reduzir temas astronômicos a frases fáceis de entender. Como poucos, sabia conectar os conceitos e olhar de cima. Em seu livro "The Practice of Management", de 1954, foi o primeiro autor a conectar a gestão organizacional e a entender que as diferentes áreas da empresa precisam de uma visão em comum.

Ele também defendia que o que faria com que as organizações tivessem sucesso no século XXI não seria somente o lucro, mas o conhecimento – pois sem este, elas estariam fadadas a desaparecer. Analytics surge neste contexto de transformações brutais no qual precisamos de agilidade e de inteligência de dados para tomar decisões estratégicas. É uma evolução dos dashboards e relatórios infinitos. É um novo olhar para o conhecimento e para como podemos extrair o melhor para a organização.

People Analytics é, de forma parecida, a inteligência de dados conectada à estratégia de pessoas da organização. É o último ponto do ciclo WorkForce Planning que ajuda o RH a ser mais estratégico perante os negócios. É importante ressaltar que boa parte das empresas ainda patinam com dashboards numerosos e de baixa confiabilidade, planilhas rústicas de Excel e sistemas ruins de analytics. People Analytics pressupõe dados de qualidade e confiáveis.

Desde que a imensidão do universo chamado transformação digital tomou conta das organizações, congressos e eventos, áreas de RH vem tentando surfar nessa onda. Mudança cultural, criação de programas voltados para desenvolvimento de skills digitais e de inovação fazem parte do que deveria ser o caminho para a cultura analítica.

Uma pesquisa com quase mil empresas realizada pela Deloitte[78] apontou que 83% ainda está em um nível muito básico de Analytics.

Brent Dykes[79] escreveu um artigo para a Adobe Blog e definiu a diferença entre relatórios e Analytics:

- Geração de Relatórios é o processo de organizar dados em sumários informativos. Como exemplo, podemos citar o monitoramento de performance de diferentes áreas de uma organização;
- Analytics é o processo de explorar dados e relatórios com o intuito de extrair informações relevantes, que podem ser utilizadas para melhorar o desempenho do negócio.

O relatório da Deloitte ainda apontou quatro níveis de Analytics:

Maturidade Analítica

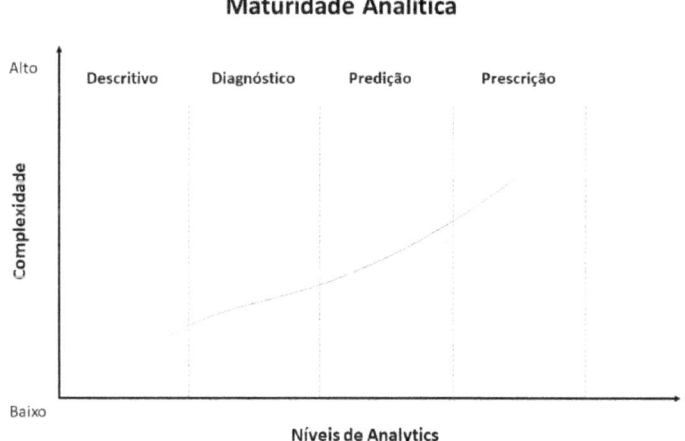

- **Descritivo:** Este é o nível mais básico. Nesse estágio, os dados ajudam a compreender o que aconteceu em um período no passado. A maior parte das empresas já implementa este tipo de Analytics através de ferramentas de Business Intelligence (BI). As empresas são capazes de criar relatórios pontuais e que utilizam os dados de maneira mais caseira e desestruturada.

- **Diagnóstico:** No segundo nível, a análise dos dados ajuda a identificar a causa de um problema. Para isso são usadas técnicas avançadas de extração de dados e estatística. Aqui já é possível tomar algumas decisões baseadas em dados e já há profissionais na empresa que dedicam seu tempo total ou parcial na organização, mesmo que simples, aos dados;

- **Predição:** Nesse estágio, é extraído informação de dados históricos que são combinados com técnicas avançadas de estatística e inteligência artificial para ajudar a prever cenários futuros. Muitas empresas que chegam no nível de ter dashboards coloridos e funcionais acham que já são o suprassumo do mercado. Daí vão apresentar em congressos e eventos esses mesmos dashboards travestidos de ciência de dados e análise preditiva. Cuidado para não ser essa empresa;

- **Prescrição:** O último nível de Analytics é o mais avançado. A ideia aqui é ajudar a identificar o que pode ser feito para resolver um problema, minimizando possíveis efeitos colaterais negativos. Para ajudar a dar essa resposta, é necessário trabalhar com complexas técnicas computacionais, tais como algoritmos, simulações, redes neurais, machine learning, dentre outras. Nesse nível já há procura proativa da organização por novos métodos e ferramentas que potencializam a cultura de dados e, consequentemente o nível de maturidade analítica dessas empresas. Estratégia alinhada com a tomada de decisão baseada em dados e sistemas integrados são pontos fortes e permitem a automatização de processos analíticos. Aqui já aparece um claro conhecimento do RH sobre carreiras de dados.

Ciência de dados. Algoritmos. Análise preditiva. Programação. Deu tela azul no RH

Participei de muitos congressos e eventos nos quais RHs pomposos foram falar sobre transformação digital e o People Analytics, falando de machine Learning, Big Data e de como sistemas de um futuro longínquo irão ajudá-los a tomar decisões de WorkForce Planning.

Slides e mais slides sobre coisas fantásticas de tendências de RH. Faça um teste: quando acabar uma palestra dessa, vá perguntar ao palestrante se ele(a) pode apresentar algum case real de sua empresa sobre aquele montaréu de palavra bonita proferida durante a palestra. Muito provavelmente você ouvirá "veja bem, ...". No máximo, o que você verá é um dashboard.

Segundo a KPMG[80], cerca de 40% das empresas brasileiras, somente, estão entre o nível descritivo e de diagnóstico de cultura analítica. O restante sequer possui relatórios básicos de Excel ou base de dados confiáveis. As empresas

---

[80] Disponível em: https://www.convergenciadigital.com.br/Cloud-Computing/O-status-de-maturidade-analitica-das-empresas-brasileiras-57303.html

mais avançadas encontram-se no setor de tecnologia, financeiro e startups nativo digitais.

Os números são corroborados por outra pesquisa brasileira, do Cappra Institute, que entrevistou cerca de 500 profissionais em 2020[81] e classificou a maior parte das empresas brasileiras como "data curious", ou seja, que fazem uso pontual de dados e ainda estão entendendo como adicionar valor ao negócio com a cultura analítica. A pesquisa também apontou 4 fatores que dificultam o avanço dessa cultura nas companhias:

- Distanciamento entre as áreas de negócio e as áreas técnicas de tecnologia e dados;
- Falta de cultura de experimentação e abertura ao erro;
- Resistência em mudar a forma de pensar, pois as lideranças querem ser data-driven, mas não querem mudar como tomam decisões;
- Existência de silos na organização.

A grande verdade é que esse boom da transformação digital, do qual People Analytics faz parte, veio sem manual com o passo a passo para a empresa montar.

Mas o que significa maturidade de dados ou maturidade analítica?

Cultura. Significa ter uma cultura na qual os processos de tomada de decisão mais importantes são feitos por meio de dados.

---

[81] Disponível em:
https://drive.google.com/file/d/1Lmwbh4htiwUyWtbc9ECCuqRovYadzuXO/view

A maturidade analítica é um processo de evolução constante baseado em tomar decisões de negócio pautadas em dados. Muitas vezes, a cultura analítica é uma iniciativa que parte dos negócios e não do RH. Por isso, mesmo em empresas com boa maturidade de dados, você pode encontrar áreas de recursos humanos que estão, não só longe do negócio, mas longe de entender essa cultura.

Por isso, meu caro(a) leitor, a primeira coisa que o RH deve fazer é procurar conhecimento sobre o assunto de dados, antes de qualquer coisa. Esse é um mundo bastante complexo. Eu também falava muitas dessas palavras bonitas da transformação digital quando estava em RH e só fui descobrir o tamanho desse monstro chamado dados quando fiz minha movimentação, após 10 anos de RH, para um dos negócios da empresa e assumi como gerente de Capability Building (um nome mais complexo para educação corporativa) na estrutura de supply chain da empresa em que eu estava, como mais de 3000 colaboradores na América Latina (LatAM).

Assumi com um desafio enorme de estruturar do zero uma universidade corporativa em modelo ágil, com uma equipe super enxuta, budget limitado e para toda a LatAM. A estrutura de supply chain já tinha uma boa maturidade analítica, com mais de 30 profissionais de dados em diferentes departamentos. Foi aí que eu percebi que nada sabia sobre o assunto. E hoje, anos depois, posso dizer que sei 5% (e não estou sendo modesto).

Eu descobri isso, quando percebi que na organização, mesmo tendo uma maturidade de dados boa, entre os níveis de diagnóstico e predição, que **estávamos tendo dificuldade para contratar e reter cientistas de dados.**

Comecei a analisar, perguntar e entrevistar esses profissionais. Muitos deles tinham vindo de empresas nativo digitais e encontraram um ambiente diferente, mais hierárquico, com uma maturidade analítica mais baixa, o que fazia com que eles fizessem trabalho de organização, estruturação e limpeza de dados. Eu confesso que depois de falar com eles, continuava sem saber bem como tratar o problema. Tive muita experiência em RH com criação de programas de entrada de talentos – estágio, trainee e aprendiz e a primeira ideia que tive foi a de criar um programa de estágio em ciência de dados, para que pudéssemos desenvolver pipeline na base para profissionais de dados, além de aumentar a retenção ao oferecer um programa estruturado de aceleramento de carreira para esses profissionais.

E eis que surge, em meados de 2020, uma colega contratada para ajudar a organização a acelerar a transformação digital e a maturidade de dados. Em seu primeiro dia, lembro de estarmos tomando café e falando sobre os desafios analíticos que tínhamos. Comentei sobre o programa de estágio que estava pensando em criar e tive, ali, minha primeira chapuletada: *"Caio, achei ótima a ideia, mas vamos falar desse negócio de ciência de dados"*.

Comecei a entender com ela conceitos básicos do mundo de dados. Existem muitas possibilidades e possíveis cadeiras em uma carreira de dados. Para simplificar, baseado em uma matéria da Towards Data Science[82], há, entre outros, 3 grandes papéis pelos quais uma organização pode começar, caso já tenha ao menos o nível de diagnóstico da cultura analítica:

ENGENHEIRO DE DADOS   ANALISTA DE DADOS   CIENTISTA DE DADOS

Data Engineer

O Data Engineer, ou Engenheiro de Dados, é a pessoa responsável pela estruturação dos dados, tornando-os acessíveis. Esse papel é a base para se criar uma estrutura adequada de dados, portanto não adianta sair contratando cientista de dados se a sua organização está no nível 1 de maturidade (Descritivo) e tem dados desorganizados.

O engenheiro é necessário para a criação do pipeline que transforma os dados brutos que estão nos mais variados formatos, desde bancos de dados

---

[82] Disponível em: https://towardsdatascience.com/data-scientist-vs-data-analyst-vs-data-engineer-1e2514a36d41

transacionais até arquivos de texto, em um formato que permita ao Cientista de Dados começar seu trabalho. Cabe também ao Engenheiro de Dados manter este pipeline em execução para que os dados possam ser coletados no momento certo, com o nível de segurança exigido pela empresa. O trabalho do Engenheiro de Dados é tão importante quanto o trabalho do Cientista de Dados, mas eles costumam ter menos visibilidade, uma vez que estão mais distantes do produto resultado do processo de análise, o que é produzido pelo Analista e/ou Cientista de Dados[83].

Essa questão da visibilidade também é um change management a ser feito na organização. O Engenheiro de Dados geralmente tem um perfil mais introspectivo, é a famosa pessoa que fica sentada num computador por horas a fio feliz da vida e seu trabalho é de backstage. Não será essa pessoa a apresentar um lindo dashboard para a diretoria, mas sem seu trabalho não haverá base sólida para que o restante ocorra.

Data Analyst

O Data Analyst, ou Analista de Dados, tem por objetivo trabalhar na base sólida feita pelo Engenheiro de Dados, analisar situações passadas e a base de dados para criar visualização de dados por meio de dashboards e relatórios.

Em muitas organizações com baixa maturidade analítica, esse papel se mistura ao de Engenheiro de Dados, mas note que os perfis são diferentes, o que ressalta que as competências também são distintas. O Analista de Dados, era (ou ainda é) o antigo Analista de Business Intelligence, o famoso BI.

---

[83] Disponível em: http://datascienceacademy.com.br/blog/o-que-faz-um-engenheiro-de-dados/

Esse profissional é responsável por criar as visualizações e relatórios, para que as empresas possam tomar decisões estratégicas com eles. Eles precisam de um entendimento básico de programação, matemática, estatística e precisam se comunicar muito bem. Em termos de ferramentas, é comum de usarem PowerBI, Tableau, entre outras ferramentas para dashboards.

Data Scientist

O Data Scientist, ou Cientista de Dados, é o filet mignon que toda empresa quer agora. O Cientista irá olhar para os eventos passados e presentes para realizar análises preditivas, ou seja, trazer cenários futuros possíveis por meio de algoritmos e inteligência artificial.

Um Cientista de Dados possui todas as habilidades de um Analistas de Dados, com profundo conhecimento de modelagem, análise preditiva, estatística, machine learning, matemática e ciência da computação. Portanto, eles podem criar modelos preditivos complexos que podem fornecer recomendações válidas com base em dados históricos. Mas percebe a importância do Engenheiro e do Analista antes de ter esse papel?

O fator de diferenciação, no entanto, é a perspicácia comercial robusta que diferencia o Cientista de Dados dos Analistas.

Um Programa de Estágio do negócio e do zero

313

Voltando ao problema inicial de contratação e retenção de cientistas de dados, mudamos completamente o rumo e objetivo do programa de estágio, que passou a ser o de criar pipeline para as carreiras de dados, focando em engenharia e análise de dados.

O piloto do programa de estágio de data & analytics com 14 estagiários foi lançado em junho de 2020, após somente cinco meses de estruturação e aprovação da alta liderança de supply chain. O programa foi construído em parceria com diversos profissionais de diferentes áreas, incluindo RH e IT.

O programa teve duração de 2 anos e contou com uma trilha de dados, fornecida por um fornecedor parceiro, de 120 horas. Fato é que profissionais de dados estudam muito e no programa replicamos isso. Os estagiários "não trabalhavam" nas nossas short Fridays. Eles tinham aula das 09h00 às 12h00, dedicando um dia da semana somente para estudo. Sim, estudo faz parte do trabalho deles e deveria fazer parte do dia a dia de qualquer outro profissional.

Na trilha, eles possuíam base de programação, estatística, Scrum (ágil), modelagem e análise de dados. Além disso, cada estagiário possuía um projeto estratégico ligado a necessidades de negócio e alguns deles trabalham em formato de squad, utilizando o Scrum.

Os estagiários também contavam com mentoria interna feita pelos profissionais de dados da diretoria, além de mentoria fornecida pelo fornecedor.

"

A grande verdade é que esse boom da transformação digital, do qual People Analytics faz parte, veio sem manual com o passo a passo para a empresa montar

No final de 2020, os estagiários tiveram a oportunidade de participar da nossa versão de shark tank, no qual eles apresentaram projetos desafiadores aos executivos de supply chain em busca de "investimento" de uma moeda fictícia que criamos para o evento. Os estagiários puderam trocar os valores recebidos por mentorias, treinamentos e planos de change management para seus projetos e treinamentos.

Conseguimos efetivar cerca de 50% dos estagiários e eles entregaram projetos de alto impacto na organização, como um sistema de gerenciamento de projetos que substituiu mais de 300 planilhas de Excel, dashboards automatizados e até um sistema preditivo que identificava erros de qualidade em processos.

Em 2021, o programa teve tanto sucesso que foi expandido para profissionais com mais experiência e passou dos 30 participantes de diversas áreas. Programas como esse fazem parte da estratégia de Talent Marketing, já que tem por objetivo criar pipeline de talentos.

Após esses primeiros resultados, chamamos o RH e criamos/revisamos todas as job descriptions, cargos e salários dos profissionais de dados da organização com o objetivo de aumentar atração e retenção desses profissionais.

3 dicas de ouro para iniciar a cultura analítica em sua empresa

Seja você de RH ou de negócio, pela jornada que descrevi, o caminho para a criação de uma cultura analítica é complexo, pode levar um tempo e precisa de muito investimento: de tempo, de pessoas e pode chegar aos investimentos monetários, principalmente equipamentos e programas. Se você está chegando à conclusão de que o caminho na sua empresa também será árduo, comece por:

1. **Educação**: obter o conhecimento necessário para realizar uma mudança cultural será muito útil. Leituras, cursos, conversas com a liderança e com os profissionais de dados ajudam. Conhecer os conceitos de cultura analítica e de change management serão fundamentais;

2. **Alinhamento da estratégia organizacional à cultura analítica que será criada**: sem o apoio e entendimento da alta liderança, nada disso será possível. Os líderes têm o enorme potencial de parar ou desacelerar essas ações. Um programa estruturado de mudança cultural também será fundamental;

3. **Comece a estruturar as carreiras de dados:** faça a análise de maturidade analítica da sua empresa, crie job descriptions, faça benchmarking de empresas que já possuem carreira em dados, programas de entrada como programa de estágio, programas de formação interna de profissionais de dados etc.

People Analytics em TA

People Analytics pode ser aplicada em uma ampla gama de soluções. Em Talent Acquisition, é possível utilizar:

- Algoritmos para triar CVs;
- Realizar processo seletivo com gamificação e uso de dados para tomada de decisão;
- Predição para fit cultural do candidato x empresa;

- Bots para entrevistas e coleta de dados;
- Conectar a Segmentação de Talentos ao ciclo de WorkForce Planning.

Em um nível avançado, People Analytics pode ajudar TA a tomar decisões ainda mais assertivas de pessoas e de fato dar sustentação para o WFP, além de reduzir a carga operacional e retrabalho.

Mas, calma. Se o que falei parece muito distante da sua realidade, lembre-se que para criar uma cultura analítica no RH é necessário começar do zero, ou seja, passar pelo nível Descritivo, Diagnóstico, Preditivo e, somente depois, Prescritivo.

People Analytics não precisa ser um grande monstro de sete cabeças. Comece pelo mais importante: Sem dados confiáveis, o RH e as lideranças vão tomar decisões de pessoas no escuro.

Essas bases de dados podem até mesmo estar no Excel, mas é necessário um trabalho forte para organizar (e manter organizado) a grande quantidade de dados. Em seguida, deve-se definir um objetivo: O que queremos mensurar? Por exemplo, o turnover da empresa está alto, esse pode ser um objetivo do People Analytics. Qual é o motivo da oscilação de contratações e demissões? Por que as pessoas estão saindo da organização? Estão sendo demitidos ou pedindo demissão? Estamos contratando um alto volume de novos funcionários? Quais os motivos?

Os dados devem responder a estas e outras perguntas. Por isso, uma investigação é importante, além de processos estabelecidos como entrevistas de desligamento e relatórios de admitidos e demitidos. Sem esses dados organizados, não será possível realizar uma análise e mensuração dos efeitos do turnover na organização.

Comece simples, pelos:

Indicadores Essenciais de Talent Acquisition

Ter indicadores essenciais de TA é o primeiro passo no caminho de excelência da maturidade analítica em sua empresa.

Mensurar o desempenho é um dos principais desafios e uma das mais importantes atividades empresariais. Isso também vale para o RH. O que tem de RH no mercado que não possui indicadores básicos é assustador. Como um RH pode ser visto como estratégico se sequer consegue demonstrar seu desempenho para o negócio?

Um indicador de desempenho, também chamado de KPI (Key Performance Indicator) é uma expressão numérica que fornece insights relevantes dos resultados alcançados na execução de uma atividade, processo ou projeto.

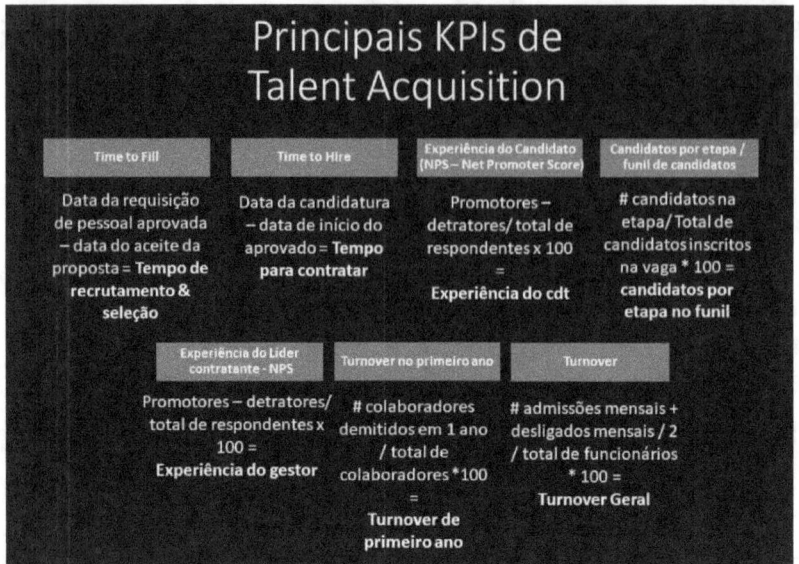

Time to Fill

O indicador de Time to Fill, ou seja, tempo para preenchimento da vaga é um dos principais KPIs de TA. Com ele, é possível saber quanto tempo o seu processo seletivo dura, qual é o tempo médio por produto de TA, a média história de tempo de R&S de uma vaga específica... enfim, inúmeras possiblidades para analisar e tomar decisões.

Pode ser medido da seguinte forma:

Data da requisição de pessoal aprovada – data do aceite da proposta = Tempo de recrutamento & seleção

Com esse indicador é possível identificar gargalos no processo de R&S, quais recrutadores são mais rápidos (e aprender o motivo para compartilhar com os demais), quais são as vagas mais difíceis e até validar a Segmentação de

Talentos que foi feita (vide capítulo de "Workforce Planning e Segmentação de Talentos").

Time to Hire

O KPI, também chamado de tempo para contratar, é mais focado no candidato e olha desde a candidatura até o início efetivo dessa pessoa na organização.

Pode ser medido da seguinte forma:

Data da candidatura – data de início do aprovado = Tempo para contratar

Você encontrará na internet outras formas de medir esse indicador, mas gosto dessa fórmula, pois é um ótimo KPI para delimitar como está a Experiência do Candidato.

O Time to Hire pode ser utilizado para identificar melhorias na experiência do candidato e entender quais vagas ou produtos de TA tomam mais tempo para contratar. Pode também ajudar a entender se o tempo de processo de gestão de candidatos, admissão e onboarding está adequado. A tomada de decisão, aqui, estará centrada em como melhorar os processos para diminuir o tempo efetivo da contratação.

Net Promoter Score

O Net Promoter Score, ou NPS[84], indica a fidelidade do cliente com um produto, marca ou serviço. No caso de TA, não é um indicador muito comum, embora faça bastante sentido. Ao invés de mandar uma pesquisa de satisfação

---

[84] Disponível em: https://hbr.org/2003/12/the-one-number-you-need-to-grow

para o candidato com 10 perguntas, que tal mandar uma única pergunta? E se eu disser que essa pergunta específica dá mais pistas sobre a Experiência do Candidato do que as outras 10 que você geralmente faz e ainda aumenta a chance de respostas por ser uma pesquisa muito mais rápida?

Além disso, o NPS tem uma menor chance de ser manipulado, já que como é uma pergunta somente, não é possível alterar a ordem das demais perguntas para influenciar a resposta do candidato.

Pode ser calculado da seguinte forma:

Promotores – # detratores/ total de respondentes x 100 = Experiência do Candidato

- **Promotores:** nota 9 ou 10, são os candidatos que tiveram uma excelente experiência e, por isso, possuem uma maior conexão com o EVP, recomendando a empresa para amigos e familiares;

- **Neutros:** nota 7 e 8, são as pessoas que tiveram alguma satisfação no processo, apesar de verem falhas, mas não possuem fidelidade com o EVP. Seria interessante fazer uma análise comparativa entre os candidatos neutros e o turnover de primeiro ano (que será explicado adiante), para saber se há correlação entre pessoas saindo no primeiro ano e sua respectiva experiência no processo seletivo, além de menor engajamento com o EVP;

- **Detratores:** nota 0 a 6, são os candidatos que ficaram insatisfeitos com a experiência ao longo do processo seletivo e que podem não ter seguido como colaboradores (mesmo tendo recebido proposta). Se a pessoa, mesmo assim, foi a contratada, parabéns (sic)! Mesmo com uma experiência péssima de candidato, sua empresa ainda consegue fechar vagas. É quase um milagre.

De acordo com benchmarkings, o NPS pode ser avaliado como:

- Excelente: entre 75 e 100
- Muito bom: entre 50 e 74
- Razoável: entre 0 e 49
- Ruim: NPS entre -100 e -1

Se o seu NPS geral estiver entre -100 e 49, ou seja, mais detratores do que promotores, há uma necessidade urgente de rever a Experiência do Candidato que sua empresa está entregando. É necessário parar e olhar para todo o processo, além do seu EVP e das ações de EB (lembrando que tudo o que você fala no processo seletivo também é EB).

O NPS também pode (e deve) ser usado como métrica para calcular a experiência do líder que está contratando. Você pode enviar a pesquisa logo após o início do novo colaborador e comparar a experiência de candidato com a experiência do líder. É possível identificar melhorias com essas análises cruzadas.

Se houver discrepância entre as mensagens passadas ao candidato e o que de fato ele encontra no dia a dia ao seu contratado, muito provavelmente sua empresa terá alto turnover de primeiro ano. Falando em turnover...

Turnover de primeiro ano e turnover geral

O turnover de primeiro ano mede a quantidade de pessoas que entraram e saíram no primeiro ano. Esse indicador também não é visto com frequência nos dashboards de RH, apesar da sua extrema importância. Com esses dados, é possível analisar as causas das saídas, se foram voluntárias (pedido de demissão) ou involuntárias (demissão).

Há algumas formas de calcular, entre elas:

 # colaboradores demitidos em 1 ano / total de colaboradores *100 = Turnover de primeiro ano

Já o turnover geral mede as entradas e saídas em um período específico ou com uma análise histórica na organização. Pode ser calculado da seguinte forma:

 # admissões mensais + desligados mensais / 2 / total de funcionários * 100 = turnover geral

No caso de pedidos de demissão, é necessário entender se as pessoas estão saindo por terem recebido propostas mais interessantes, devido a estarem em um mercado altamente aquecido, como é o caso de Analytics que sofre e ainda sofrerá mais pela falta de profissionais qualificados. Nesse caso, a empresa precisa pensar em estratégias de Talent Marketing, como o programa de estágio de Data & Analytics que detalhei nesse capítulo. Será muito difícil competir em um mercado aquecido, ainda mais se sua empresa não tiver um EVP forte.

Se os colaboradores estiverem pedindo demissão por insatisfação, é bem provável que haja discrepância entre o EVP e o EB e com grande frequência, estará relacionado ao ambiente de trabalho tóxico proveniente da microcultura que o líder dessa pessoa exprime. Líderes tem o grande poder de criar microculturas que diferem daquilo que a organização defende, o que pode enfraquecer o EVP e as ações de Employer Branding.

Em relação a desligamentos de colaboradores, a entrevista de desligamento poderá, assim como nos casos acima, trazer insights relevantes sobre os motivos. Em uma empresa na qual o RH é estratégico, líderes não possuem liberdade para simplesmente demitir colaboradores sem uma análise colegiada, pois pode haver um viés forte do líder direto. Demitir funcionários de maneira indiscriminada e injusta é característica de empresas sem RH estratégico, que simplesmente processam demissões sem se posicionar. Demissões não podem ser vistas de maneira leviana e é papel do RH, especialmente da figura do BP analisar, desafiar e propor um colegiado para tomar a decisão de demissão.

Demissões nunca são fáceis. Lembre-se que elas podem desestabilizar a vida do colaborador e prejudicar sua recolocação, quando ocorrem em menos de um ano. Se você já passou pela experiência de uma demissão injusta, sabe o quanto isso impacta a autoestima. Não seja esse tipo de RH e líder. As demissões por conta de desempenho e comportamento não devem ser novidade para o colaborador. A cultura de feedback é fundamental para isso.

As demissões também podem estar relacionadas a reestruturação ou mudança de rumo nos negócios. Que tal preparar um pacote de demissão com outplacement, uma consultoria especializada para ajudar o colaborador em sua recolocação? A Experiência do Colaborador começa antes do dia 1, como visto no capítulo de "Onboarding", e vai até sua demissão. Esse tema ainda é um tabu nos RHs e parece que não faz parte do ciclo de vida do colaborador na empresa, apesar de impactar diretamente na experiência dos funcionários.

Se preocupe com a experiência na entrada, ao longo da carreira e, também, na saída. Isso só fortalece ainda mais o EVP.

Candidato por etapa do funil de candidatos

Como visto no capítulo de "Recrutamento & Seleção", o funil de candidatos é uma ferramenta poderosa para entender a Experiência do Candidato.

Ao se calcular a quantidade de candidatos por etapa em seu funil, é possível entender a efetividade das etapas e quantos candidatos são necessários em cada uma delas, realizando uma média histórica por vaga ou por produto de TA, conforme a Segmentação de Talentos.

 # candidatos na etapa/ Total de candidatos inscritos na vaga * 100 = candidatos por etapa no funil

Por exemplo, em um processo de uma vaga de coordenador administrativo, houve 300 candidatos inscritos e 50 passaram para a fase de testes, ou seja, 17% do seu funil. Fazendo uma análise histórica e assumindo que esses números apresentados são a média é possível chegar à conclusão que você precisará de ao menos 300 inscritos na vaga de coordenador administrativo para conseguir 50 candidatos aptos a seguirem para as próximas etapas.

Com esses dados é possível tomar decisões para fortificar o recrutamento e as ações de EB, caso você perceba que o número de candidatos inscritos dentro do perfil não esteja atingindo o mínimo necessário do seu funil de candidatos.

Como implementar People Analytics em TA

Com esses indicadores essenciais, a sua área de TA já conseguirá demonstrar seus resultados. Perceba que para fazer isso não é necessário ter um grande conhecimento em People Analytics. Não manja de Excel? Que tal buscar alguém em seu RH para te ajudar? Se não houver, que tal procurar um colaborador de uma área de negócio para te apoiar?

Se sua empresa já possui estrutura organizacional mais robusta, está na hora de pensar em estruturar a área de People Analytics que irá atender não somente TA, mas todos os subsistemas de RH com seus respectivos KPIs. Algumas empresas têm profissionais de dados dedicados a TA, tamanha a importância da cultura analítica.

Com uma cultura analítica um pouco mais avançada, já na fase de diagnóstico, é possível já ir pensando em como sair de planilhas de Excel para usar ferramentas como PowerBI, Tableau e linguagens de programação como Python e R. Tudo isso ajudará o RH a se posicionar de maneira mais estratégica e realmente entregando inteligência por meio dos dados para o negócio.

A síndrome do indicador verde

Esse é um problema que assola as áreas de dados e infectou, também, os RHs.

Os KPIs, por definição, devem estar alinhados com a Estratégia de Negócio e com o RH Estratégico. Não faz sentido medir atividades e processos simplesmente por medir, como dizia Peter Drucker.

Pergunta-se sempre: quais insights esse indicador traz? Como tomo uma decisão a partir desses números? Se não houver respostas para nenhuma dessas perguntas, repense o indicador. Profissionais podem, com frequência, perder tempo em atividades que não geram valor, inclusive mandando um relatório mensal para todos os líderes de RH – relatório esse que ninguém se dá o trabalho de abrir. Será que esse relatório é tão importante assim?

E aquela apresentação de indicadores de RH que a única preocupação é saber se estão todos verdes? Se tiver um vermelho, o Analista de Dados já vai tomar uma advertência (como se fosse exclusivamente ele o culpado).

Aliás, a cultura do erro e da responsabilização é nociva e pode impedir a empresa de avançar na cultura analítica. A cultura do erro é a capacidade de ver falhas como oportunidades de aprendizagem, coisa que o Toyotismo[85] já pregava há décadas. Temos, ainda, uma tendência de partilhar boas práticas (isso quando o fazemos), mas não os casos de erro. Como os erros, podemos (re)aprender a experimentar e evitar que ocorra novamente. A cultura do erro é fundamental na cultura analítica e isso implica em mudanças profundas na cultura organizacional, especialmente com a liderança, que passa a ter maior tolerância a erros e não replica uma microcultura na qual as pessoas são penalizadas com frequência por falhas.

Entender a cultura do erro é base para compreender a síndrome do indicador verde. Em empresas nas quais não existe essa cultura, o foco dos colaboradores é manter os indicadores verdes. Isso faz com que desviem a atenção do que realmente importa. Por que medimos esse processo ou atividade? Como tomamos melhores decisões com base nesses números? Se

---

[85] Disponível em:
https://www.scielo.br/j/ccrh/a/QkKrLKYyTZcYYytBwynwbSS/?format=pdf&lang=pt

sua empresa culpabiliza as áreas e os profissionais de dados que descobrem erros ou oportunidades de melhoria, será muito difícil ter excelência nos indicadores.

Tê-los todos verdes não é sinal de excelência, como alguns defendem. Na minha visão, é sinal de que algo está errado, afinal se está tudo perfeito, porque estamos perdendo tempo medindo, analisando e tomando decisões com base nos dados? Talvez seja necessário rever as metas e as entregas. Acostume-se com indicadores amarelos e vermelhos. Isso é sinal de que há algo para ser melhorado, algo para aprender e experimentar. Como isso pode ser visto de maneira tão negativa?

People Analytics no Workforce Planning

A medição e a geração de People Analytics estão permitindo que o RH descubra aspectos anteriormente ocultos do trabalho e, em alguns casos, até mesmo modelando o relacionamento que os funcionários têm com suas organizações.

Os dados das pessoas estão cada vez mais se tornando parte de como ganhamos insights para melhorar o desempenho e a produtividade, mas também o engajamento e a experiência positiva de trabalho para as pessoas[86].

People Analytics produz insights para o WFP acerca do pool de talentos e até dentro da Mandala da Estratégia de Pessoas. Esses insights são utilizados para criar um melhor entendimento da segmentação de talentos, das competências, do potencial e até para aprendizagem contínua.

---

[86] Disponível em: https://www.cipd.co.uk/Images/people-analytics-report_tcm18-43755.pdf

Atualmente, já existem sistemas que utilizam Inteligência Artificial (IA) para auxiliar no WFP. Um exemplo é o Talent Neuron da Gartner, focado em Talent Acquisition. É possível acessar informações que o algoritmo do sistema puxa de diversas fontes, como LinkedIn, e organiza de forma a fornecer insights sobre talentos por região, cargo, range de salário (puxando dados de sites como Glassdoor), o que facilita o processo de Segmentação de Talentos.

É possível também encontrar sistemas que automatizem parte do WorkForce Planning e que forneçam dados analíticos mais precisos para o RH Estratégico.

"

Ter todos os indicadores verdes não é sinal de excelência, como alguns defendem. Na minha visão, é sinal de que algo está errado, afinal se está tudo perfeito, porque estamos perdendo tempo medindo, analisando e tomando decisões com base nos dados? Talvez seja necessário rever as metas e as entregas.

Acostume-se com indicadores amarelos e vermelhos. Isso é sinal de que há algo para ser melhorado, algo para aprender e experimentar. Como isso pode ser visto de maneira tão negativa?

16| INCLUSÃO, DIVERSIDADE, EQUIDADE & PERTENCIMENTO

Talent Acquisition Honeycomb 2.0 ®

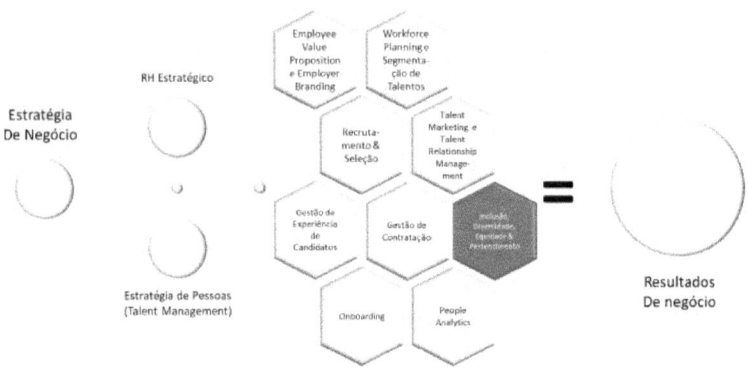

"Não há felicidade sem diversidade"

Alessandro Loiola

O que você encontrará neste bloco:

- Conceitos de Inclusão, Diversidade, Equidade & Pertencimento
- Programa de Diversidade
- Casos

"Diversidade é qualidade do que é diverso, um conjunto variado de coisas ou pessoas que integram um todo. A **importância da diversidade** está intrínseca em nosso dia a dia. É na multiplicidade que encontramos oportunidades de aprendizagem e da prática de habilidades diferenciadas: empatia, inteligência emocional e compreensão"[87].

Diversidade, a expressão popular da década de 1980, tornou-se diversidade e inclusão à medida que o movimento amadureceu, e hoje se expandiu para diversidade, inclusão e pertencimento. Aqui está o porquê: a diversidade está sendo convidada para a festa, a inclusão está sendo convidada para dançar e o pertencimento é dançar como se ninguém estivesse assistindo. Pertencimento é a sensação de segurança psicológica que permite que os funcionários sejam os melhores no trabalho. Mesmo nas empresas mais diversas, os funcionários vão se desengajar e sair se não se sentirem incluídos e aceitos[88].

Inclusão pode ser definida como o gesto que considera a existência do outro, reconhece que há outras perspectivas além da sua ou do padrão dominante, com sua versão única de verdade, beleza, normalidade etc. Incluir é atividade na qual todos se transformam. E sem que ninguém desapareça[89].

Diversidade está diretamente ligada à cultura da empresa e ao desempenho financeiro. A pesquisa de tendências globais de recrutamento do LinkedIn[90] mostra que 78% das empresas priorizam a diversidade para melhorar a cultura e 62% o fazem para impulsionar o desempenho financeiro. As principais forças

---

[87] Disponível em: https://www.oxfam.org.br/blog/importancia-da-diversidade-a-representatividade-na-sociedade/
[88] Disponível em: https://business.linkedin.com/content/dam/me/business/en-us/talent-solutions/resources/pdfs/linkedin-global-recruiting-trends-2018-en-us2.pdf
[89] Disponível em: https://www.ethos.org.br/cedoc/inclusao-e-diversidade/
[90] Disponível em: https://business.linkedin.com/content/dam/me/business/en-us/talent-solutions/resources/pdfs/linkedin-global-recruiting-trends-2018-en-us2.pdf

estão em jogo: a mudança demográfica está diversificando as comunidades e diminuindo os pools de talentos para empresas que não se adaptam. Evidências crescentes de que equipes diversificadas são mais produtivas, mais inovadoras e mais engajadas também tornam difícil ignorar a importância do tema.

Já a equidade é um termo que vem do direito e consiste na adaptação da regra existente à situação específica para torná-la mais justa. A Equidade entende que os indivíduos não partem de um mesmo ponto, no qual alguns possuem vantagens e outros, desvantagens e barreiras.

Juntando todos esses termos e planejando-os nas organizações, temos a **Gestão da Diversidade**, que significa o planejamento sistêmico da política de inclusão de pessoas diversas em uma empresa, considerando toda a trajetória do colaborador: chegada, permanência e legado. A Gestão da Diversidade é um plano a curto, médio e longo prazo que conta com metas, indicadores, políticas de atração, entre outras ferramentas. Esse plano deve incluir todos os profissionais e as diferentes áreas de uma organização, a fim de garantir a construção de um time plural e o impacto positivo que esse investimento pode trazer às empresas[91].

Para facilitar, vou usar mais comumente a palavra diversidade ao longo do livro, mas estou me referido a toda a Gestão da Diversidade, ou seja: Inclusão, Diversidade, Equidade & Pertencimento.

---

[91] Disponível em: https://treediversidade.com.br/diferenca-diversidade-equidade-igualdade-inclusao/

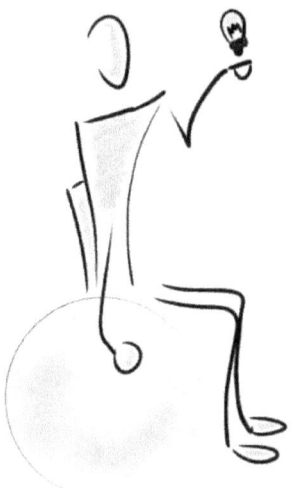

INCLUSÃO
DIVERSIDADE
EQUIDADE &
PERTENCIMENTO

Qual a importância da Gestão da Diversidade?

No Brasil, 52% da população brasileira é composta por mulheres, 56% é composta por negros, 7% é PCD. Também temos imigrantes refugiados, pessoas com mais de 50 anos, em risco socioeconômico, diversidade religiosa e até de pensamento. **Onde estão todas essas pessoas nas grandes empresas?**

Quantos negros há? Quantas mulheres em cargos de alta liderança? Quantas pessoas com deficiência na liderança? Quantos colaboradores que dizem abertamente que são homossexuais? 5%? 10%? 50%?

Se as respostas forem porcentagens altas para todos os grupos marginalizados, parabéns! Sua empresa é uma exceção no mar do mercado de trabalho.

Uma pesquisa realizada pela Organização Internacional do Trabalho (OIT), uma das agências das Nações Unidas (ONU), mostra que a maior parte das empresas no Brasil pensa em ampliar a diversidade entre os funcionários, no entanto, ainda não promovem a real inclusão dos grupos que são, historicamente, marginalizados [92]. Sim, marginalizados. Se você está em uma empresa hoje, olhe ao redor (fisicamente ou virtualmente).

Muito se fala sobre o tema, apesar de ainda encontrarmos resistência de líderes e colaboradores, minimizando a necessidade de ações efetivas para inclusão, o primeiro grande passo de um programa de diversidade. Segundo a Oxfam[93], a diversidade é importante pois:

- **Representatividade:** A representatividade étnica e cultural em um contexto social, seja no local de trabalho, seja na política ou televisão, é um fator imprescindível para combater o medo que muitos de nós sentimos do novo. Quando crianças, recebemos imposições limitantes que muitas vezes ensinam de forma errada o que podemos ser ou fazer. Com a representatividade e o reconhecimento de que as diferenças engrandecem, as pessoas são encorajadas a lutar para ocupar o seu lugar de direito.

- **Criatividade:** Conviver com culturas diferentes é um aprendizado constante e único, que exige adaptação, respeito e compreensão. O ato também favorece a criatividade e o "pensar fora da caixa", uma vez que mantemos contato constante com novas perspectivas de um mesmo elemento.

- **Inovação:** A multiplicidade das equipes também favorece a inovação. Times de trabalho diversificados tendem a criar uma visão mais

---

[92] Disponível em: https://www.cnnbrasil.com.br/business/onu-empresas-se-preocupam-com-diversidade-mas-nao-promovem-inclusao-efetiva/
[93] Disponível em: https://www.oxfam.org.br/blog/importancia-da-diversidade-a-representatividade-na-sociedade/

abrangente, da mesma forma como acontece com a criatividade. Várias perspectivas de um todo permitem um brainstorming cultural, que viabiliza o surgimento de novas ideias. Em ambientes engessados e pouco diversos, dificilmente essas ideias seriam consideradas, visto que nossas experiências individuais moldam nossas perspectivas. Como cada pessoa tem uma vivência única, baseada em uma bagagem cultural, interpretações e decisões, isso contribui para demonstrar a importância da diversidade no trabalho.

Ainda segundo a Oxfam, a diversidade está em nosso cotidiano em todos os espaços. Isso significa vivenciar tradições, aprender novas competências, ter uma visão mais ampla e menos egoísta de nós mesmos para edificação de uma sociedade mais justa. Essa é a importância da diversidade: proporcionar a oportunidade de reforçar o nosso desenvolvimento como sociedade.

Ao trabalhar programas de diversidade, você provavelmente ouvirá (ou até mesmo já verbalizou) que "somos todos iguais". Uma das formas mais recorrentes de se perpetuar o preconceito e a diminuição do sofrimento do outro diz respeito a tentativa de deslegitimar o sofrimento das vítimas com frases como essa. Se você não é negro, você nunca saberá o que é sentir o racismo na pele; se você não é homossexual, nunca saberá o que é ter medo de andar de mãos dadas na rua com seu cônjuge. Se você não é PCD, nunca saberá o que é ser discriminado no mercado de trabalho e ter acesso negado a oportunidades; se você não é mulher, dificilmente saberá o que é ser interrompida a todo momento por homens, ser demitida ao retornar da licença maternidade, além de dezenas de outros casos que somente elas sabem como é no dia a dia.

Portanto, podemos todos sermos feitos de carne, ossos e sangue, mas nossas semelhanças param por aí. A forma como experimentamos o mundo é única e reconhecer que Inclusão, Diversidade, Equidade & Pertencimento é uma pauta essencial, é um primeiro passo para se criar consciência, seja você TA, líder ou qualquer outro ser humano. Esse tema vai muito além das empresas.

Uma lupa no tema de LGBTQIA+

Nos anos 2000, era muito popular fazer uso da sigla GLS (Gays, Lésbicas e Simpatizantes). Em 2008, durante a I Conferência Nacional de Políticas Públicas de Direitos Humanos, é formada a sigla GLBT (Gays, Lésbicas, Bissexuais, Transexuais e Travestis). Após 2011, as siglas foram sendo atualizadas e atualmente a forma mais aceita é LGBTQIA+ (Lésbicas, Gays, Bissexuais, Transexuais, Travestis, Queer, Intersexo e Assexuais)[94].

No que tange a comunidade LGBTQIA+, estima-se haja, somente no Brasil, cerca de 18 milhões de homossexuais[95]. De acordo com uma pesquisa realizada pelo Center for Talent Innovation[96], 61% dos funcionários gays e lésbicas decidem por esconderem sua sexualidade de gestores e colegas em virtude do medo de perderem o emprego, por isso os dados provavelmente não reflitam a realidade. Além disso, 33% das empresas do Brasil não contratariam para cargos de chefia pessoas LGBTQIA+; 41% das pessoas

---

[94] Disponível em:
https://gauchazh.clicrbs.com.br/comportamento/noticia/2021/06/lgbtqia-saiba-o-que-significa-cada-parte-integrante-da-sigla-ckqgxh2pf002a018myp0n02qo.html
[95] Disponível em: https://espaco-vital.jusbrasil.com.br/noticias/145829/estimativa-aponta-que-numero-de-brasileiros-homossexuais-ja-chega-a-17-9-milhoes
[96] Disponível em: https://exame.com/brasil/61-dos-lgbt-brasileiros-escondem-sua-orientacao-no-trabalho/

LGBTQIA+ afirmam terem sofrido algum tipo de discriminação em razão da sua orientação sexual ou identidade de gênero no ambiente de trabalho; 90% de travestis e transexuais se prostituem por não terem conseguido nenhum outro emprego, até mesmo aqueles que têm boas qualificações.

Inclusão, Diversidade, Equidade & Pertencimento na prática

O diagnóstico realizado com o fortalecimento do EVP na empresa que eu trabalhava trouxe à tona outros assuntos que estavam diretamente ligados a estratégia de TA que estávamos implementando.

Nos demos conta de que a empresa possuía uma boa diversidade de homens e mulheres em cadeiras de analistas e especialistas (51% de mulheres contra 49% de homens), mas carecíamos de indicadores e informações sobre mulheres em cadeiras de liderança e os outros pilares. Aliás, que pilares de diversidade?

2015 foi o ano em que o tema de diversidade começou a ganhar forma e força nas grandes empresas. Foi o ano em que a Forbes e Deloitte[97] lançaram uma pesquisa sobre o tema com mais de 300 empresas globais.

Lembro da frase de Josh Bersin, que ressaltava o fato de diversidade se tornar uma "top priority" dos CEOs:

"As empresas que adotam a diversidade e a inclusão em todos os aspectos de seus negócios vão estatisticamente superar seus concorrentes"

---

[97] Pode ser consultado em: https://joshbersin.com/2015/12/why-diversity-and-inclusion-will-be-a-top-priority-for-2016/

Ele estava correto. Algumas empresas já possuíam mais maturidade no assunto, como Microsoft e IBM, e muitas outras começaram a seguir o exemplo, inclusive a que eu estava.

Tudo começou com o que achamos durante os fóruns de EVP e EB. Percebemos que era necessário abrir a discussão na organização e não tínhamos ideia de onde isso iria chegar.

Diversidade foi uma experimentação pura para nós e um dos meus colegas ficou responsável por conduzir essas discussões e estruturar o programa.

Não havia muitas receitas de bolo de como criar um programa de gestão de diversidade naquela época. Caminhamos passo a passo e sem saber os passos seguintes. Uma consultoria ajudou meu colega a estruturar grupos focais e a abrir a discussão do tema. Das discussões começaram a ser estruturados os "pilares" de diversidade, ou seja, grupos de afinidade por temas que seriam trabalhados ao longo do tempo:

- **Gênero:** Assuntos ligados à equidade (e não igualdade), ou seja, tratamento igual para homens e mulheres, acesso às oportunidades de desenvolvimento e fomento, contratação e desenvolvimento de mulheres para cadeiras de liderança;
- **LGBTQIA+:** Grupo de afinidade para gerar visibilidade e conscientizar colaboradores para a inclusão e senso de pertencimento de lésbicas, gays, bissexuais, transgêneros etc.;
- **Racial:** Para discutir e fomentar a inclusão de afrodescendentes;
- **PCDs:** para discutir, fomentar e valorizar Pessoas com Deficiência na organização;

- **Gerações:** Assuntos ligados às diferentes gerações existentes na organização, de baby boomers a geração Z.

Percebemos que, por exemplo, não era necessário fazer uma pesquisa para saber quantos negros trabalhavam na organização. Era nítido: bastava caminhar pelos corredores nos anos pré-pandemia... havia pouquíssimos negros. Isso significou que não bastava discutir diversidade. Precisávamos falar de inclusão.

O programa ganhou um logo, assim como cada grupo de afinidade que era formado por colaboradores voluntários, e um grande projeto de comunicação foi lançado na organização e fora dela.

Repercussões do programa de diversidade

O programa de diversidade representou outro grande marco na mudança cultural da empresa. Um dos pilares mais atuantes, o de LGBTQIA+, gravou vídeos com colaboradores falando de seus desafios em ser realmente quem eram e esse virou um dos slogans da campanha: Respeitando o direito de ser você. Foram feitos cordões de crachá com as cores da bandeira LGBTQIA+, orgulhosamente ostentados por colaboradores.

A alta liderança também teve papel fundamental e foi destacado um diretor formador de opinião e sponsor para cada um dos pilares do programa a fim de corroborar a importância das ações e comunicações e garantir o cascateamento das metas de diversidade que foram implementadas.

A empresa também virou signatária do Fórum de Empresas e Direitos LGBTQIA+ e passou a incluir os dependentes homoafetivos nos benefícios, da mesma forma que casais heterossexuais.

Isso teve um grande impacto internamente e, principalmente, externamente no EVP. Afinal, o EVP é feito de mensagens que são faladas, mas também, das que não são faladas. A partir daquele momento, a empresa passou a ser considerada por um público que há muito tempo era suprimido no mercado de trabalho. Por isso, não bastava falar sobre, era necessário se mostrar aberto a incluir e fortalecer ainda mais as ações de Employer Branding.

Isso valeu para o grupo de afinidade racial também. Foi necessário mostrar para o público afrodescendente que a empresa era aberta e inclusiva. A empresa fechou parceria com instituições não governamentais, consultorias de seleção especializadas e passou a fazer o "censo" com um disclaimer para que os candidatos e colaboradores soubessem que estávamos coletando estatísticas a fim de melhorar as iniciativas de diversidade & inclusão. O presidente na época também virou um porta-voz do programa, especialmente para com o público de afrodescendentes.

Alguns anos depois, após todas as ações afirmativas e discussões realizadas, começávamos a ver uma quantidade muito maior de negros nos corredores. Em uma das edições do programa de estágio, chegamos a contratar cerca de 100 funcionários autodeclarados como afrodescendentes.

Após participar de fóruns de discussão com negros e com os outros grupos de afinidade, percebemos o quanto ainda existe de preconceito velado e explícito na sociedade.

Ouvimos histórias chocantes de colaboradores LGBTQIA+ que perderam promoções em outras empresas por terem sido "descobertos"; casos de colaboradores negros que sofreram discriminação na fila do banco, no mercado, na loja de roupas, na entrevista em outras organizações...

Lembro de um processo seletivo interno que conduzi que, logo quando o candidato entrou na sala na qual estavam eu e o gestor, o gestor caiu no erro de perguntar:

Gestor: *"Você é casado? "*

Candidato: *"Sim."*

Gestor: *"O que a sua esposa faz?"*

Acontece que o candidato era gay. Este ficou desconcertado com a pergunta e desconversou. Ele também poderia ter simplesmente levantado e ido embora pelo questionamento que, embora parecesse inocente, escondia uma predefinição mental que o gestor criou do candidato somente ao fitá-lo quando entrou na sala.

Diversidade também é deixar de lado nossas antigas crenças e evitar vieses inconscientes. Após a finalização da entrevista, conversei com o gestor sobre o ocorrido e ele reconheceu que não deveria ter feito a pergunta daquela forma, afinal não queria necessariamente saber sobre a vida do candidato, mas queria saber se ele tinha disponibilidade para viajar com frequência e como a família dele reagiria a isso. O próprio gestor chegou à conclusão de que não faria mais aquela pergunta da mesma forma em uma próxima oportunidade, independentemente de o candidato ser heterossexual ou homossexual.

O que aprendi com diversidade

Acompanhar esse programa foi uma experiência ímpar de crescimento para mim. Mais funcionários da comunidade LGBTQIA+, mais negros, mais mulheres em posições chave. Com diversidade & inclusão, costumo dizer que todo mundo sai ganhado.

Muito mais do que somente preencher cotas, trata-se de aceitar e valorizar o diferente em prol de resultados produtivos. Opiniões diferentes, culturas diferentes, experiências diferentes. Isso amplia a visão de mundo da empresa, tornando-a mais competitiva no mercado.

Uma estratégia de Talent Acquisition deve ter a Gestão da Diversidade como uma das "top priorities", já que TA é o processo mais importante na inclusão de funcionários diversos na organização. Sem TA, diversidade & inclusão fica no papel, vira apenas um discurso bonito.

Como implementar Gestão de Diversidade?

Se você leu até aqui, provavelmente já percebeu que sua empresa precisará de ajuda, caso não seja referência no tema.

Utilize fortemente o conceito de gestão de mudança ADKAR, criando consciência e desejo em torno da mudança na cultura. Será necessário realizar um diagnóstico sobre diversidade em sua empresa para levantar os dados demográficos atuais em relação a quantidade de negros, PCDs, mulheres em cargos de liderança, LGBTQIA+ etc. Além disso, o diagnóstico deve apostar vieses inconscientes e os principais desafios de mentalidade que o RH precisará trabalhar ao longo do tempo. Vale procurar uma consultoria especializada para atuar no diagnóstico e na estruturação da Gestão de Diversidade. E não se engane: **treinamento não muda comportamento!** Dar um treinamento sobre vieses ou criar um e-learning obrigatório sobre o tema é como raspar a superfície. Não será efetivo isoladamente.

A Gestão da Diversidade é um plano a curto, médio e longo prazo que conta com metas, indicadores, políticas de atração, entre outras ferramentas. Esse plano deve incluir todos os profissionais e as diferentes áreas de uma organização, a fim de garantir a construção de um time plural e o impacto positivo que esse investimento pode trazer às empresas

17| IMPACTO DE TA NOS RESULTADOS DE NEGÓCIO

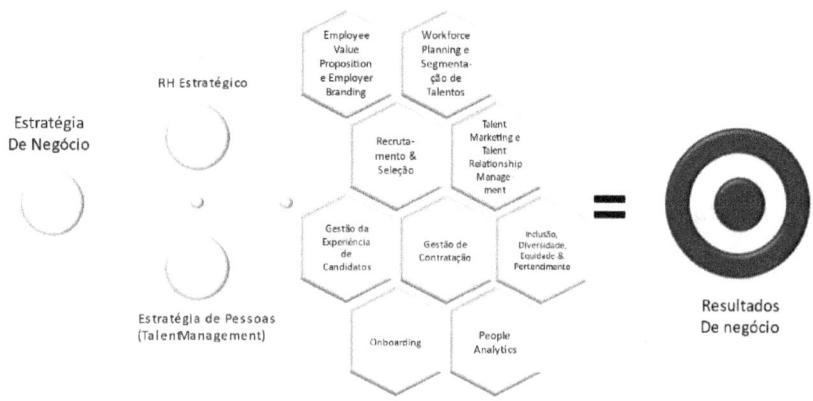

Talent Acquisition Honeycomb 2.0 ®

"Uma mudança deixa sempre patamares para uma nova mudança"

Nicolau Maquiavel

O que você encontrará neste bloco:

- Conclusões acerca de TA
- Dados do impacto de TA no negócio

Dentre diversos fatores, o sucesso do negócio ainda depende fundamentalmente de pessoas. Sem as pessoas certas, com as competências certas e nas posições certas, seu negócio está fadado a falhar.

Para ter as pessoas certas, tudo começa no Talent Acquisition bem-feito. As principais funções de TA exigem várias ferramentas e soluções – nenhuma solução pode fornecer todos os recursos necessários. Os fornecedores de soluções aumentaram para atender a demanda, criando um mercado enorme. Somente nos Estados Unidos, estima-se que o tamanho total do mercado de TA em 2015 foi de impressionantes US $ 245 bilhões – um número que inclui salários de funcionários internos, publicidade, tecnologia, ferramentas e serviços[98].

O Employer Branding constitui uma das mais poderosas ferramentas de TA, desde que a empresa fortaleça seu EVP. Segundo relatório da Phenom People[99], 83% dos candidatos pesquisam sobre a empresa e acessam Glassdoor para decidir se irão para a entrevista. Além disso, 78% das empresas pesquisadas acreditam que fazem um bom trabalho ao gerenciar a experiência do candidato de ponta a ponta ao longo do processo seletivo, até Onboarding.

Mas os candidatos têm outra visão: apenas 47% acreditam nisso. Sem uma estratégia clara e factível de EB, alinhado ao EVP, sua empresa terá uma grande dificuldade em atrair os talentos certos. Além disso, 9 em cada 10 organizações de grande porte está fazendo esforços para melhorar o EB, o que aumenta a competitividade e impacta na disponibilidade de talentos.

---

[98] Benchmarks and Trends in Spending, Staffing, and Key Recruiting Metrics, Bersin by Deloitte/Jennifer Krider, Karen O'Leonard, and Robin Erickson, PhD, 2015, as well as U.S. worker data from the Bureau of Labor Statistics.

[99] Phenom People. Talent Relationship Marketing report 2018. Disponível em: http://bit.ly/2OpftMB

Se EB é uma ferramenta poderosa, o WorkForce Planning é de extrema importância para a organização. Afinal de contas, sem funcionários – talentos com as competências adequadas – a maioria das organizações não seria capaz de realizar grandes feitos. O planejamento da força de trabalho é fundamental para maximizar o lucro, evitar surpresas e garantir sucesso a longo prazo.

O WFP oferece às empresas, alinhado ao People Analytics, RHs e líderes métricas sólidas que podem ser usadas para identificar os riscos da força de trabalho antes que eles afetem os objetivos de negócios. Por esse motivo, o planejamento da força de trabalho é uma ferramenta essencial e estratégica. A Segmentação de Talentos é uma excelente ferramenta para se iniciar o WFP, criando estratégias e produtos para TA.

O WFP não deve ser visto apenas como um processo; é também uma mentalidade envolvendo hábitos de pensar e analisar. Nesse sentido, entender o planejamento da força de trabalho e praticar até mesmo suas técnicas mais simples pode ajudar todos os profissionais de RH e gestores a enfrentar os problemas de recursos humanos de maneira mais eficiente.[100]

Os gestores, frequentemente trabalhando com RH, devem ser os principais players no planejamento da força de trabalho. Portanto, o desafio do RH em alguns casos é abrir a cabeça dos líderes para uma gama de possibilidades que a organização deve se antecipar.

O Talent Acquisition efetivo diminui o turnover, já que foca no talento com as competências necessárias para a posição. Muitas vezes, contratamos pela qualificação técnica e demitimos por comportamento. Se os comportamentos são identificados ao longo do processo e há uma análise do fit cultural do

---

[100] Disponível em: https://www.cipd.co.uk/Images/resourcing-talent-planning-infographic_2017_tcm18-23748.pdf

candidato, além das competências necessárias para o cargo, isso diminui substancialmente a possibilidade de se errar na contratação.

Uma contratação errada, especialmente de um executivo, pode trazer sérios prejuízos para a organização. O primeiro deles é a queda de motivação e produtividade na equipe. Imagine contratar uma diretora que, desalinhada com a cultura da organização, promova um ambiente de micro gerenciamento e falta de confiança. Isso irá impactar todo o pipeline: seus gerentes diretores, os coordenadores e, por fim, os especialistas, analistas e estagiários.

Agora, imagine contratar a pessoa errada para uma posição comercial crítica. O prejuízo financeiro pode ser diário, além do prejuízo com custos de demissão e recontratação.

Esses são alguns dos impactos de curto prazo. Sem uma estratégia clara de Talent Marketing e de Talent Relationship Management, sua empresa corre risco de ficar pouco atrativa, especialmente para o público jovem. Em TMkt, especialmente no que tange a sourcing, o impacto financeiro de uma posição aberta pode ser mitigado com o trabalho proativo de mapear o mercado e de se relacionar com talentos, diminuindo o tempo de recrutamento. Já o TRM tem um papel fundamental na retenção dos talentos que já estão na organização por meio de trilhas de desenvolvimento acelerado e development centers. Isso mitiga o risco de pedirem demissão por falta de oportunidades e de reconhecimento. A mitigação de perda dos grandes talentos deveria ser assunto prioritário nas discussões de WFP devido aos impactos mencionados.

O Onboarding também representa um novo tópico de foco para as organizações. Empresas que possuem um Onboarding estruturado podem aumentar em até 54% a produtividade de novos colaboradores e em quase

50% sua retenção[101]. Mais do que uma experiência inesquecível (para o bem e para o mal), o Onboarding se mostra essencial para dar sustentação à estratégia de Talent Acquisition. Onboarding é o legado de TA.

Fato é que Talent Acquisition tem um grande potencial para reduzir custos de contratação, tempo de recrutamento, aumentar a qualidade e a satisfação dos candidatos e prezar pela experiência do candidato e posteriormente do colaborador. TA é uma nova forma de adicionar valor ao negócio e de tornar o RH ainda mais estratégico.

---

[101] Disponível em: https://elearninginfographics.com/use-digital-Onboarding-make-new-employees-stick-around-infographic/

"

*9 em cada 10 organizações de grande porte está fazendo
esforços para melhorar o EB, o que aumenta a
competitividade e impacta na disponibilidade de talentos*

18| IMPLEMENTANDO A ESTRATÉGIA DE TA

Talent Acquisition Honeycomb 2.0 ®

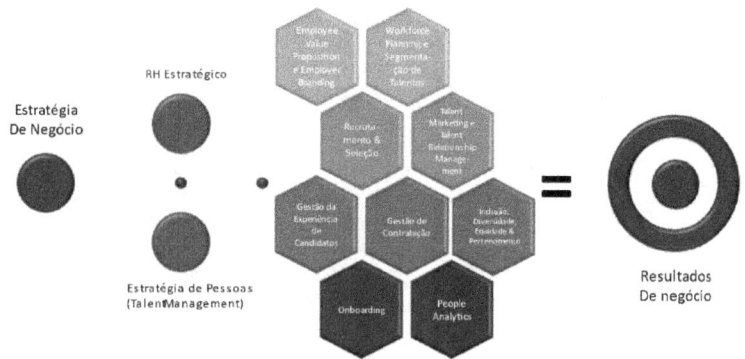

"A competição para contratar os melhores talentos irá aumentar nos próximos anos. Empresas que dão flexibilidade extra para seus colaboradores terão os melhores".

Bill Gates

O que você encontrará neste bloco:

- Como convergir os favos de TA
- Como implementar a estratégia de TA

Após entender mais profundamente cada favo da Estratégia de TA, está na hora de começar a colocar em prática. Se você é um recrutador ou headhunter, é possível influenciar suas lideranças no caminho em torno da excelência em Talent Acquisition. Lembre-se de usar o ADKAR e entender que cada pessoa passa pela mudança de maneira diferente.

Se você é líder de RH ou de TA, é a pessoa que mais pode impactar e mudar o modelo, saindo do R&S tradicional para TA efetivo. Com o conhecimento do livro em mãos, somado ao que trago nesse capítulo, você já estará minimamente pronto para começar a mudança.

Se você é líder de áreas de negócio ou BP de RH, também pode influenciar o RH nessa mudança, mostrando as diferenças entre os modelos e o impacto que TA bem-feito pode ter no negócio, não somente em uma melhor experiência de candidato.

Como acompanhamos nos capítulos anteriores, TA não é um processo, é um framework de trabalho e alguns dos favos podem estar acontecendo ao mesmo tempo. Não tem começo, meio e fim e, portanto, dependerá de você saber priorizar o que implementar primeiro, sabendo que não é possível fazer tudo ao mesmo tempo.

Entretanto, você encontrará dificuldades em criar uma estratégia de Employer Branding ou estruturar o seu WorkForce Planning se não começar pela **Segmentação de Talentos**. Segmentar os seus talentos em diferentes produtos, com diferentes estratégias de TA para cada é fundamental.

Crie o gráfico de segmentação e, se necessário, divida por negócios ou por áreas. Realize workshops com os líderes e BPs para validar a segmentação.

Minha sugestão é ter, ao menos, 3 produtos de TA, vide o capítulo de "Workforce Planning e Segmentação de Talentos".

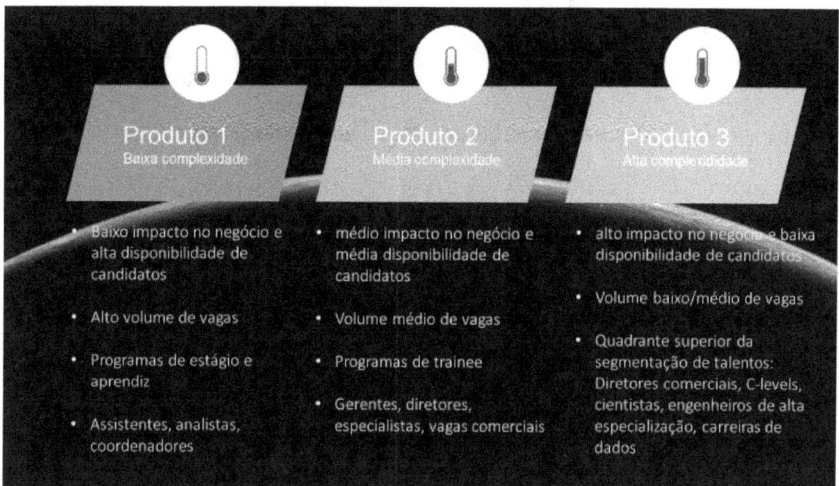

Com os produtos de TA estabelecidos, é o momento de definir o modelo operacional da área de TA, ou seja, quantos colaboradores são necessários, as job descriptions e a estratégia de abordagem para cada produto.

Implementando o Produto 1, posições "easy to fill"

No P1, você pode optar por Recruiters mais juniores, pois as vagas são mais simples de serem trabalhadas, apesar do alto volume. Por experiência própria, além de benchmarkings, sugiro que os recrutadores nesse produto tenham um ratio (média de vagas) entre 20 e 30 vagas, no máximo, por vez. Isso significa que esse é o número de vagas que um recrutador júnior consegue trabalhar ao mesmo tempo, sem perder qualidade. Tome cuidado com a comparação de vagas por mês, pois é muito provável que o recrutador carregue vagas de um mês para outro, dependendo do KPI de Time to Fill. O mais seguro é olhar a quantidade de vagas real que o recrutador está no momento, ao invés de somente mensalmente.

O ratio de vagas pode variar de empresa para empresa. Leve em consideração a sua média histórica para chegar em um ratio que garanta que o recrutador não fique atolado de vagas. Quanto mais vagas tiver, menos qualidade na entrega haverá.

Não adianta lotar o Recruiter de vagas e esquecer da qualidade dos processos e Experiência do Candidato. Isso não é mentalidade de TA, mas sim de R&S tradicional.

A sua estratégia, aqui, pode considerar colaboradores internos, usar consultorias externas ou RPO. Vale calcular os custos de cada cenário para chegar naquele que mais se adeque a sua empresa.

O recrutamento no P1 é mais reativo e precisa de ações de EB para captar candidatos. Quanto mais forte for o seu EVP e efetivas forem suas ações de EB, menos esforço sua empresa fará para atrair talentos. Importante investir em automação, software de TA, triagem de CVs e testes automatizados para livrar os recrutadores de uma carga operacional desnecessária.

Já a seleção deverá contar com etapas de dinâmica de grupo, painel com líderes e entrevista por competências. Esse produto, geralmente, é o mais subestimado nos RHs. Se você não focar em uma boa Experiência do Candidato, lembre-se que seu maior volume está aqui. A maior quantidade de reclamações também estará.

Implementando o Produto 2, posições "hard to fill"

O P2 conterá as vagas de média complexidade, posicionadas mais próximas ao centro do seu gráfico de Segmentação de Talentos.

Aqui, estamos falando de vagas de gerente, vagas comerciais etc. As posições do P2, assim como dos outros produtos, dependerão da realidade da sua empresa.

A estratégia para o P2 deve considerar profissionais internos ou consultorias. Se optar pelo segundo, é importante treinar as consultorias que irão te atender com frequência para garantir que estejam aplicando entrevistas por competências e que tenham conhecimento da empresa cliente. Já tive esse modelo na empresa em que trabalhava e, além de treinar os consultores, eu tinha uma rotina de acompanhar alguns processos seletivos para dar feedback aos consultores.

Para esse produto, é necessário um recrutador mais sênior e o ratio deve ser menor, entre 10 e 15 vagas ao mesmo tempo. Esse profissional terá um foco maior em sourcing e hunting devido ao recrutamento nesse produto ser mais ativo e, portanto, precisa de mais tempo para fazer isso com qualidade.

Já a seleção deverá contar com entrevistas por competências, utilização de cases da empresa e até work assignment, uma modalidade na qual o candidato finalista realiza um projeto remunerado para a empresa durante algum tempo antes de ser contratado, no caso de vagas mais técnicas. Importante verificar questões trabalhistas na sua empresa nesse caso, antes de adotar a prática.

Implementando o Produto 3, posições críticas

No P3, estamos falando das vagas do quadrante superior da sua segmentação, ou seja, as vagas mais críticas do negócio, como posições de diretoria.

Será necessário um recrutador especialista ou um lead recruiter para trabalhar essas posições, além de um ratio menor de até 10 vagas por vez.

A estratégia pode ser internalizada ou usando consultorias especializadas de headhunting. Muito cuidado com os fornecedores utilizados, pois podem comprometer o seu EVP, ainda mais no caso de vagas críticas que possuem candidatos altamente influentes no mercado.

O recrutamento é totalmente ativo, com um sourcing bem pensado e executado. Nada de testes para esses candidatos, nem pedir para se cadastrarem na sua plataforma.

A seleção pode conter, além de entrevista por competências até mesmo um assessment center, mais robusto, para ter certeza do candidato contratado.

Em suma:

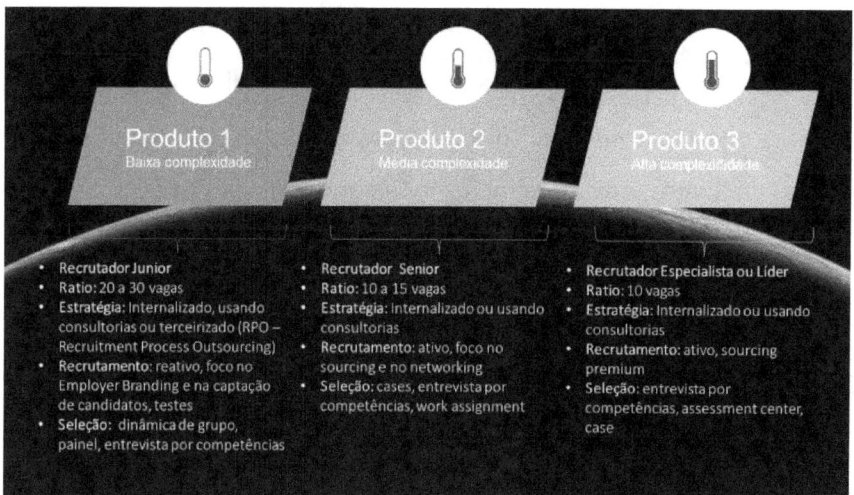

Definindo o número ideal de colaboradores da área

Em conversa com colegas, não é incomum ouvir que as empresas não têm ideia de como fazer WFP, especialmente, como definem a quantidade ideal de colaboradores em uma determinada área.

Nas áreas de vendas, é mais fácil de achar bons exemplos. Geralmente, os gerentes distritais ou regionais dividem os territórios e levam em consideração o faturamento e market share por colaborador, tenho indicadores mais claros e análises históricas para saberem quando precisam de um novo aumento de quadro ou quando precisam cortar colaboradores.

Nas áreas de RH é de dar dó. Geralmente, para conseguir um aumento de quadro, ganha quem gritar mais alto, ou melhor, quem tem melhor relacionamento e poder de persuasão com a alta de liderança.

Para definir o número ideal de recrutadores, será necessário fazer a média histórica anual de vagas da sua empresa e dividir pelo número de colaboradores atuais. Se os ratios estiverem muito fora dos sugeridos, este é um ótimo momento para rever o quadro de pessoal de TA. Como citei, se recrutadores estiverem com mais vagas ao mesmo tempo do que o recomendado, a qualidade irá cair e a Experiência do Candidato irá deteriorar. É nesses casos que ouviremos com frequência que o recrutador não dá retorno aos candidatos, pois "tem muita coisa para fazer".

Para calcular o ratio:

 # de vagas no produto 1, 2 ou 3 por ano/ # de recrutadores = número de vagas anuais por recrutador

 # de vagas anuais por recrutador / 12 meses = ratio

Se você tiver 400 vagas por ano no Produto 1, por exemplo, considerando que o ratio deve ser entre 20 e 30 vagas ao mesmo tempo para o recrutador, você deverá ter, ao menos 2 recrutadores para esse produto, pois ao fazer a conta acima, você perceberá que o ratio somente para um recrutador ficará em 33 vagas/mês. Lembre-se que somente considerar vagas por mês é perigoso, pois algumas vagas são carregadas de um mês para outro.

É importante ter em vista que ter somente um recrutador nesse caso acarretará alto workload para essa pessoa. Ter colaboradores trabalhando o tempo todo nos "120%" não é sustentável – nem para a pessoa, nem para a empresa. Um colaborador com alto workload se estressará mais, o que poderá ter impacto em sua saúde mental, ocasionado burnout ou situações piores.

Estamos falando do Recrutador. Que vende a empresa para o candidato com EB e que é responsável por atrair talentos. Se essa pessoa não vive o que o EVP prega, como podemos esperar que consiga vender isso para os candidatos?

359

A área de TA, mais do que qualquer outra, deveria ser exemplo do EVP. Exemplo de boas lideranças, bom ambiente de trabalho e tudo aquilo que seu EVP diz.

Voltando ao exemplo, ter 2 recrutadores para 400 vagas anuais no P1 será mais sustentável. Pois, além do menor workload, esses recrutadores poderão se dedicar mais a qualidade, a projetos e a entregar uma boa experiencia ao candidato. Também evita de a empresa perder esse recrutador e ter uma quebra de entrega devido ao tempo para repor a pessoa, já que terá mais uma pessoa na área para segurar as pontas.

Com os produtos de TA desenhados, você já possuirá boa parte do seu **business case**, ou seja, seu documento que provará porque mudar de R&S para TA. Você ainda precisará definir os principais projetos de implementação prioritários, como implementar software de TA, estratégia de EB etc. e criar um calendário de entregas anual, além do planejamento estratégico da área de médio prazo (2 a 4 anos).

Com os argumentos corretos, tratados no livro, benchmarking, um toque de persuasão e seu business case, você aumentará muito suas chances de convencer a organização de que a mudança é necessária.

4 Dicas de ouro para implementar a estratégia de TA

1. **Construa o business case:** faça a segmentação de talentos, defina a quantidade de recrutadores por produto. Em seguida, defina se serão colaboradores da empresa, Recruitment Process Outsourcing (RPO) ou consultoria de headhunting;

2. **Estabeleça a estratégia de TA:** Talent Marketing, EVP, Employer Branding, WorkForce Planning, Gestão da Experiência do Candidato e Onboarding são essenciais;

3. **Estabeleça os KPIs:** time to fill, time to hire, NPS e Turnover;

4. **Faça gestão de mudança:** estabeleça o sponsor, engaje a liderança, crie grupo de agentes de mudança, plano de comunicação e treinamento (ADKAR).

No final das contas, Talent Acquisition veio para ficar. TA é, mais do que uma área, é uma filosofia. Que o Talent Acquisition Honeycomb 2.0® possa ser o framework guiando o caminho em torno da excelência na sua empresa e que sua organização possa passar longe do raio gourmetizador de TA. Se quiser conversar sobre o tema, não hesite em me procurar no LinkedIn.

"

A área de TA, mais do que qualquer outra, deveria ser
exemplo do EVP. Exemplo de boas lideranças, bom
ambiente de trabalho e tudo aquilo que seu EVP diz

SOBRE O AUTOR

Caio Ianicelli Cruzeiro

Com 16 anos de experiência na área de **RH Estratégico, em especial Talent Acquisition, Talent Management, Gestão de Mudanças e Estratégia de RH** em empresas **multinacionais farmacêuticas e do agronegócio.**

Na área de **Talent Acquisition,** fui recrutador e líder de mais de 10 reports, **estruturando a estratégia da área do zero,** incluindo **Employer Branding, Onboarding, Programas de Jovens e equipes Ágeis.**

Em **Talent Management,** construí **2 Universidades Corporativas, academia de líderes e** fiz implementação de **gestão de desempenho e potencial.** Tive experiência de 4 anos na área de Supply Chain como Gerente de **Excelência Operacional,** liderando iniciativas de **Strategy Deployment e Change Management** para implementação de **cultura Lean** na equipe LATAM.

Sou graduado em **Administração,** pós-graduado em **Educação Corporativa** pelo SENAC-SP e **MBA em Agronegócios** pela USP-ESALQ com módulo internacional de **Liderança e Coaching** pela University of La Verne, da Califórnia, EUA. Mestrando em **Engenharia de Produção** pela UFABC. Certificação pela Prosci® em **Change Management**  **Practitioner**, **Agile Scrum SFC** pela ScrumStudy e **Certified Lean Inception Facilitator CLF®** pela Caroli.org

SOBRE A CERTIFICAÇÃO DE TALENT ACQUISITION

No **Talent Acquisition Certificate Program**, você aprenderá estratégias-chave para planejar e atrair talentos potenciais para sua equipe, organização ou clientes, num mercado em constante evolução. Baseado no livro "Talent Acquisition: a evolução do recrutamento & seleção", o autor Caio Ianicelli Cruzeiro traz uma inovadora abordagem do modelo de Talent Acquisition num formato vivencial de troca de experiências e cases de melhores práticas.

O curso tem 50h de duração online e passa por cada um dos favos do TA Honeycomb 2.0®.

Ao final, o participante recebe o exclusivo selo de **Talent Acquisition Expert** mediante um projeto aplicado.